Q&A
地域医療
連携推進法人
の実務

松田 紘一郎【執筆代表】
JPBM医業経営部会【編】

中央経済社

序

　本書は，平成29年1月10日に発刊しました『早わかり　医療法人制度改革・地域医療連携推進法人』（以下「前著」という）の続刊になるものであります。

　前著が，平成28年9月1日現在の法令に基づき発刊されましたので，地域医療連携推進法人（以下，本書において「連携推進法人」という）の平成29年2月8日に公表された政省令（医療法施行令，医療法施行規則）およびそれに基づく通知などが含まれておりません。そのため続刊としての本書はそれらをふくむ実務書であります。

　前著は，一般社団法人 日本中小企業経営支援専門家協会（以下「JPBM」という）医業経営部会の支援を受けつつも，小職と主宰する医業経営コンサルタント法人（認定第001号）㈱グロスネット（以下「G-Net」という）の医業経営コンサルタントを中心に著述いたしました。本書は，原点に戻り研究仲間である9士業（弁護士，公認会計士，税理士や社会保険労務士など）の専門家有志（各著者は，担当Q&Aを示し，参加された企業等の名称とともに巻末掲示）により連携推進法人が地域医療におよぼす影響等を，それぞれの立場から記述いただきました。

　もとより，JPBM医業経営部会長であり研究会の座長としての責を免れるわけでもありませんが，本書を記述するにあたり，前著の「ご挨拶」でも示しましたが，次のことを共通認識として持つことにしました。

　「2025年問題」として，国家財政の緊迫化とともに，いわゆる「団塊の世代」が全て後期高齢者となり，少子化による生産世代の減少，高齢者の都市集中，独居高齢者・認知症高齢者の増加などのデータが社会保障，医療制度などの国家的課題として示されている。

　ヘルスケア（医療介護）領域の課題の一解決手段として連携推進法人は，都道府県医療構想に基づく地域包括ケアの基本的な担い手になっていくことを基軸とする。

　そのため従来型の「非営利性」の概念を変え，国民皆保険制度のもとで非営利は堅持するものの非営利医療提供のプレイヤーとしての地位に着目して，「病院等を開設する法人」（医療法人，社会福祉法人，公益法人，NPO法人，学校法人，国立大学法人，地方独立行政法人，地方自治体等や，条件付きながら株式会社立の病院開設法人）や「介護事業等を開設・管理する法人」を加えることになりました。

　後者には，条件付きながら個人開業医，介護事業等を行う個人等が，社員となりえますが，自治権・ガバナンスの点から参加法人にならず，当該地域病院で「非参加・社員」の資格をえて参画できる道も示しております。

　さらに，わが国の全域で病院等の開設法人の各地域の病院が経理や予算などを個別に確立している場合など，その地域の病院が，条件はあるものの参加法人社員として参画できることになりました。

　これにより本部機構の了承は必要と思われますが，各地の日本赤十字社病院や社会福祉法人恩賜財団 済生会病院などが連携推進法人の参加法人社員として活躍する場が与えられることになりました。

　これは平成19年4月になされた第5次の医療法改正（その後東北大震災がありました），そこで示された医療法制度改正の5つのキーワード，公益性，非営利性，効率性，透明性および安定性が遅々として進まない，とともに第6次改正で示された地域医療構想を担う，地域包括ケアシステムにもバラツキがみられると思われます。現況（私見）そこで，先に示しました2025年問題の解決の手段としても，地域医療を行うオール日本の医療・介護施設にシームレスな地域医療の「社会的責任」の自覚を突き付けられたものとも考えられます。

　連携推進法人制度を考える場合，短期的な見方ではなく，このような視点から7～8年を見据えた長期視点に立つべきで，実は2025年から深刻な事態が約30年にわたりつづき，そこから共通理念のもと地域医療に責任を持っていくことが必要なことを示しました。

さらに実務書であることを前提に，見易くすること（見開き1面を原則とし，A（Answer）の前にそのポイントを示し，条文は必要最小限にし，引用・参考関連事項の明示）につとめましたが，その反面，G-Net の医業経営コンサルタントを中心に各分野の専門家に分担していただきましたことにより，同じような課題が視点，切り口を変えて（例，非営利性，社員，役員）説明してあり，参照 Q&A などとも関連づけていただければ幸いです。

連携推進法人制度は，課題はあるものの「2025年」にむけて整備拡充され，地域医療のビジネスモデルを変え，地域包括ケアの担い手として，なくてはならないものになっていくと考えており，この書が活用されることを望んでやみません。なお，地域医療連携の基盤的ツールとして必須のものとなりえるクラウド技術の活用については，研究中であり，本書への掲載を見送りましたが，何等かの機会をえて発表したいと考えています。

最後に，厚生労働省医政局の貴重な資料等を活用させていただき，JPBM の事務局・若松靖氏，医業経営部会などの研究仲間の知見・ノウハウの提供に感謝するとともに，中央経済社法規編集部の和田豊氏のご指導に感謝の意を表明してむすびと致します。

本書を通して大勢の読書の方々と，出逢いができたことを感謝しています。

合掌

2017年8月

JPBM　医業経営部会

部会長　**松 田 紘一郎**

目　次

度論のみが議論されています。それが前提とは思いますが,「地域住民」の
視点が欠けているように思えます,いかがでしょうか。

第4章　手　続 ……… *255*

本書の用語の定義・略称

⑴　用語の略称と説明

　この報告書で用いる用語の略称は次のとおりとしました。

略　　称	正確な用語
病院法人	医療法人として，病院を経営する法人の他，診療所または介護老人保健施設またはその両方を併設する法人
一般病院	病院の病床のうち，一般病床が全体の80％以上を占める病院
診療所法人	医療法人として診療所を経営する法人の他，介護老人保健施設を併設する法人。
療養病院	病院の病床のうち，療養病床が全体の80％以上を占める病院
精神科病院	病院の病床のうち，精神病床が全体の80％以上を占める病院
混合病院	前述3病院以外の病院，一般にケアミックス病院と言われている
有床診療所	病床を有する診療所
無床診療所	病床を持たない診療所
老健	介護老人保健施設
連携推進法人	地域医療連携推進法人
連携推進方針	地域医療連携推進方針
連携推進構想	地域医療連携推進構想
連携推進区域	地域医療連携推進区域
連携推進評議会	地域医療連携推進評議会
連携推進業務	地域医療連携推進業務
ISO	International Organization for Standardization（国際評価規格）
サ高住	高齢者居住法の規定によるサービス付高齢者住宅

⑵　法令の略称

略称	法令名・制定（発遺者）番号			最終改正・番号	
法	医療法	昭和23年	法律第205号	平成27年	法律第74号
旧法	医療法	昭和23年	法律第205号		—
施行令	医療法施行令	昭和23年	政令第326号	平成28年	政令第57号
施行規則	医療法施行規則	昭和23年	厚生省令第50号	平成27年	厚生労働省令第151号
収益業務告示	厚生労働大臣の定める社会医療法人が行うことができる収益業務	平成19年	厚生労働省告示第92号		—

制度基本通知	医療法人制度について	平成19年	医政局長・医政発第0330049号	平成27年	医政発0331第3号
指導要綱	医療法人運営管理指導要綱	平成2年	医政局長・健政発第110号	平成27年	医政発0930第1号
附帯通知	医療法人の附帯業務について	平成19年	医政局長・医政発第0330053号	平成27年	医政発0930第4号
基金通知	医療法人の基金について	平成19年	医政局長・医政発第0330051号	平成24年	医政発0330第26号
報告書通知	医療法人における事業報告書等の様式について	平成19年	指導課長・医政指発第0330003号	平成27年	医政支発0331第1号
法法(※)	法人税法	昭和40年	法律第34号	平成27年	法律第63号
相法	相続税法	昭和25年	法律第73号	平成27年	法律第9号
相施行令	相続税施行令	昭和25年	政令第71号	平成27年	政令第144号
相続個別通達	贈与税の負担が不当に減少する結果となると認められないとする基準の解釈について				
租特法	租税特別措置法	昭和32年	法律第26号	平成27年	法律第74号
一般社団財団法(※)	一般社団法人及び一般財団法人に関する法律	平成18年	法律第48号	平成26年	法律第91号

(※)医療法では,「法法」の略称を一般社団財団法に用いていますが,医療機関,職業会計人の読者が多いことを斟酌して,本書では法人税法に用いており,その関係箇所を修正しております。

連携推進法人制度のポイント

　この章は，地域医療連携推進法人（以下「連携推進法人」という）の根幹を占めるもので，次のように，Ⅰ～Ⅶの7つの大項目について，6個または7個の，全部で43のQ＆Aが示されています。
　Ⅰ　認定要件と申請（Q＆A　6つ）
　Ⅱ　連携推進法人のつくり方（Q＆A　6つ）
　Ⅲ　適合基準（Q＆A　6つ）
　Ⅳ　基本業務・推進方針（Q＆A　6つ）
　Ⅴ　理事会・社員総会・評議会（Q＆A　6つ）
　Ⅵ　連携推進法人等の法制（Q＆A　7つ）
　Ⅶ　会計の重要事項（Q＆A　6つ）

　この章は，医療法第7章の各条項を中心に，次に示す政省令や医政局長通知などを加え，見開き1面2ページ（一部に見開き2面4ページ）で，そのQ＆Aのポイントを加え見易く構成されております。

　(1)　法改正　　　• 2016（平成28）年9月1日　○医療法人制度
　　　　　　　　　　• 2017（平成29）年4月2日　○連携推進法人
　　　　　　　　　　• そこから開始する年度　○公認会計士または監査法人監査
　(2)　政省令改正 • 2017（平成29）年2月8日（政令）○医療法施行令
　　　　　　　　　　• 2017（平成29）年2月8日（省令）○医療法施行規則
　(3)　通知発遣　　• 2017（平成29）年2月17日　○連携推進法人制度について
　　　　　　　　　　• 2017（平成29）年2月17日　⊗　連携推進法人の定款例
　　　　　　　　　　• 2017（平成29）年2月17日　⊗　認定申請手続
　　　　　　　　　　• 2017（平成29）年2月17日　⊗　事業報告書等
　　　　　　　　　　• 2017（平成29）年3月21日　⊗　会計の運用指針
　この章では，○印を付したものは医療法第7章のほか，政省令・通知などを用いて説明をし，⊗印の4つは，第4章手続等に参考資料として掲載しております。

I　認定要件と申請

◁I-1▷　連携推進法人の３つの基本モデル

厚生労働省医政局が連携推進法人について，３つの基本モデルをホームページで図表化して示していますが，その違いを説明して下さい。

■ポイント

> ホームページで連携推進法人のしくみとして３つの基本モデルが示されていますが，１つは基本モデル図表，２つは地域の病院等のネットワークの法人化，３つは地域の複数の総合病院のグループ化です。これが基本ですが，実際は多様なアライアンス（連携提携）・ネットワークがありえます。

連携推進法人の基本モデルとなる図表が次のように示されています。

1　基本モデル図表（基本的な法制のしくみ）

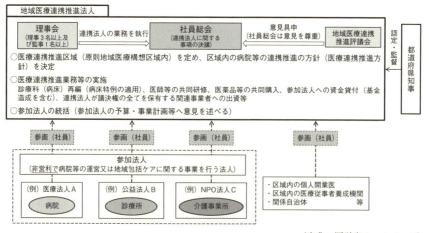

（出典：厚労省ホームページ）

この基本モデル図表は，連携推進法人のしくみを示したものですが，右頁２の地域病院ネットワーク法人化図表は，地域住民（患者）のニーズに応えるシームレスな機能ネットを示し，３はいわゆる「岡山大方式」といわれる（第１章・II-Q4参照）ものです。

2　地域病院ネットワークの法人化図表（シームレスな機能ネット）

課題
- 急性期病院：過剰
　（過剰な設備投資・医療従事者確保競争）
- 回復期病院：不足
　（在宅復帰への橋渡し役の不足）
- 慢性期病院：過剰
　（在宅復帰ではなく長期入院）
- 在宅医療機関：不足
　（在宅医療への対応体制不十分）
- 歯科診療所：バラツキ
　（入院者・入所者への対応不十分）

対応　：　統一的な方針を調整・決定して課題に対応
- 急性期病院から回復期病院へ病床融通
　（急性期病院の減床・回復期病院の増床）
- 慢性期病院の機能転換による在宅医療の充実
　（慢性期病院の減床・在宅医療の体制強化、医療従事者
　の研修）
- 医療機関と介護施設・高齢者住宅の連携の強化
　（入所者・在宅の訪問看護・診療や、口腔ケアの充実）

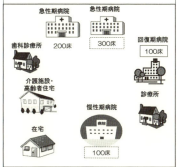

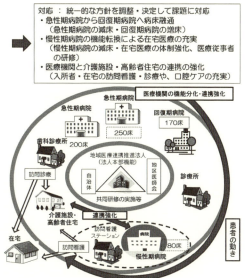

3　地域の複数の総合病院のグループ化図表（大病院の急性機能の分担）

課題　：　病院間の役割分担がない
- 診療内容が競合
- 診療規模・質が中途半端
　→ 医師が適正配置されていない等
- 医療機器を別々に購入
- 高難度症例が分担されていない

対応　：　統一的な方針を決定して病院間の役割分担
- 診療内容を重点化
- 医師の集約化により、医師を確保、質の向上
- 共同研修で専門性を高める、共同購入で効率化
- 専門性の高い病院への患者紹介の円滑化

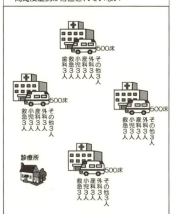

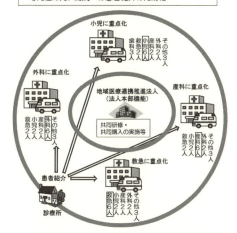

（G－Net　松田紘一郎）

┌ I-2 ┐　3つの基本認定要件

一般社団法人を創設し，知事から連携推進法人の認定を受けるための3つの認定要件の基本となることを教えて下さい。

■ポイント

> 基本要件の1は，参加法人（社員）で区域内で病院等を開設する法人，2は連携推進方針，3は連携推進業務を目的とした定款が必要。なお，病院等を開設する個人や，参加法人に該当するが，それを希望しないものも社員になりえます。

一般社団法人が連携推進法人の認定を受けるには，次の3つと認定基準を充足し具備することが必要となります。

(1)　次の参加法人（営利法人を除く）と厚労省令で定める者を社員

①　連携推進区域で病院等を開設する法人

②　連携推進区域で介護事業，その他の地域包括ケアシステムに係る施設，または事業所を開設，または管理する法人

　省令（施行規則39条の2）では，次に掲げる者で，営利を目的としないもの

イ　連携推進区域において，病院，診療所または介護老人保健施設を開設する個人

ロ　連携推進区域において，法70条1項2号に規定する介護事業等に係る施設または事業所を開設し，または管理する個人

ハ　法70条1項各号に規定する法人であって，参加法人になることを希望しないもの

ニ　連携推進区域において，大学その他の医療従事者の養成に関係する機関を開設する者

ホ　連携推進区域において，医療に関する業務を行う地方公共団体その他当該一般社団法人が実施する法70条1項に規定する医療連携推進業務に関する業務を行う者

(2)　連携推進方針（病院等の業務連携）

(3)　連携推進業務を目的とした定款

　その連携推進業務は，連携推進方針に沿った連携推進を図ることを目的とした，次の業務などとする。

イ　医療従事者の資質向上の研修

ロ　病院等業務に必要な医薬品，医療機器その他の物資の供給

ハ　資金の貸付けその他の参加法人が病院などに係る業務を行うのに必要
　　な資金を調達するための支援として省令で定めるもの

規則39条の3では，支援は，次の業務内容を明らかにしています。

イ　資金の貸付け

ロ　債務の保証

ハ　一般社団法財団法131条の規定による基金を引き受ける者の募集

ニ　連携推進法人は，前のイまたはロに規定する支援を行う場合は，当該
　　連携推進方針の理事会の決議を経るとともに，あらかじめ，当該連携推
　　進法人に置かれている連携推進評議会の意見を聴かなければならない

医政局長通知で都道府県知事の認定について，次のように定めています。

病院等に係る業務の連携を推進するための方針を定め，連携推進業務を行うことを目的とする一般社団法人は，当該連携を推進する区域（医療連携推進区域）の属する都道府県知事の認定を受けることができること。このため，当該法人は，連携推進認定を受けた後も引き続き，一般社団財団法人に関する法律に定める一般社団法人の要件等を満たす必要があります。ただし，同法の規定のうち，法70条の16の規定により適用除外となっている一般社団法人の名称使用の規定等は除かれます。

医療連携推進認定を受けた場合，既存の定款にある名称のうち「一般社団法人」については「地域医療連携推進法人」へ変更する定款変更を行ったものとみなされますが，実際の定款の表記については「地域医療連携推進法人」へ自動的に書き換わるものではありません。ただし，認定後，地域医療連携推進法人の判断により，実際の定款の表記を「地域医療連携推進法人」へ書き換えることは問題なく，この方法により，定款上の名称と登記上の名称を便宜的に同一とすることが望ましいとされました。

施行規則39条の2によって追加された営利を目的としないイからホに掲げる者はQ4，第1章Ⅴ-1・2などでさらに詳述していきます。（G-Net　松田紘一郎）

Ⅰ-3 **連携推進法人の申請**

Q3 一般社団法人格を認可でとり，連携推進法人の知事認定を受ける準備をしていますが，その申請の要件等を教えて下さい。

■ポイント

> 連携推進の認定を受ける一般社団法人は4つの要件を具備，それを連携推進方針で明示，定款とともに知事に申請。他に示した具体的申請手続も参照してください。

A (1) 医療法（70条の2）の規定する申請

連携推進認定を受ける一般社団法人は，次の4つの内容を具備した連携推進方針を添え，知事に申請します。

　イ　連携推進区域

　ロ　参加法人が連携推進区域（当該都道府県の医療計画構想区域を考慮）において開設する病院等相互間の機能の分担，業務の連携に関する事項

　ハ　ロに掲げる事項の目標に関する事項

　ニ　その他省令で定める事項

(2) 政令（施行令5条の15）の規定

法70条の2第1項に規定する連携推進認定を受けようとする一般社団法人は，次に掲げる事項を記載した申請書を，当該一般社団法人が定款において定める法70条1項に規定する連携推進区域の属する都道府県（当該医療連携推進区域が2以上の都道府県にわたる場合にあっては，これらの都道府県のいずれか1つの都道府県）の知事に提出しなければなりません。この場合において，当該申請書には，当該一般社団法人の定款その他厚生労働省令で定める書類を添付することが求められています。

　イ　名称および代表者の氏名

　ロ　主たる事務所の所在地

　ハ　法70条2項に規定する連携推進業務の内容

(3) 申請書・添付書類

法70条の2第1項に規定する連携推進認定の申請は，省令（H29.2.8）別記様式1の5により行いますが，次の書類を添付することが必要です。

　イ　当該一般社団法人の登記事項証明書

ロ　当該一般社団法人の理事および監事の氏名，生年月日および住所を記載した書類

ハ　法70条の3第1項各号の基準に適合することを証する書類

ニ　当該一般社団法人の理事および監事が法70条の4第1号イからニまでのいずれも該当しないことを証する書類

ホ　法70条の4第2号および3号のいずれにも該当しないことを証する書類

ヘ　前各号に掲げるもののほか，都道府県知事が連携推進認定に必要と認める書類

　添付書類のうち，医政局長通知（H29.2.17）別添3の「経理等に関する明細表」の記載は，直近に終了した会計年度末日現在の金額等については，設立初年度の場合，認定申請時の状況を記載することとされています。

(4)　申請区域が2以上の都道府県にわたる場合

　連携推進認定の申請に係る医療連携推進区域が2以上の都道府県にわたるときは，法70条の2第5項の規定により連携推進認定に関する事務を行うこととされた都道府県知事は，医療連携推進認定をするに当たっては，あらかじめ，当該医療連携推進区域に係る他の都道府県知事（イおよびハにおいて「関係都道府県知事」という）の意見を聴かなければならないとされています。

イ　関係都道府県知事は，法70条の5第1項に規定する連携推進法人に対して適当な措置をとることが必要であると認めるときは，法70条の8第3項に規定する認定都道府県知事に対し，その旨の意見を述べることができます。

ロ　認定都道府県知事は，医療法70条の21第1項または2項の規定により連携推進認定を取り消すに当たっては，あらかじめ，関係都道府県知事の意見を聴かなければならないとされています。

ハ　認定都道府県知事は，ロの意見を述べようとするときは，あらかじめ，都道府県医療審議会の意見を聴かなければならない。

　これらの具体的な申請の手続き等は，この第1章II-3・4および第4章I，IIを参照して下さい。

　　　　　　　　　　　　　　　　　　　　　　　（G－Net　松田紘一郎）

（I-4） 認定要件：社員

Q4 連携推進法人の社員要件は，医療法の要件はともかく省令の規定が良く分かりません。その内容と何故このように拡充されるのか教えて下さい。

■ポイント

> 厳しい認定要件の参加法人社員のほか，広く「ゆるやかな参加」の一般社員を加え，地域医療を実践するオール日本の医療介護機関で地域医療構想（地域包括ケア）を充実具現化していくことと思われます。

A 連携推進法人の社員要件のうち法省令のものは，Q2のAで示しました。「連携推進区域」が前提となり，整理して次のように示します。

(1) 医療法（70条1項）に規定する参加法人

① 病院等を開設する法人

「病院等を開設する法人」としては，医療法人，社会福祉法人，公益法人，NPO法人，学校法人，国立大学法人，地方独立行政法人，地方自治体等が該当すること。また，株式会社立の病院等を開設する法人についても，機能の分担および業務の連携の推進を目的とする場合は，これに該当すること。ただし，その場合は財務諸表の確認や都道府県医療審議会の審議を経ること。

② 介護事業等の施設，事業所の開設，管理する法人

「介護事業等」としては，介護事業だけでなく，薬局（株式会社立を除く），見守り等の生活支援事業等が該当すること。さらに，「地域において良質かつ適切な医療を効率的に提供するために必要な者」として，個人開業医，介護事業等を行う個人，参加法人になることを希望しない法人，大学等の医療従事者の養成機関の開設者，地方自治体，医師会，歯科医師会等が該当すること。

(2) 施行規則39条の2で，営利を目的としない次の者を示しています。

① 病院等を開設する個人

② 介護事業等の施設，事業所の開設，管理する個人

③ (1)①，②（法70条1項）に規定する法人で参加法人になることを希望し

ないもの

④　大学，医療従事者の養成を開設する法人

⑤　医療業務を行う地方公共団体

　つまり(1)①，②で示しました参加法人で社員となるもの（以下，この項で「参加法人社員」という），(2)の①から⑤の参加法人にならない「一般社員」に分かれますが，連携推進法人の社員としての議決権はいずれも原則として1人1票です。

(3)　(2)施行規則39条の2で営利を目的としないものとして示された者について，さらに詳しく見ると次のようになります。

①　個人（病院等，介護事業等）

　営利事業（例，不動産，物品販売業など）を個人として行っている可能性もあり，病院等，介護事業等の収支・損益計算を別会計で分離，区分し利益の分配・配当とならないように注意すべきでしょう。

②　参加法人に該当するが，それになることを希望しない法人

　全国展開する病院等，介護事業等を行う法人の各地のブランチ（枝）の病院等（例，日赤や済生会など）が該当する―いわゆる従前から発言されています「ゆるやかな参加」にも該当するものと思われます。

③　大学等の法人

　②と同じ考えかたでしょうが，病床を有していれば(1)①に該当し参加法人社員になりえます。

④　医療業務を行う地方公共団体

　病院等を開設する都道府県，市町村立を示しますが，地方議会の自治権の侵害にならないよう，原則的には，一般社員として「ゆるやかな参加」になると思われます。

　この社員構成を見る限り，「営利性」を追求するものは除かれますが株式会社，個人立の病院等も一定の条件のもとに参加できます。医療介護機関の開設主体のほとんど参加するのが連携推進法人であるともいえ，地域医療構想に基づく地域包括ケアは，連携推進法人の出現により，「非営利性」に疑義は残りますが大きく前進すると考えられます。

(4)　(1)の法人で参加法人となることを希望しない法人

　法70条1項各号に規定する法人であって，参加法人となることを希望せずに社員となった法人のメリット・デメリットを示します。

① メリットとしては，参加法人が連携推進法人に意見を求めなければならない事項として連携推進法人の定款に記載した，予算の決定，借入金，重要な資産の処分，事業計画の決定，定款変更，合併，分割，解散等（以下「重要事項」という）が次のようになります。

　イ　重要事項を決定するにあたって連携推進法人に意見を聞く必要がないこと

　ロ　イと同様に連携推進法人が推進評議会に意見を聞く必要もないこと

　ハ　議決権を得ることができ，連携推進法人の運営に参画できること

② デメリットと思われるものは，次のとおりです。

　イ　病床再編による病床融通を受けることができないこと

　ロ　連携推進法人の債務保証を受けることができないこと

　ハ　連携推進法人から資金の貸付を受けることができないこと

　ニ　参加法人からの出向を受けることができないこと

　ホ　議決権の構成割合の要件で参加法人社員の議決権の合計より，非参加法人社員の議決権の合計が少ないこと

(5) (4)の法人の類型（列挙：再掲）

① 法制により，それが原則的にできないと思われる法人

　イ　地方公共団体立の病院等（ただし，「備北メディカルネットワーク」（広島県）の例があり，議会が認めれば可。第1章・Ⅱ-Q4参照）

　ロ　国立大学法人病院(※)

　ハ　私立大学法人病院(※)

　　(※)これについては，本体と切り離した病院を公益法人化することにより参加法人となることは可能と思われます。

② 内部の規制・統治により，それができにくいと思われる法人

　イ　日本赤十字社の各病院

　ロ　恩賜財団　済生会の各病院

以下に「参加法人と非参加法人社員の比較」を右頁の一表で示します。

地域医療連携推進法人　参加法人と非参加法人社員の比較

項目		参加法人・社員 [A]	非参加法人・社員 [B]
病床	病床再編による病床融通	可能	不可
保証	債務保証	可能	不可
貸付	連携推進法人からの資金貸付	可能	不可
貸付	連携推進法人への資金貸付	可能	可能
基金等	基金の引受け（連携推進法人への基金拠出）	可能	可能
基金等	会費等の徴収	義務化可能	義務化可能
人事交流等	医療従事者の資質向上を図るための研修	参加可能	参加可能
人事交流等	参加法人間の在籍型出向	受入可能	受入可能と思われる
調整・供給	医薬品・医療機器の一括購入の調整（購入は個別契約）	参加可能	参加可能
調整・供給	医薬品・医療機器以外の物品等の供給	参加可能	参加可能
意見	定款明示の重要事項等決定への意見聴取（連携推進法人の意見聴取）	必須	―
社員総会	議決権	あり	あり
社員総会	議決権数	原則各1個の議決権（ただし定款に別段の定めも可能）	
社員総会	議決権の構成割合	①病院等を開設する参加法人の議決権の合計が，介護事業等の開設・管理等の参加法人の議決権合計を超えること ②参加法人社員の議決権の合計が，総社員の議決権の過半数を超えること	

（注）　① [A] は，非営利の医療法人等で，参加法人・社員となったもの。
　　　② [B] は，法70条1項各号に規定する法人であって，参加法人となることを希望しないものおよび個人病院等で社員となったもの。
　　　③ 「義務化可能」は，定款に記載することによる。

（G－Net　松田紘一郎）

⟨ I-5 ⟩　認定要件：理事・監事

Q5 連携推進法人の理事・監事について，その定数・任期・資格を役割とともに教えて下さい。役員については，医療法人と同じでしょうか？相違点を教えて下さい。

■ポイント

> 役員については，医療法人とほぼ同じですが，連携推進法人が
> イ．代表理事に医師または歯科医師としていないこと，ロ．理事
> のうち少なくとも１人は医療学識団体等の長としていること。

A 連携推進法人の理事と監事は，いずれも役員となりますが，その定数等について，医療法人（社団）と比較しながら説明いたします。

(1)　理事・監事の定数

　　理事は３人以上（少なくとも１人は，診療に関する学識経験者の団体（地区医師会，地区歯科医師会）その他の関係団体の代表者または診療に関する学識経験者であること），監事は１人以上です。理事は同族関係者が３分の１以下，監事は全て非同族で利害関係のない者となっています。

　　これはカッコ書を除いて医療法人と同じですが，医療法人には（みなし贈与課税）非課税基金拠出型医療法人，特例医療法人と社会医療法人という類型があり，その３類型では理事は６人以上，監事は２人以上であり，同じような非同族要件がついています（第１章・V-Q1参照）。

　　なお，代表理事を１人置くこととされていますが，カッコ書を除いて，医師または歯科医師であることの要件は付されていません。

(2)　利害関係のない者

　　営利法人と役員（社員をふくむ）と利害関係があると認められる次の者を社員，役員にしない旨を定款に規定することが必要です。

　イ　当該一般社団法人と利害関係を有する営利を目的とする団体の役員または職員もしくは当該役員の配偶者もしくは三親等以内の親族

　ロ　当該一般社団法人と利害関係を有する営利事業を営む個人または当該個人の配偶もしくは三親等以内の親族

　ハ　当該一般社団法人の参加法人と利害関係を有する営利を目的とする団体の役員または職員

ニ　当該一般社団法人の参加法人と利害関係を有する営利事業を営む個人

ホ　イ〜ホに掲げる者に類するもの

さらに施行規則39条の9で，連携推進法人の役員と特殊の関係がある者として次の者を規定しています。

イ　役員と婚姻の届出をしていないが事実上婚姻関係と同様の事情にある者

ロ　役員の使用人および使用人以外の者で当該役員から受ける金銭その他の財産によって生計を維持しているもの

ハ　イ・ロに掲げる者の親族でこれらの者と生計を一にしているもの

(3)　監事

監事の業務は，法46条の8に規定されていますが，それを法70条の12第1項で読み替えており，医療法人の監事と同じ業務を行い，その責任と義務もほぼ同じです。

なお，医療法人の監事の監査報告書は，法51条3項に規定されていますが，法70条の14で読み替え，ほぼ同じような監査報告書が知事に届け出られます。

(4)　定数不足，知事等へ報告

役員の定数不足等については，法70条の12を医政局長通知により補完し，次のように定められています。

理事および監事については，定数の5分の1を超える者が欠けたときは，一月以内に補充しなければならないこと。また，監事の任期は2年を超えることはできないが，ただし，再任を妨げないこと。監事の選任については，当然ながら不在期間が生じないよう注意していただく必要がありますが，仮に定数に足りなくなる場合は，一般社団財団法75条1項に基づき，前任の監事は後任者が就任するまでその業務に当たることとなります（定款例第29条第4項および同項の備考欄参照）。

監事は，理事が不正行為等を行っていると認めるときは，遅滞なく，認定都道府県知事，社員総会または理事会に報告しなければならないこと。

（G-Net　松田紘一郎）

<u>I-6</u> **認定要件：連携推進区域**

Q6 連携推進法人の認定要件の1つである地域医療構想に基づく連携推進区域について教えて下さい。

■ポイント

> 地域包括ケアの実現（施）のための区域，つまり2次医療圏が原則です。その実現のため連携推進方針に記載と知事認定が条件ですが複数の医療圏にまたがること，2以上の都道府県にまたがることも例外的に可能です。

A **1 地域医療構想に基づく地域包括ケアの実現**

　本書の冒頭の序文でも示しましたが，わが国は，2025年に団塊の世代が75歳以上になる時期を目指して，住み慣れた地域で最期まで活き活きと暮らせるように都道府県の地域医療構想に基づく地域包括ケアシステムの構築を積極的に進めています。現在，各地域で地域包括ケアシステムの構築に向けてのアライアンスによる取組みが行われていますが，千差万別で地域の人口等によりその取組みはさまざまです。

　そこで，本来非営利のホールディングカンパニーとして創設が予定されたものが，いくつかの議論をへて，一般社団法人の連携推進法人として認定され，それが地域包括ケアの基本的な担い手になっていくことが期待され制度化されています。

　そこでは，地域医療ビジョンが作成され，病院完結型でない地域完結型の地域レベルでの医療・介護の連携提携（アライアンス）が地域包括ケアとして，その地域に展開されるはずです。

　問題は，そこでの連携推進区域だと思われます。

2 基本は2次医療圏

　連携推進法人は，その地域に病床の機能分化を推進し在宅復帰を促進して在宅での看取りの推進をすることにより，シームレスな医療介護の提供が期待されている法人です。

　そのことから連携推進区域は，基本的には全国に344圏存在している2次医療圏とされています。しかし，愛知県知事から4月2日付で認定された「尾三

会（びさんかい）」は，数医療圏・20法人余が参加法人となっています（第1章・Ⅱ-Q4参照）。

　連携推進区域は先にも示しましたが，連携推進方針に記載し知事に申請することになりますが，知事は参加法人の連携推進区域について，あらかじめ都道府県医療審議会の意見を聞いて医療計画構想区域を考慮して判断します。

　厚生労働省医政局の定款例として示された連携推進区域は必須記載事項ではあるものの，次のように簡単なものでした。事前協議で都道府県担当者（審議会の意見を聞いた）との結果でありましょう。

（医療連携推進区域）
第4条　本法人の医療連携推進区域は，○○県○○市，○○市，○○町とする。

　複数の2次医療圏をふくむもの等は，都道府県医療計画において定める地域医療構想の整合性との考慮の対象となり，それが整合するものであれば認められます。3次医療圏（都道府県）全域や，その大部分の広域にわたる大規模医療機関（例，株式会社や大学等）の「囲い込み」的なものは，不認定または修正を求められるはずです。

　連携推進区域が2次医療圏344圏を対象としていることにより，連携推進法人は重複したり，複数創設されることが可能であり，大胆な仮説ですが1医療圏に2法人であれば688法人できることになります。

　大都市1つの2次医療圏（例，名古屋市）では，数法人が創設され，人口等の希薄なところでは，1つの法人が創設される等，単純な数合わせは，難しいと思われます。

　もちろんこのような数の法人が急に出来るのではなく，厚生労働省や都道府県医療行政のさまざまな誘導により5年から8年くらい後（2025年問題への具体的なとりくみ時）には，600から700法人くらいが創設され，地域社会への責任を負託されつつ地域医療のビジネスモデルを徐々に変更していくとみています。

（G－Net　松田紘一郎）

Ⅱ 連携推進法人のつくり方

Ⅱ-1 基本理念の共有

Q1 連携推進法人を創設準備している急性型病院ですが，Win-Win の利益と制度論のみが議論されています。それが前提とは思いますが，「地域住民」の視点が欠けているように思えます，いかがでしょうか。

■ポイント

> この法人は地域包括ケアの担い手になることが期待され，連携区域の住民のために創設されます。「三方よし」を少し言葉を変え「自法人のため」「相手法人のため」「地域住民よし」（行政・住民）を表現する共通理念の共有化の具体策として，ISO26000社会的責任の順守の宣言を提案します。

A 本書の序文で示しましたように，連携推進法人は，都道府県（3次医療圏）の地域医療構想に基づく地域包括ケアの基本的な担い手になることが期待され，その主体となる医療介護機関は，「非営利」を前提に所定の条件はありますが，株式会社や個人経営（社員として）地方自治体などの病院もふくまれることになりました。

つまり，地域医療を行う「オール日本」の病医院等がふくまれることになっており，これは無視できないと思われます。

その提供主体が，個の競争を止め（所定の基準・要件はあるものの）グループとして地域医療圏（原則，2次医療圏）内で，連携提携（アライアンス）により，協調していくことが期待されており，「競争から協調」ともいわれています。連携推進法人は，2以上の医療機関のアライアンスによる参加が原則であり，そこに自法人（機関）の利益（Win）があり，相手法人（機関）の利益（Win）を尊重することは当然のことと思われます。

しかし，冒頭に示しましたように地域住民のためという社会的責任を担わせられていることを忘れてはなりません。

連携推進法人は，「2025年問題」が起きるまで，つまり8年後までに整備が完了し，その創設目標である地域医療構想に基づく「地域包括ケア」を質の高い活性化されたものにしなければなりません。

そのため，連携推進法人が「継続企業体（Going concern）」として存続していくためには共通理念をふくめた法人事業の次のようなミッションステートメ

ントによる在り方を地域住民・職員などに明示すべきです。

- 理念　私たち（共通）が連携推進方針により地域にどのように貢献するか
  を明らかにすること
- 経営姿勢　非営利で地域貢献という社会的責務を明示すること
- ドメイン　参加法人等は連携方針に従い協調して質の向上，合理化を向上
  せしめること
- ビジョン　あるべき（原則として）定量目標として明示すること

　筆者は，Win-Winを昇華させ地域住民のため創設準備中に「社会的責任」を共通理念として掲げることを提唱しています。具体的には，ISO（International Organization for Standardization：国際標準規格）26000による順守宣言をすべきと考えています。

　ISOは，認証規格として9001（品質評価基準）および14000（環境評価基準）があり，第三者機関による厳しい審査がありますが，26000は，社会的責任規格として次の7つの中核主題のうち（個別課題が36あり）その大部分を充足し，自主的に宣言する（認証規格ではない）ことで可能です。

　①　組織統治がしくみとしてあり透明性が高いこと
　②　人権を守っていること
　③　就業慣行（雇用条件）が守られていること
　④　環境に対し適切な配慮がなされていること
　⑤　順法によるなど，公正な業務慣行が実施されていること
　⑥　患者に適切なサービスが提供されていること
　⑦　地域社会への貢献，その参画が示されていること

　これにより，連携推進法人は，地域医療にグループとして包括的にとりくむ社会的責任宣言をして，地域住民と一体感＝ともに在るという姿勢を示すべきだと考えています。次頁Ⅱ-Q2も参照して下さい。

（G‐Net　松田紘一郎）

⟨ Ⅱ-2 ⟩　ウィン・ウィンのグループ化，社会的責任宣言

Q2 連携推進法人には，地域住民の医療介護ニーズを基盤に共通理念をつくることはわかりましたが，参加法人等で Win-Win を拡充し共通理念化するにはどうしたらよいでしょうか。

■ポイント

> 厚労省は，創設時に地域のシームレスなアライアンスの展開を説明していましたが，その要請が低くなりさまざまなアライアンスが考えられ，複数以上の参加法人社員（非参加法人社員をふくむ）候補とよく協議し，まずとりくみやすいところ，例えば教育研修の実施，連携推進室による患者紹介…社会的責任の共有を公表し，それが相互に補完できるグループ化を推進。

A 　今までの個の医療機関として一部に連携はあるものの競争（合）状態にあった医療機関が，連携推進法人の社員として協調していくことは大変な勇気がいるものと思われます。

　グループ化の第一は，医療機能が異なり患者紹介，逆紹介等などで実績のあるところから始まるのが通例でしょう。

　そこにQにありました Win-Win（「自法人にとって良い」し「相手法人にとっても良い」こと）から始まることは否定できません。しかし，それれのみを前面に押し出すような利益追求型のアライアンスは，いずれ利害が対立し破綻すると思われます。

　この制度創設の原点，地域医療構想に基づく地域包括ケアの基本的な担い手が期待されていることによる，認知症高齢者など，その地域に切れ目のない（シームレス）な医療介護を提供し，前のQ1で示しました「地域社会の住民に質の高い医療介護を提供し続ける」という社会的負担（責任）が課されていることに気づかれるべきです。

　Win-Win を否定すべきではありませんが，その地域への社会的責任を何らかの形（ここでは ISO26000 による社会的責任宣言）で共有し，公表宣言すべきです。

　前のQで示しえませんでしたが，連携推進法人の地域医療への社会的責任宣言例（一部）を次に示します。

社会的責任の順守宣言　（案）

（共通標章）　　　　201X 年○月○日
　　　　　　　　　地域医療連携推進法人　○○メディカル・アライアンス
　　　　　　　　　　　代表理事　○　○　○　○

　地域医療連携推進法人　○○メディカル・アライアンス（以下「当法人」という。）に参加する医療提供施設等およびそこに所属する全ての職員は，直接的に人の生命・健康に携わる医療人として地域医療連携推進方針を掲げ順守する。さらにその社会的責任（Social Responsibility：SR）を示す基本標章○○を掲げて，下記の７つの基本原則の順守による ISO26000（その国際基準）の導入を宣言する。

記

（説明責任）
1　当法人は，○○地域の医療連携推進活動を推進し，その影響を適切に開示し説明します。
（透明性）
2　当法人は，その意思決定や活動に透明性を保ち，外部監査の結果を公表します。
（論理的な行動）
3　当法人は，医療提供施設として公平で誠実な倫理観に基づいた行動をします。
（利害関係者の尊重）
4　当法人は，その活動による様々な，患者・利害関係者に配慮して対応します。
（法令の尊重）
5　当法人は，わが国の法律や諸法令を尊重し順守します。
（国際規範の尊重）
6　当法人は，国内法だけでなく，国際的に通用している規範を尊重します。
（人権の尊重）
7　当法人は，重要かつ普遍的である人権を尊重します。

　できれば，文章を少し変えて参加法人の全てがこのような宣言を公表し，アライアンスを地域に広められると良いと思われます。　　　　　（G－Net　松田紘一郎）

Ⅱ-3　基本的なつくり方：一般社団法人から

Q3 連携推進法人は，一般社団財団法に基づく一般社団法人を創設することが前提のようですが，つくり方を教えて下さい。

■ポイント

> 一般社団法人は，医療法70条の2，規則5条15などで創設。そのつくり方は，一般社団財団法22条に基づく，法務局への登記をすることにより法人格を取得。この後，認定要件を整備して知事の認定を受け連携推進法人に。

A

1　設立手順

　　一般社団法人の設立手続は，一般社団財団法に従い，概ね次のような手順で行われます。

①　2名以上の設立時社員が共同して定款を作成

②　公証人の定款認証

③　設立時社員による設立時理事・設立時監事・設立時会計監査人の選任（定款で定めた場合は不要）

④　設立時社員による主たる事務所の所在場所の決定（定款で所在場所まで

厚生労働省が示した連携推進法人設立までの手続き・スケジュール

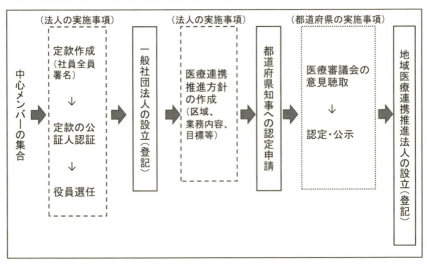

定めた場合は不要）

⑤　設立時代表理事の選定（定款で定めた場合は不要）

⑥　基金の募集と拠出

⑦　設立時理事・設立時監事による設立時の調査および設立登記の申請

　最も重要なことは，中心メンバー（地域有力病院等）の集合協議から，都道府県主務課の指導を受けながら定款を作成し，一般社団法人（非営利型）を設立（登記）し，連携推進法人の要件を満たして知事へ認定申請する主な流れが示されていることです。

　これをもう少し詳しく，創設時・有力3〜4病院で大きなアライアンスになることを想定した実務的な手順を示します。

2　組織化の実務手順

Phase I 協　議	Step 1	**地域有力病院の話し合い** その地域の高度急性期や急性期機能，回復期機能，慢性期機能，在宅ケアのシステムを持つ病医院が，シームレスな共助により，地域包括ケアを充実させる協議
	Step 2	**情報収集→定期会合・課題の抽出** 地域医療・介護に係る人口動態，患者動向のデータなどを収集することにより，その地域の課題の抽出，定期会合化→事務所の設置
	Step 3	**講師の招聘，勉強会** 医業経営コンサルタント契約，計画提示の検討，各院の財務データ等により「弱さ」の改善・補充，共通理念の検討，本部機構の承認，県主務課との協議
Phase II 準備会	Step 1	**準備会の結成・予算計画の了承** 医業経営コンサルタントと協議（以下，同じように係わる）。連携推進法人創設準備会の創設，事務局を設置，毎月の分担金の支出，準備金予算，計画の策定，仮代表の選任。
	Step 2	**機能分担などの協議** 準備会は各月に設置，その下部（事務組織）として，各病院派遣の事務部会（仮）の設置，必要とされる機能分担などを具体化。
	Step 3	**理念・方針，組織のフレームづくり** 地域医療・責任の協議から理念化，以下方針・定款・役員の社員構成，参加法人の補充，社員権の付与の有無検討，県主務課との協議
Phase III 法人化	Step 1	**連携堆進法人化するための一般社団法人化** 県主務課と協議，連携推進法人を創設するための一般社団法人の設立を準備して「非認定」で創設。各参加病院法人の理事会・社員総会の承認。職員教育の実施。一般社団法人の設立。

（G−Net　松田紘一郎）

Ⅱ-4 　一般社団法人から認定に至る経過

Q4 当初のシームレスなアライアンスは少ないようですが，今公表されています連携推進法人の数々の類型を教えて下さい。また，一般社団法人から認定に至る経過を教えて下さい。

■ポイント

> 平成29年4月以前に，厚労省が公表している連携推進法人の準備中のものは8種類で，4月2日付で4社団が認定され，地域でのシームレスなアライアンスはやや後退。一般社団法人から認定に至る経過は，3つの基本認定条件の充足と適合基準を充足していくことです。

A

1　公表された8つの事例

厚生労働省医政局は既に第1章・Ⅰ-Q1基本モデルとなる3図表を公表しています。平成29年2月下旬に連携推進法人制度の活用による機関等の連携を検討している事例として，次の8つを公表し，その一部ですが私見を交えずそのまま示します。

1　大規模病院間の連携

検討区域：岡山県岡山市
参加法人：岡山大学病院（850床），岡山市民病院（400床），岡山医療センター（609床），
　　　　　岡山労災病院（358床），岡山日赤病院（500床），岡山済生会病院（553床）

・医療教育や臨床研究，情報連携等の分野から連携を開始。
・将来的には大規模かつ質の高い医療・研究・教育事業体の構築を目指す。
・岡山市を，医療産業が集積する医療産業都市にすることを目標とする。

2　中規模病院間の連携

検討区域：岡山県真庭市
参加法人：金田病院（172床），落合病院（173床）

・従来，2病院間で診療科目の分担，医療機器の融通，患者の相互紹介等を実現。
・今後，訪問看護事業所等の一体化，医師・看護師等の相互交流等を進め，継続的な医療提供を目指す。

3　統合再編成を目指した病院間の連携

検討区域：兵庫県姫路市
参加法人：県立姫路循環器病センター（350床），製鉄記念広畑病院（392床）

・新病院開設までの間，姫路循環器病センターと広畑病院の両病院相互間の機能の分担

及び業務の連携を推進することにより，統合再編を円滑に行い，中播磨・西播磨圏域
において質の高い効率的な医療提供体制を確保する。

4　地方独法病院を中心に民間の病院や介護施設を含めた連携

検討区域：山形県酒田市
参加法人：日本海総合病院（646床），本間病院（52床），特別養護老人ホーム，介護老人
　　　　　保健施設，訪問看護ステーション　等

- 医薬品の共同購入，高額医療機器の共同利用，患者の紹介・逆紹介等から連携を開始。
- 急性期医療から在宅介護までの供給バランスを最適化することによって，地域完結型
の医療・介護提供体制の構築を目指す。

5　治療分野の異なるがん治療を主とする病院間の連携

検討区域：鹿児島県鹿児島市
参加法人：相良病院（81床），新村病院（40床）

- 既に業務提携を結び，高額医療機器の共同利用や薬剤の共同購入等の取組を開始。今
後，患者の相互紹介等を通じて両病院の専門性を高める。
- 地域医療連携推進法人により本部機能の統一を行い，ブランド力の向上による両病院
の経営力強化を図る。

6　地域の多数の診療所の連携

検討区域：鹿児島県大島郡瀬戸内町・宇検村
参加法人：瀬戸内町へき地診療所，いづはら医院　等

- 夜間診療体制の整備や総合医研修制度の確立，遠隔診療の実施，近隣離島への医師派
遣や医療従事者の相互交流等を段階的に進める。
- 最終的に，地域の全医療機関が参加し，地域完結型の医療提供体制を整えることを目
指す。

7　社会医療法人と大学の連携

検討区域：北海道札幌市
参加法人：社会医療法人カレスサッポロ（時計台記念病院（250床），北光記念病院（145
　　　　　床）等），北海道医療大学

- 慢性期医療を担う北海道医療大学の地域包括ケアセンターと急性期医療を担うカレス
サッポロが連携し，相互の不足している機能を補完することを検討。
- 大学の研修の受入先としてカレスサッポロが保有する施設の有効活用の検討。

8　大学付属病院と地域医療機関の連携

検討区域：愛知県名古屋市，刈谷市，岡崎市，豊明市　等
参加法人：藤田保健衛生大学，県内14法人

- 地域包括ケアモデルの展開
- 医療及び介護従事者向け勉強会や研修業務の連携
- 医薬品及び診療材料等の共同購入
- 医療事故調査等に関する業務の連携

- 医療機器の共同購買
- 病院給食，介護・福祉給食サービスの共同化
- 電子カルテ等，システムの共同利用
- 医療・介護スタッフの派遣に関する連携
- 職員等の相互派遣 等

2 認定された4つのグループ法人

　2017（平成29年）年4月2日付で連携推進法人として認定されたものは次の3つと，ここに公表された以外の1つの法人（3医療機関が連携する「備北メディカルネットワーク・広島県」）です。

- 「モデル3」 統合再編成を目指した病院間の連携
　　自治体立である県立病院が，参加法人となっているのに注目。
- 「モデル6」 地域の多数の診療所の連携
　　へき地の島の診療所の全てが参加。遠隔診療の活用がポイントであり，他のへき地への展開が期待されます。
- 「モデル8」 大学附属病院と地域医療機関の連携

　認定を受けた「尾三会」（びさんかい）は藤田保健衛生大学の1,400床の附属病院を中心に，20参加法人と2社員による大規模な「囲い込み」とも思われるもので，注目されています。業務の連携，その目標はホームページ上で次のように示されています。

　イ　グループ内施設の分化について（略）
　ロ　グループ内施設間における医療・介護従事者等の相互派遣を実施し，回復期機能や在宅医療の充実化を図ります。
　ハ　医療介応従事者向け勉強化や研修業務の共同実施を通じ。回復期機能及び在宅医療の充実を図ります。
　ニ　グループ内施設間での患者情報の共有化モデルを確立します。
　ホ　グループ内施設に対して医療事故調査等に関する業務の連携を実施し，安全な地域医療構想の実現に貢献します。
　ヘ　医薬品の一括交渉を通じ，グループ内施設の効率化を図ります。
　ト　医療機器等の共通化及び一括価格交渉を通じ，グループ内施設の経営の効率化を図ります。
　チ　グループ内施設における給食サービスの共同化を実施し，適切な配食と経営の効率化を図ります。

　これらが，その属する地域医療区域毎に達成度をチェックされ評価結果が公表されますので大変な事業になると思われます。特に「ヘ」は「地域フォーミュラリー」につながるもので，注目して見ていくべきでしょう。後出（201頁）の第3章の Column 4 「地域フォーミュラリー」を参照されたい。

3　一般社団法人から認定に至る経過

　一般社団法人の認定（それまでの経過は，II-3参照）は，おおむね次の Step で示す手順になると思います（第1章・I-Q3参照）。

Step 1	**連携推進法人化するための一般社団法人化** 　県主務課と協議，連携推進法人を創設するための一般社団法人の設立を準備して「非認定」で創設。 　各参加病院法人の理事会・社員総会の承認。 　職員教育の実施。
Step 2	**参加法人等の停止条件付の契約** 　参加法人と一般社団法人との間で停止条件付の契約（弁護士の意見を聞く）。社員の議決権の決定。社員権の修正・追加。
Step 3	**要件整備** 　補充社員の入社。共通標章（シンボルマーク：次頁および第2章I-Q6を参照）の検討，以下共通理念・事業計画予算案の策定・連携方針・定款の策定，評議会，地域貢献の具現化・公認会計士または監査法人監査の準備，県主務課の（医療審議会の意見を聴いた）了承。
Step 4	**参加法人の定款変更，推進法人の定款の認定** 　県の主務課との協議，法人事務局の正式設置，参加法人の定款変更，連携推進法人への一般社団法人定款変更，その認定申請。認定。
Step 5	**公表** 　地域医療への責任宣言書の確定，記者会見―公表。

　この認定に至る手順は，主な項目をおおむね Step として5段階に分け，それぞれを時系列的に示したもの（一部省略）でありますが，順序が逆になったり重複することもありえます。

　基本は，共通理念を連携方針とともに共有し，新しく定めたシンボルマーク（標章）のもとにシームレスな地域アライアンスにより高い質を維持・展開しながら構築していくことにあります。参加法人は，その社員となる，ならないにかかわらず，Win-Win をその地域に広がる面に拡大，シームレスな地域医療アライアンスによる地域貢献を社会貢献（責任）と考えるような医療機関法人でグループ化を拡充していくべきであります。

（G‐Net　松田紘一郎）

Ⅱ-5　組織化の課題

Q5 連携推進法人のつくり方は分かりましたが，その法人が継続して発展するために重要な組織化の課題をポイント毎に教えて下さい。

■ポイント

> ポイント1．共通理念を共有する参加法人，非参加社員をうる。2．その連携区域の医療介護ニーズに適合。3．法令順守，都道府県医療行政等との協調。4．基金，運営費・事業活動費負担の公平性。5．専門コンサルタントの活用など。

A 　連携推進法人が継続事業体（Going Concern）として発展していくための一般的な条件を次に示します。

(1)　連携推進方針を充実するとともに機能を最大限，効率よく発揮し参加法人が経営的・医療的に強力になること。

　(例)　ア　紹介・逆紹介による紹介率などの向上

　　　　イ　医薬品，資材などの共同購入により仕入コストの削減

　　　　ウ　医師・看護師などの勤務体制・派遣の有効化

　　　　エ　教育・研修の共同化・効率化

　　　　オ　資金の融通，債務保証による基盤の強化

　　　　カ　医事・会計システムの段階的共有化によるコスト削減　　など

(2)　共通標章（イメージマーク）を掲げ，グループイメージを確立するため共同事業イベントを実施し地域住民（患者家族）と密着すること。

　(例)　ア　さまざまな（生活習慣病を中心とした）健康教室

　　　　イ　食事診断の会

　　　　ウ　○○高齢健康の会

　　　　エ　糖尿患者と家族の会など

(3)　共通標章を明示した広報誌（連携推進法人「○○アライアンス」(仮)）を発行，参加法人や協力施設（機能・サービスの明示）の各部門・部所に置き，ホームページを開設する。

(4)　参加法人がそれぞれの不満などを抑え，弱点を補完し合い事業計画に反映させていくこと。

(5)　持分あり医療法人（経過措置医療法人）が参加法人（社員）となった場合，

その法人は，常に出資持分の払戻し請求（相続をふくむ）による資金流出（キャッシュ・アウト）のインテンショナルリスクを内在しています。その解除を持分なし法人へ平成29（2017）年10月1日から施行される（租特法70条の10）新しい「認定医療法人制度」を活用したりして，移行を検討していくべきこと。

(6)　都道府県主務課や連携推進評議会と意思疎通を図り，その高評価をうる努力を続け，その公表制度を積極的に活用すべきこと。

(7)　基金の適切な拠出による経営基盤の強化，通常経費の会費負担，連携推進事業活動費の負担を予算化し適切にしていくこと。

(8)　医業経営に係る専門コンサルタントを活用していくこと。

　　医療法の大改正，連携推進法人の創設支援など，医業経営を専門に支援する質の高いコンサルタントが必要とされていますが，わが国に，それを資格認定し養成する機関が1つだけあります。

　　公益社団法人　日本医業経営コンサルタント協会（以下「JAHMC」という）です。JAHMCは，平成2年11月1日に厚生大臣より社団法人として設立承認を受け発足。その目的は，医業経営に関する調査研究等を推進し，医業経営に係わるコンサルタントの水準の確保と資源の向上をはかることにより，医業経営の近代化・安定化に資するとともに国民医療の向上に寄与すること（平成24年4月1日公益社団法人の認定）にあります。個人正会員約3千名，コンサルタント法人会員6社からなり，全国に47の支部があり，それぞれが地域医療の経営支援活動を活発に行っています（第3章・I-Q1参照）。

　　この本の活動主体，JPBM（医業経営部会）はJAHMCの継続研修の受託団体として，毎年連携推進法人や事業承継などのシンポジウムや実践的研修会を開き，活発な活動をしています。

（G－Net　松田紘一郎）

Ⅱ-6 予算・運営費負担等

連携推進法人を運営するには，適切な予算計画が必要で，さらに運営のための資金が必要なはず。それらをどうするのか教えて下さい。

■ポイント

> その運営に係る通常の資金は会費，それに連携推進活動費のほか法人格維持のために「基金」が参加法人社員等から拠出。それらは事業計画，年度予算等で連携推進活動とともに知事からチェックされるはずです。

A 連携推進法人は，徹底した非営利性のもと大規模な医療法人の「法人本部」の機能・役割を持つと見ることができます。

創設に当たり，予算・事業計画を策定することは当然として，運営資金・事業活動資金や基本となるような資金が必要となりましょう。前者は，参加法人の会費，分担金等により定款で〔(経費の負担) 第○条　この法人の事業活動に経常的に生じる費用に充てるため，会員になった時および毎年，会員は，社員総会において別に定める額を支払う義務を負う。〕とし，後者は，一般社団財団法の基金制度を採るべきです（第1章・Ⅳ-Q5参照）。

基金制度は，設立や設立後の活動に必要な資金を調達し，一般社団法人の財政的基盤を安定させるためのものであります。基金制度を設けるか，基金の募集を行うか否かは当該一般社団法人の任意でありますが，基金制度を設けるためには，定款に次のような基金を引き受ける者の募集をすることができる旨を定めなくてはいけません。

①　基金の拠出者の権利に関する規定

②　基金の返還の手続きに関する規定

また，基金の募集をしようとするときは，その都度次に掲げる事項（以下「募集事項」という）を定める必要があります。

①　募集に係る基金の総額

②　金銭以外の財産を拠出の目的とするときは，その旨ならびに当該財産の内容およびその価額

③　基金の拠出に係る金銭の払込みまたは②の財産の給付の期日またはその期間

　なお，設立時社員は，募集事項を定めようとするときは，その全員の同意を得なければなりません。

　次に定款例（選択記載事項）を示します。

第3章　基　　金	（備考）
〈例1〉 第8条　本法人は，基金を引き受ける者の募集をすることができる。 　2　拠出された基金は，基金の拠出者と合意した期日まで返還しない。 　3　基金の返還の手続については，返還する基金の総額について定時社員総会の決議を経るものとするほか，基金の返還を行う場所及び方法その他の必要な事項を理事会において別に定めるものとする。 〈例2〉 第8条　本法人は，基金を引き受ける者の募集をすることができる。 　2　拠出された基金は，この法人が解散するまで返還しない。 　3　基金の返還の手続については，一般社団法人及び一般財団法人に関する法律第236条の規定に従い，基金の返還を行う場所及び方法その他の必要な事項を清算人において別に定めるものとする。	• 基金の募集を行う場合には定款に記載が必要（一般社団財団法第131条）

　基金を引き受ける者の募集の対象は参加法人社員に限定されないと思われます。ただし，個別の法令等により自己の資産を他者へ提供することが禁じられている法人等（社会福祉法人等）は，自己の資産を参加法人への貸付け等の原資等を目的として連携推進法人へ提供（基金拠出等）することはできません。基金は，出資ではありませんが，連携推進法人が参加法人に基金を拠出することは，参加法人の財務状況の悪化や「倒産」等による返還不能のリスクもあることから，認められていません。

　基金は連携推進法人が医療機関の開設や100％子法人の（介護）株式会社を買収経営やICT・クラウド化することなどに用いられます。

　通常経費は，法人本部費，事業活動費は事業計画を想定して予算化すべきですが，連携推進法人は全て公認会計士または監査法人の監査が義務化されており，その予算化も忘れてはなりません。

（G－Net　松田紘一郎）

Ⅲ　適合基準

Ⅲ-1　認定基準の体系

Q1 連携推進法人になるための適合基準のうち，細かい規定などは省略して医療法上の認定基準の全てをわかりやすく示して下さい。

■ポイント　一般社団法人格を取得，その後に要件（基準）を整え，知事から連携推進法人の認定を受けることになります。法70条の3で20の基準があり，所要の個別の認定基準を政省令や通知で補完しています。

A　一般社団法人の登記の後に，法70条の3で次のように規定され，その充足により連携推進法人として知事から認定されます。

① 連携推進業務を主たる目的とする。

② 連携推進業務を行うのに必要な経理的基礎，技術的能力を有する。

③ 連携推進業務を行うに当たり，当該一般社団法人の社員，理事，監事，職員その他の政令で定める関係者に対し特別の利益を与えない。

④ 連携推進業務以外の業務を行う場合には，それ以外の業務を行うことによって連携推進業務の実施に支障を及ぼすおそれがない。

⑤ 連携推進方針が法70条の2第2項および3項の規定に違反していない。

⑥ 連携推進区域を定款で規定している。

⑦ 社員資格は，省令に準拠し定款で規定している（第1章・Ⅰ-Q4参照）。

⑧ 病院等参加法人が2以上。その他参加法人は，目的に照らし省令の要件を充足している（施行規則39条の7：第2章・Ⅰ-Q1〜Q6参照）。

⑨ 社員資格の得喪に関し，不当な差別的取扱い条件を付さない。

⑩ 社員は各1個の議決権。ただし，総会行使の議決権の数，議決権行使事項，行使条件，その他の社員の議決権に関する定款の定めが，次のイ・ロの条件を充足する場合はこの限りでないとされています。

　イ　連携推進目的に照らし，不当な差別をしない

　ロ　社員が提供した金銭その他の財産提供により不当な取扱いをしない

⑪ 参加法人の議決権の合計が，総社員の議決権の過半数を保有する。

⑫ 営利法人，役員（理事・監事）と利害関係があるなど，省令で定める者を社員，役員にしない旨を定款で規定している（施行規則39条の8：第1

　章・Ⅰ-Q5参照)。

⑬　役員の条件。

　イ　理事3人以上,監事1人以上

　ロ　同族系の役員は,省令で規定する3分の1以下

　　　理事のうち,少なくとも1人は診療学識経験者の代表者,その他省令で定める者(施行規則39条の9:第1章・Ⅰ-Q5参照)。

⑭　代表理事1人

⑮　理事会を設置している。

⑯　次の条件を充足した連携推進評議会(以下,評議会)の設置を定款で規定している。

　イ　医療・介護を受ける者,診療に関する学識経験者団体,その他の関係団体,学識経験者,その他の関係者で構成すること。

　ロ　次⑰号の意見に必要な意見を述べうる者であること。

　ハ　連携推進法人の業務に,目標に沿った評価を行い,必要なときは社員総会・理事会で意見を述べること。

⑰　参加法人は,次の(重要)事項などについて連携推進法人の意見を求めることとされています。

　イ　予算の決定・変更

　ロ　借入金(短期を除く)

　ハ　重要な資産処分

　ニ　事業計画決定の変更

　ホ　定款(寄附行為)の変更

　ヘ　合併・分割

　ト　目的事業の不能,省令に定める事由による解散

⑱　連携推進認定の取消し処分を受け,連携推進目的取得財産残額があるとき,一月以内に省令で定める国等に贈与することを定款で規定していること。

⑲　清算も⑱と同じ。⑳は,⑱・⑲のほか,省令で定める要件に該当すること。知事は,認定にあたり医療計画上の地域医療構想との整合性に配慮しつつ,審議会の意見を聴取することとされています。　(G-Net　松田紘一郎)

Ⅲ-2　認定基準のうち定款の必須記載事項

 連携推進法人の認定基準のうち，定款の必須記載事項とされているものをわかりやすく示して下さい。認定基準以外にもこれがありますか。

■ポイント

> 認定基準のうち，定款の必須（必ず記載すべき）記載事項は7つあり，いずれも重要です。これが欠ける定款は知事からの認証が受けられません。これ以外にも22項目くらいの必須記載事項があります。

A　　連携推進法人の定款に必須記載事項（医療法により定款に定めなければならない事項）とされたものは，次のように7つあり，列挙して示しますが，これが不備，無記載のものは認証されません。

1　認定基準にかかるもの

① 連携推進区域

② 社員資格

③ 社員各1個の議決権と次の2つの条件を充足し異なる定めをする旨

　イ 議決権に関して，医療連携推進目的に照らし，不当に差別的な取扱いをしないものであること

　ロ 議決権に関して，社員が当該一般社団法人に対して提供した金銭その他の財産の価額に応じて異なる取扱いをしないこと

　のいずれにも該当する場合は，この限りでないこと。

④ 営利法人の役員と次のような利害関係のある者を社員・役員にしない旨。

・本人，配偶者，三親等以内の親族およびそれに類する特殊の関係がある者が，役員総数の3分の1を超えて含まれることがないものであること（施行規則39条の9関係）。

・法70条の3第1項13号ロに規定する役員と厚生労働省令で定める特殊の関係がある者は，次に掲げる者とする。

　一 役員と婚姻の届出をしていないが事実上婚姻関係と同様の事情にある者

　二 役員の使用人および使用人以外の者で当該役員から受ける金銭その

　　　他の財産によって生計を維持しているもの

　　三　前2号に掲げる者の親族でこれらの者と生計を一にしているもの

⑤　以下の要件を満たす地域医療連携推進評議会を置く旨

　　イ　診療に関する学識経験者の団体の代表，学識経験者，医療・介護を受
　　　ける立場にある住民代表等をもって構成されるもの

　　ロ　参加法人が予算の決定等の重要事項を決定するに当たって，あらかじ
　　　め，当該一般社団法人が意見を述べるに当たり，当該一般社団法人に対
　　　し，必要な意見を述べることができるものであること

　　ハ　医療連携推進方針に記載している目標に照らし，業務の実施状況につ
　　　いて評価を行い，必要があると認めるときは，社員総会および理事会に
　　　おいて意見を述べることができるものであること

　　　　この意見に関して，例えば，独立行政法人が参加法人である場合は，
　　　その主務大臣および独立行政法人の意思決定の自主性が尊重される必要
　　　があることも踏まえ，当該一般社団法人の意見について法的拘束力まで
　　　はないことに留意すること。また，当該一般社団法人に意見を求めなけ
　　　ればならない重要な事項については，参加法人の合意のもと定款にすべ
　　　て具体的に明記することとされています。

⑥　参加法人が，重要事項等（予算，長期借入金事業計画など）の決定をす
　　る場合，あらかじめ一般社団法人（連携推進法人）の意見を聞かなければ
　　ならない旨

⑦　清算をする場合，残余財産を国等に帰属させる旨

2　認定基準以外の必須記載事項（列挙）

①　名称　　②　事務所　　③　目的　　④　医療連携推進業務

⑤　開設する病院等　　⑥　基金（募集を行う場合のみ）

　このほか16項目があり，詳しくは，第2章・Ⅲ-Q2および4章・Ⅰ（定款
例）を参照して下さい。

（G-Net　松田紘一郎）

 Ⅲ-3　定款の選択記載事項

連携推進法人の定款の認証には直接関係ないと思われますが，実務上は重要になると思われます選択的な記載事項をその判断も付して教えて下さい。

■ポイント

> 定款には自法人の経営管理能力等を勘案してＡかＢか選択できる記載事項が12くらいあります。それはＡのなかで示しますが，一旦選択しますと変更は容易でなく慎重な判断が求められます。

 連携推進法人の定款は，医療法人社団と同じように必須記載事項と選択記載事項，それに任意的記載事項の３種があります。

ここでは，厚生労働省が示した「定款例」にしたがって選択記載事項を列挙して示します。

(1)　従たる事務所の記載

第２条で「本法人は，主たる事務所を○○県○○郡（市）○○町（村）○○番地に置く。」とし，２項で次のような記載を認めています。

〈例１〉２　この法人は，理事会の決議によって従たる事務所を必要な地に置くことができる。

〈例２〉２　この法人は，従たる事務所を○○県○○郡（市）○○町（村）○○番地に置く。

参加法人が多くある場合〈例１〉を選択することが考えられます。

(2)　連携を推進するための事業の第６条掲記

第５条で医療連携推進業務を４つの号で定めていますが，第６条で次のいずれかで規定してもよいとされ，選択の余地を残しています。

〈例１〉第６条　本法人は，医療連携推進方針に沿った連携を推進するため，前条に掲げる事業のほか，○○に関する事業を行う。

これは①法70条の２第４項に基づき医療連携推進方針に記載した。病院等と介護施設等との業務連絡，②同法70条の８第２項に基づく出資，③同条３項に基づく病院等または介護施設等の運営に関する事項等を掲げること。介護施設との連携，100％子法人への出資，病院等を直接運営する場合に必要になります。

　　〈例2〉第6条　本法人は，医療連携推進方針に沿った連携を推進するため，
　　　　　　　　前条に掲げる事業のほか，医療連携推進業務と関連する○○の事
　　　　　　　　業を行う法人の株式または持分を保有することにより，当該法人
　　　　　　　　の事業活動を支配・管理する事業を行う。

　　これは法70条の8第2項に基づく出資を行う場合のみに記載で，基金は経
営基盤を強くするもので取り入れるべきと思います。

(3)　第3章　基金

　　連携推進法人が基金制度を設ける場合，第3章に基金を設け，次のいずれ
かの規定化が必要となります（一般社団財団法131条）。

〈例1〉
第8条　本法人は，基金を引き受ける者の募集をすることができる。
　2　拠出された基金は，基金の拠出者と合意した期日まで返還しない。
　3　基金の返還の手続については，返還する基金の総額について定時社員総会
　　の決議を経るものとするほか，基金の返還を行う場所及び方法その他の必要
　　な事項を理事会において別に定めるものとする。

〈例2〉
第8条　本法人は，基金を引き受ける者の募集をすることができる。
　2　拠出された基金は，この法人が解散するまで返還しない。
　3　基金の返還の手続については，一般社団法人及び一般財団法人に関する法
　　律第236条の規定に従い，基金の返還を行う場所及び方法その他の必要な事
　　項を清算人において別に定めるものとする。

---

(4)　社員，退社，代表理事——法名称とちがう名称の使用

　　一般社団財団法・医療法およびこの定款例では，「社員」（社団の存立基盤
である構成員），「退社」，「代表理事」を用いているが，次の（例）のように
「会員」，「退会」，「理事長」とすることも各法人の実情により可能。ただし
この場合，「法律上の名称」と定款で使用する名称がどのような関係にある
かを定款上で次のように明確にする必要があります。

　　　（例）　「当法人では，法律用語である社員を会員，退社を退会，さらに代
　　　　　　表理事を理事長に改めて用いる。」

(5)　経常的以外の経費の負担

　　経費の負担について，第12条は，「本法人の事業活動に経常的に生じる費
用に充てるため，社員になった時及び毎年，社員は，社員総会において別に

定める額を支払う義務を負う。」と規定しています。

　しかし，この事業活動に経常的に生じる費用とは，本法人の本部運営に当たって発生する事務的経費等であり，医療連携推進業務に要する費用については，財源を別途確保する必要があります。

　つまり連携推進法人の支出には，出資・設備投資など（基金など），本部運営の経常的事務的経費など（支払義務のある会費など）とともに連携推進業務に要する費用（事業費など）の３種が生じます。

(6)　社員総会の議長

　第21条で「社員総会の議長は，〈例１〉　当該社員総会において社員の中から選出する。　〈例２〉　代表理事がこれに当たる。」としています。

　一方で議長は社員総会の秩序を維持し，議事を整理し，また，命令に従わない者その他当該社員総会の秩序を乱す者を退場させることができる強い権限を有する（一般社団財団法54条）という不祥事防止による規定もあり，通例と異なりますが，強い権限を持つ〈例２〉が望ましいと考えています。

(7)　社員総会の議決権

　第22条で「社員総会における議決権は，〈例１〉　社員１名につき１個とする。　〈例２〉　社員○○につき○個，社員○○につき○個とする。」とし，「定款で別段の定めをした場合を除き，社員は各１個の議決権を有する。また，〈例２〉については，社員の議決権に関する定款の定めが，①医療連携推進目的に照らし，不当に差別的な取扱いをしないものであること，②社員が当該一般社団法人に対して提供した金銭その他の財産の価額に応じて異なる取扱いをしないものであることのいずれも満たす場合のみ可能（法70条の３第１項10号）」と注記されています。

　この１人１票議決権の例外を設けることは，連携推進法人の構成のしかたにより異なると思われ，判断を避けますが，いずれにしろ参加法人間の慎重な協議，都道府県主務課の事前協議による了承が必要なことを申し添えます。

(8)　代表理事の職務執行報告

　役員の職務および権限について第28条３項では，「代表理事は，〈例１〉　毎事業年度に３箇月に１回以上，自己の職務の執行の状況を理事会に報告しなければならない。〈例２〉　毎事業年度に４箇月を超える間隔で２回以上，自

己の職務の執行の状況を理事会に報告しなければならない。」としています。

　　これは，「法人法上，代表理事は，3箇月に1回以上，自己の職務の執行の状況を理事会に報告しなければならない。この報告は現実に開催された理事会において行わなければならず，報告の省略をすることはできない（一般社団財団法98条2項）。なお，報告の頻度については，定款で毎事業年度に4箇月を超える間隔で2回以上とすることも可能（一般社団財団法91条2項）」から規定されたものです。筆者は〈例2〉で充分と考えています。

⑼　役員の報酬等

　　役員の報酬等について，第31条〈例1〉で「理事及び監事に対して，〈例：社員総会において定める総額の範囲内で，社員総会において別に定める報酬等の支給の基準に従って算定した額を〉報酬等として支給することができる。」および第31条〈例2〉で「理事及び監事は，無報酬とする。ただし，常勤の理事及び監事に対しては，〈例：社員総会において定める総額の範囲内で，社員総会において別に定める報酬等の支給の基準に従って算定した額を〉報酬等として支給することができる。」とし，理事及び監事の報酬について，定款でその額を定めていないときは，社員総会の決議によって定める必要があることに基づいたものであり，〈例1〉によるべきと考えています。

⑽　事業計画および収支予算

　　事業計画および収支予算について，第45条で，「この法人の事業計画書，収支予算書については，毎事業年度の開始の日の前日までに，代表理事が作成し，〈例1：理事会の承認，例2：理事会の決議を経て，社員総会の承認〉を受けなければならない。これを変更する場合も，同様とする。」としています。

⑾　公告の方法

　　公告の方法について，第60条で「本法人の公告は，〈例1〉官報に掲載する方法　〈例2〉○○県において発行する○○新聞に掲載する方法　〈例3〉電子公告により行う。〈例3の場合〉　2　事故その他やむを得ない事由によって前項の電子公告をすることができない場合は，〈例4〉官報　〈例5〉○○県において発行する○○新聞に掲載する方法による」とされています。

（G-Net　松田紘一郎）

Ⅲ-4　連携推進法人等の関連組織

 Q4 いろいろ教わりましたが連携推進法人と，参加法人，それ以外の社員の位置付けがよくわかりません。連携推進法人を中核とする組織図を教えて下さい。

■ポイント

> 連携推進法人と参加法人，参加法人にならない社員は人格を持つ別（法人）組織であり，連携推進方針（共通理念）を同じくする一般社団財団法（医療法）で創設された契約上の関係。重要事項について（あらかじめ）意見の申し述べはできますが，指揮命令はできません。

A 　連携推進法人と参加法人は，それぞれの法制により創設が認められた法人（参加法人にならない社員も同じ）で，独立した別人格を持っています。

　法70条の7で規定された基本業務を行い，連携推進方針で連携推進区域を記載し，その区域内で連携推進業務が可能となることから，定款に記載した重要事項について，あらかじめ意見を申し述べ（連携推進評議会も）ることができるしくみになっています。その意見は尊重されるものの指揮命令ではありません。

　民間・社会医療法人を中心とした連携推進法人と参加法人等の関連組織図を，次のページに示します。

　このほかNPO法人，学校法人，国立大学法人，独立行政法人，地方独立行政法人，地方自治体等も参加法人となりえますが，次の例示のような諸般の事情で社員として参加する例も多いと思われます。

　（例1）　全国展開をする病院群の地方病院　日赤，済生会など
　（例2）　議会により予算計画が決められる病院　都道府県・市町村立等の病院等

（右頁の図表の注）
　①　符号等　イ．実線の太枠・法人格（非営利の個人社員を含む）　ロ．太枠内の小（細）枠・組織内部署　ハ．―（実線）・支配（指揮）関係　ニ．…（点線）・アライアンス（連携）
　②　（※1）連携推進法人のアライアンスにもおよぶものと考えられる。
　③　（※2）2017（H29）2月17日　医政局長通知（医政発0217第16号）
　④　（※3）参加法人とならないで「社員」となる例。

（民間を中心とした）
地域医療連携推進法人と参加法人等の関連組織図

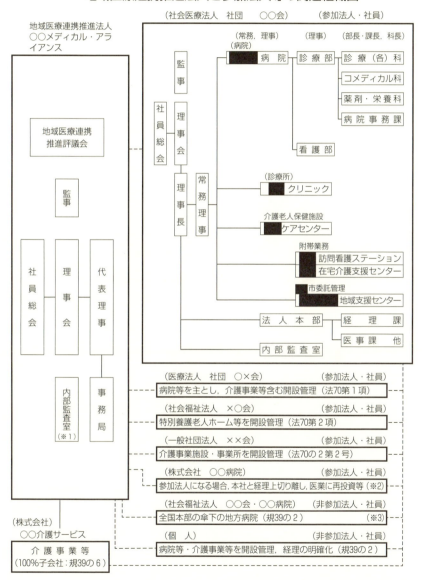

（G－Net　松田紘一郎）

Ⅲ-5 　**非営利性と株式会社等**

Q5 連携推進法人に非営利の条件はあるものの株式会社や持分あり医療法人が参加法人になれるようで，非営利性がゆらいでいるようですが，教えて下さい。

■ポイント

> 従来からの「非営利性」の概念は，変更されましたが，諸条件により「配当禁止」は守られていると思われます。地域医療を提供するオール日本の医療介護機関を参加法人または社員とするための厚生行政の努力が施策化されているとも思われます。

A 今回の医療法改正は第7次といわれていますが，9年前の平成19年4月1日に施行された第5次医療法改正における医療法人制度改正は，次の5つのキーワードがポイントといわれました。

キーワード	主な内容
「非営利性」	• 社団医療法人の出資持分を解消……「当分の間存続」 • 「事実上の配当」を厳しく抑制 • 監事業務の権限強化　• 基金拠出型医療法人の創設
「公益性」	• 公益性の高い法人への移行促進　• 社会医療法人の創設 • 社会医療法人の大規模なものは，原則公認会計士等監査
「効率性」	• IT技術の活用と普及　•「良質かつ適切な医療を効率的に」：VFM • 「選択と集中」による効率化 • 病床過剰圏での未業務病床の削減命令
「透明性」	• 病院単位・法人単位の経営成績の把握 • 病院会計準則の改正，医療法人会計基準の策定 • 事務所で事業報告書等の債権者への備置・閲覧 • 知事による事業報告書等の閲覧
「安定性」	• 医療機関債の発行整備・ガイドラインの改正 • 医療法人の本来業務　自治体病院への指定管理者 • 附帯業務として有料老人ホーム経営　• 社会医療法人債の創設

5つのキーワードの内容を見て遅々として進んでいないことがわかりましょう。連携推進法人は，「非営利性」の概念を変え，「公益性」の高い一般社団法人を創設，資材の共同購入，病床融通，ICT化等により「効率性」を推進，公認会計士または監査法人の監査の義務化，医療法人会計基準の採用（「透明性」），さらに資金の融資・債務保証による「安定性」の向上をはかったものとみることができます。

「非営利性」は，全くの私見ながら，その概念を変えたと思っています。非営利の基本である配当禁止は厳しい条件として守りつつ（？），その提供する医療行為に着目，公的保険制度のもとでの「営利を目的」としないことから，非営利とみなしたとみています。

持分あり医療法人には，経過措置型医療法人をそのようなタイプ（型）をなくし，ただの経過措置法人とする一方で，持分なし移行を促進するため平成29年10月１日から３年間の時限処置で厚生労働省が審査する認定医療法人を大幅改正して施行します。ただし，途中退社による剰余金の分配は，可能でありますが，「非営利法人」でも実質的に利益の分配（剰余金の払戻し）をしている場合は，認定医療法人から，はずれることになります。

株式会社が参加法人となるケースの非営利性堅持については，次のように示しています。

　イ　連携推進法人の連携推進業務を行うのに必要な経理的基礎，技術的能力を有すること
　ロ　地域医療連携推進法人の非営利性を確保する観点から，株式会社立の病院等を開設する法人が参加法人となる場合には，株式会社本体と分離した病院等単独の財務諸表の提出を当該法人から受ける等して，当該病院等が株式会社本体と経理上切り離されていること，剰余金が医業の範囲内で再投資される仕組みとなっていることを確認すること

なお，この観点から，株式会社本体の役員（親族・職員）が当該一般社団法人の理事または監事を務めること等によって当該一般社団法人の運営に関与することは適当でないこと。また，株式会社立の病院等を開設する法人が参加法人となる一般社団法人に対して，連携推進認定をする際には，都道府県医療審議会において，当該病院等が地域において良質かつ適切な医療を効率的に提供するために必要な者であること，当該株式会社は病院等の経営において営利を目的としないこと，当該病院等が株式会社本体と切り離されていることについて，実態に基づいて慎重に判断すること（第１章・Ⅳ-Q6，第２章・Ⅰ-Q5参照）。

（G‒Net　松田紘一郎）

Ⅲ-6　非認定の基準等

Q6 連携推進法人に認定されないものが，いくつかあると聞きましたが，その非認定の基準と隠れ株式会社の医療法人をどうするか示して下さい。

■ポイント

> 連携推進法人の非認定基準は3つあり，1つは理事・監事が法令違反等をしている，2つは認定取消し5年以内のもの，3つは暴力団員などが事業活動を支配するもので，「隠れ株式会社」経営病院の非認定は難しい課題です。

A
(1)　連携推進法人に認定されないものとして，次の3つが非認定の基準になります。

① 　理事・監事が次のいずれかに該当すること。

イ　連携推進法人の認定取消し日前1年以内に業務理事で5年未経過のもの

ロ　医療法その他の法律，政令などにより，罰金以上の刑，5年以内の者。施行令5条の15の3で，「法70条の4第1号ロの政令で定める保健医療又は社会福祉に関する法律」として，医師法など20の法律を示しています。

ハ　禁錮以上の刑，5年以内の者

ニ　暴力団員，それがなくなって5年以内の者

② 　連携推進認定の取消し，5年以内のもの

③ 　暴力団員などが事業活動を支配するもの

　連携推進認定を受けた一般社団法人は，地域医療連携推進法人を用いることになります。

(2)　株式会社による医療法人（病院など）の経営の公開のしかたで，次の2種に分かれます。

イ　株式会社立であり，公然と示してあるもの

ロ　株式会社立であることを隠し，資金等で支配（隠れ株式会社病院）しているもの

　　　隠れ株式会社，例えばセキュリティ業，リース業，機器販売業，薬局業
　　などの株式会社が，秘かに病院を支配し，利益を吸い上げるシステム（前
　　著 CoLumn13 参照）が現に存在することです。
　医療法人は決算期末後，3カ月以内に事業報告書を知事に提出することが義
務化されました（平成29年4月2日以降に開始する会計年度より）。
　ア　対象　　医療法人の役員・近親者か役員・近親者が支配している法人等
　イ　取引額　　•取引額－総事業費の10％かつ1千万円超
　　　　　　　　•土地の売買や借入金―総資産の1％かつ1千万円超　等

　このようなＭＳ法人を通じた役員等への特別の利益供与は，税務調査でも厳
しくチェックされますので，問題のある取引は少なくなっていると思われます。
　問題は「役員・近親者が支配していない法人」で，さまざまな取引（例：物
品の売買，サービスの提供，土地の賃貸借など）や，資金の融資・債務保証な
どを通じて役員等を送り込み，病院が実質的に会社の支配下に置かれている
ケースです。持分あり法人の相続対策の失敗により，個人の名義人が（仮名）
出資者・社員になり，病院を実質支配しているケースもあり，その会社の配当
原資となり迂回して配当がなされているケースもあります。

　正直言って，打つ手はありません。
　しかし，地域の医療提供施設の経営者，管理者，職員などは，そのケース，
実態を知っていると思われます。連携推進法人の参加法人となる場合，非営利
性を理由に参加を拒否すべきであり，行政官署もそのような指導力を発揮すべ
きでしょう。
　⑵イのチェックはともかくとして，制度の盲点をついて，「資金力とパワー」
による⑵ロの営利法人の現状を許せば，連携推進法人自体が形骸化し地域住民
の支持を得られなくなると思います。（前著　220頁を一部引用）

　　　　　　　　　　　　　　　　　　　　　　　　（G－Net　松田紘一郎）

Ⅳ　基本業務・推進方針

Ⅳ-1　連携推進方針

Q1 連携推進法人の創設で最も大事なことは，連携推進方針を定款で示すこととか。しかしこの方針を明確に示したものがありません。自由に策定できるのですか？　教えて下さい。

■ポイント

> 厚生労働省が示した連携推進方針は，それのみが単独で示されるものではなく，連携推進区域，参加法人，理念・運営方針，機能分化等の目標，連携推進業務を具体的に示した包括的な概念。

A 厚生労働省・医政局・医療経営支援課が「統一的な医療連携推進方針（イメージ）として，次のように示して（一部表示変更修正）います。

連携推進方針の宣言例文（参加医療法人の例示）

イメージによる例示	イメージの具体例
1．地域医療連携推進法人の医療連携推進区域 　　○○県○○市，○○市，○○町	(1)　退院支援・調整 ①　○○病院からの退院は◇◇病院または○○診療所（自宅）で対応し，◇◇病院からの退院は○○診療所（自宅）または○○院で対応する。 ②　自宅への退院者数を年間100人以上とする。
2．参加法人 　　○○法人：○○病院 　　◇◇法人：◇◇病院 　　○○法人：○○診療所 　　○○法人：特養○○院	(2)　キャリアパス・定着率の向上 　　○○病院の看護師・技師は4～5年目は○○診療所で勤務する。人材の5年目定着率を5ポイント上昇させる。
3．理念，運営方針 （理念）○○○○ （運営方針）　・○○○○ 　　　　　　　・○○○○ 　　　　　　　・○○○○ 　　　　　　　・○○○○	(3)　医師の再配置・診療内容の重点化 　　具体的には，○○病院は救急医療に，◇◇病院は産科医療に，○○病院は小児医療に重点化を図る。
4．医療機関相互間の機能の分化および業務の連携に関する事項及びその目標 (1)　グループ内病院間の調整を図り，退院支援，退院調整ルールを策定する。 (2)　医師，看護師等のキャリアパスを構築し，人材の定着率の向上を図る。 (3)　医師の再配置を行い，グループ内病院の診療内容の重点化を図る。	(4)　療養病床の機能転換 　　具体的には，グループ内の療養病床○床の機能転換を図り訪問看護ステーションを新設する。

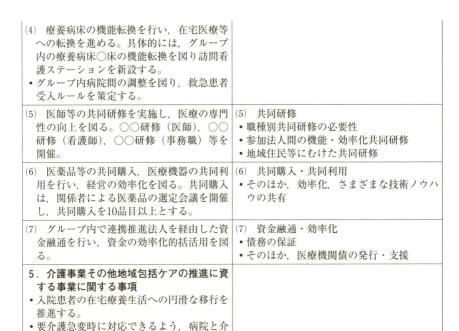

⑷　療養病床の機能転換を行い，在宅医療等への転換を進める。具体的には，グループ内の療養病床○床の機能転換を図り訪問看護ステーションを新設する。 • グループ内病院間の調整を図り，救急患者受入ルールを策定する。	
⑸　医師等の共同研修を実施し，医療の専門性の向上を図る。○○研修（医師），○○研修（看護師），○○研修（事務職）等を開催。	⑸　共同研修 • 職種別共同研修の必要性 • 参加法人間の機能・効率化共同研修 • 地域住民等にむけた共同研修
⑹　医薬品等の共同購入，医療機器の共同利用を行い，経営の効率化を図る。共同購入は，関係者による医薬品の選定会議を開催し，共同購入を10品目以上とする。	⑹　共同購入・共同利用 • そのほか，効率化，さまざまな技術ノウハウの共有
⑺　グループ内で連携推進法人を経由した資金融通を行い，資金の効率化的括活用を図る。	⑺　資金融通・効率化 • 債務の保証 • そのほか，医療機関債の発行・支援
5．介護事業その他地域包括ケアの推進に資する事業に関する事項 • 入院患者の在宅療養生活への円滑な移行を推進する。 • 要介護急変時に対応できるよう，病院と介護施設の連携強化を図る。 • 訪問看護ステーション等への職員の再配置を行い，在宅介護の充実を図る。	

　このように連携推進方針は，「医療連携推進区域」，「参加法人病院等の機能分担，業務連携事項」，「その目標に関する事項」および「運営方針・参加法人に関する事項」の記載による包括的な概念であり，それぞれが定款の必須的記載事項になります。理念については，定款と異なる形而上の概念であり，筆者は共通理念が必要であり，地域医療の包括的な提供に対する社会的責任の負担を明確にすべきとして，この章のⅡのQ1，Q2を参照して下さい。

　連携推進方針の変更については，都道府県の認可等は不要でありますが，連携推進方針の変更により連携推進区域や連携推進業務等を変更することになれば，定款を変更する必要が生じます。この場合，認定都道府県においてはその内容を審査した上で定款の変更認可をすることとなります。

　また，医療連携推進方針を変更した場合，地域医療連携推進法人はインターネット等で公表している当該方針を速やかに変更する必要があります。

（G－Net　松田紘一郎）

Ⅳ-2 その役割り・基本業務

Q2 連携推進法人に求められている基盤となる役割り，およびその基本業務について教えて下さい。

■ポイント

> 地域包括システムの構築により地域医療構想を達成することが基本的な役割りで，共同研修などの４種類の連携推進のための基本業務があり，定款で明記されます。

A **1　その役割**

　　連携推進法人の役割り（法70条の７関係）は，連携推進区域において，参加法人の機能の分担および業務の連携の推進等を図り，地域医療構想の達成および地域包括ケアシステムの構築に資する役割を積極的に果たすよう努めることにあります。

　その際，地域医療構想を策定する地域医療構想調整会議等における，地域の医療・介護の情報を連携推進法人の運営に活用するとともに，医療過疎地域における医療等，それぞれの地域において必要な医療を提供できる体制を構築するよう努めなければなりません。また，健康管理から看取りまでできる体制を円滑に機能させるためにも，連携推進法人やその参加法人は，地域住民の医療等の相談に対応するような関係を築いておくことが重要であると考えています。

　この役割りを果たすべく次の基本業務が示されています。

2　その基本業務

(1)　定款例第５条の規定

　本法人は，第３条（「連携推進方針に基づき，○○に関する連携推進業務を行い，地域医療構想の達成及び地域包括ケアシステムの構築に資することを目的とする。」）で，その目的を達成するため，次の事業を行うこととされています。

　①　医療従事者の資質向上に関する共同研修

　②　医薬品・医療機器の共同購入の調整，その他の物質の共同購入

　③　参加法人に対する資金の貸付け，債務の保証，基金を引き受ける者の募集

　④　連携推進方針に沿った連携を推進するための○○事業

〈例1〉

　　第6条　本法人は，医療連携推進方針に沿った連携を推進するため，前条
　　に掲げる事業のほか，○○に関する事業を行う。

　　　　（備考）法70条の2第2項2号に基づき連携推進方針に記載した，病
　　　　　　　院等の機能分担や業務連携に関する事項を掲げること。

法70条の8第2項に基づく出資を行う場合の記載方法は次のようになります。
〈例2〉

　　第6条　本法人は，医療連携推進方針に沿った連携を推進するため，前条
　　に掲げる事業のほか，医療連携推進業務と関連する○○の事業を行う法
　　人の株式または持分を保有することにより，当該法人の事業活動を支
　　配・管理する事業を行う。

　　　　（備考）①法70条の2第4項に基づき連携推進方針に記載した，病院
　　　　　　　等と介護施設等との業務連携，②同法70条の8第2項に基づ
　　　　　　　く出資，③同条3項に基づく病院等または介護施設等の運営
　　　　　　　に関する事項等を掲げること。

(2)　連携推進法人の業務について（法70条の8　規則39条の14〜39条の16関係）

　　次のように示されています。

　①　連携推進法人は，連携推進方針において記載した場合は，介護事業等の
　　連携の推進を図るための業務を行うことができること。

　②　連携推進法人は，以下に掲げる要件に該当する場合に限り，出資を行う
　　ことができること

　　・出資を受ける事業者が，連携推進区域において，連携推進業務と関連す
　　　る事業を行うものであること

　　・出資に係る収益を，連携推進業務に充てるものであること

　　・連携推進法人が，当該事業者の議決権の全てを保有すること

　　　したがって，当該事業者に関して，連携推進法人以外の出資者や株主は
　　存在しないものであること。また，連携推進法人以外の者が，議決権の無
　　い優先株式を保有して当該事業者から配当等を得ることもできないこと。

　　・剰余金の配当が禁止されていることにかんがみ，連携推進法人は，当該

事業者の事業活動を適切に支配・管理する必要があること。また，当該事業者が行う出資において当該事業者以外の出資者や株主が存在することは，連携推進法人が出資を行うことができる場合を限定している趣旨から逸脱するおそれがあることから認められていないこと

③　連携推進法人は，参加法人が病院等に関する業務を行うのに必要な資金を調達するための支援として，資金の貸付け，債務の保証および基金を引き受ける者の募集を行うことができること。

資金の貸付けの場合，当該貸付け業務は，貸金業法2条1項2号の規定に該当し，貸金業には当たらないため，同法に定める登録等は不要であるが，以下を満たす必要があること。

• 連携推進法人が実施する貸付けが，参加法人が病院等に関する業務を行うのに必要な資金を調達するための支援という目的を逸脱していないこと

• 契約書類が適正に作成・保管されており，償還方法や償還期限等が明確になっていること

• 適正な利率が設定されていること

• 返済不能時に備えて，担保や保証人の設定等が適切に行われていること
連携推進法人の融資の原資は，基金または銀行からの借入によるものと思われます。

④　連携推進法人が，病院，診療所，介護老人保健施設または介護事業等に係る施設若しくは事業所であって第一種社会福祉事業に係るもの（一般社団法人が開設できるものに限る）を開設しようとするときは，あらかじめ，医療連携推進業務の実施に支障のないことについて，認定都道府県知事の確認を受けなければならないこと。

⑤　連携推進法人は，④の確認を受けなければ，当該病院の開設の許可の申請等を行うことができないこと。

⑥　認定都道府県知事は，④の確認等をするに当たっては，あらかじめ，都道府県医療審議会の意見を聴かなければならないこと。

⑦　これら以外にも，幅広い業務を連携推進業務として実施可能であるが，その場合であっても，医療機関の業務の連携に資するものである必要があ

り，したがって，業務連携に何ら関連のない医療の実施については連携推進業務とはみなされないこと。

その推進目的の財産が蓄積された場合は，次のようにすべきです。

(3)　連携推進目的事業財産について（法70条の9・施行規則39条の17〜39条の20関係），次のように規定されています。

公益認定法18条の規定を準用し，連携推進法人は，連携推進目的事業財産については，連携推進事業に使用しなければならないこと。なお，連携推進業務以外の業務から生じた収益の50％は，連携推進目的事業財産とする必要があること。また，連携推進法人が公益社団法人である場合には，公益認定法の規定を遵守する必要があり，公益目的事業財産および公益目的取得財産残額に係る公益認定法の規定は，連携推進目的事業財産および連携推進目的取得財産残額に係る医療法の規定に優先して適用されるものであること。

(4)　連携推進法人が業務を行うに必要な資産について（法70条の10・施行規則39条の21関係）

連携推進法人は，法41条の規定を準用し，業務を行うに必要な施設，設備または資金を有しなければならないこと。

（G − Net　松田紘一郎）

IV-3　連携推進業務の開示・報告

Q3 連携推進法人の連携推進業務結果の知事への報告のしかた，様式がありましたら教えて下さい。

■ポイント

> 連携推進業務の結果報告は，毎決算終了後3カ月以内に事業報告書等により行われ，医療経営支援課長通知により報告内容や様式が定められています。

　医政局・医療経営支援課長通知（平成29年2月17日　医政支発0217第3号）「地域医療連携推進法人の事業報告書等の様式について」で，報告内容，様式が定められており，関連箇所を抜粋して示します。

| 別添1 | 事業報告書

　1　連携推進法人の概要（名称，所在地，連携推進区域など）

　2　事業の概要

　(1)　医療連携推進に資する事業

　(2)　介護事業その他地域包括ケアの推進に資する事業

　(3)　その他の事業

　(4)　連携推進評議会による業務の評価結果および連携推進法人の対応状況

　　　　((5)，(6)，(7)省略)

　本事業報告書には，以下の書類を添付すること。添付書類には，当該地域医療連携推進法人の最終会計年度の末日時点の内容を記載すること。

　(1)　医療連携推進方針

　(2)　法70条の3第1項各号に掲げる基準に適合することを証する書類

　(3)　法70条の4第1号イからニまでのいずれにも該当しないことを証する書類

　　　　法70条の4第2号および3号のいずれにも該当しないことを証する書類

　(4)　表明・確約書（新たに入社した者に限る）

　　| 別添2 | 関係事業者との取引の状況に関する報告書（省略）

別添3

法第70条第2項第3号に規定する支援の状況に関する年度報告書
（平成　　年　　月　　日から平成　　年　　月　　日まで）

1．法人の概要（名称，代表者の氏名など）
2．支援の種類
　　□資金の貸付　　□債務の保証　　□基金を引受ける者の募集
3．支援の年月日
　　平成　　年　　月　　日
4．支援の目的
　　…………
5．支援の金額
　　○○○円
6．貸付利率
　　○%
　　※支援に関する契約書を添付すること。

別添4

法第70条の8第2項に規定する出資の状況に関する年度報告書
（平成　　年　　月　　日から平成　　年　　月　　日まで）

1．出資を受ける事業者の概要（名称，代表者の氏名など）
2．組織人員
3．主な事業
4．事業実績（概要）
5．配当の時期
　　※出資を受ける事業者の貸借対照表および損益計算書を添付すること。

（注）「第4章　手続」に事業報告書等を示してあり，参照して下さい。

（G－Net　松田紘一郎）

Ⅳ-4　会費等負担

Q4 連携推進法人を運営していくためには，コストがかかるはずです。参加法人等が負担せざるをえないと思いますが，その内容等を教えて下さい。

■ポイント
> 連携推進法人を運営するには，通常の事務的経費である運営費，連携推進事業の遂行のための事業費などのランニングコストのほか，融資等の原資となる基金の拠出が生じます。

A 連携推進法人は，数病院，施設などを経営する医療法人の法人本部的な機能，役割を持つものであり，それ自体で病院等を経営したり，介護等・株式会社の100％子法人を持たない限り，原則として収入はありません（第1章・Ⅱ-Q6参照）。

当然のことながら次のような経常的支出などが予測されます。

イ　運営費　　•職員の給与
　　　　　　　•常勤代表理事等への報酬
　　　　　　　•事務所賃借料・通信費・事務用品費
　　　　　　　•水道光熱費
　　　　　　　•公認会計士または監査法人への監査費
　　　　　　　•役員，評議会委員（非常勤）への日当等の報酬
　　　　　　　•顧問弁護士，税理士等への報酬
　　　　　　　•役員等への損害賠償責任に係る保険料など

なお，代表理事は常勤と想定しましたが，その役員等の報酬額は定款に定めるか，社員総会の議決が，予算審議とともに必要になります。

ロ　事業費　　•参加法人等の職員等への合同教育研修費
　　　　　　　•医業経営コンサルタント等の支援に係る経費
　　　　　　　•連携提携業務に係る調査，会議費
　　　　　　　•連携区域内の患者，疾病動向などの調査研究費
　　　　　　　•連携提携業務に係る印刷，イベント費　など

・連携提携をスムーズに合理化するための医療IT（Information Technology）費

これらは年間予算を組み，法人内（理事会，社員総会）の了承と評議会の同意をえて，県担当部局への事前協議したうえでの届出の対象となります。

ハ　連携推進法人が，安定的運営をしていくために，長期劣後債務である基金が必要となると思われます（第 1 章・Ⅳ-Q5参照）。

連携推進法人が，参加法人への事業活動として融資を行う場合，それなりの基金が必要であり，介護等の法人を100％子法人にする場合も同じです。

ただし，社会福祉法人の場合，社会福祉法の規制により基金の拠出をふくめた資金の社外流出ができませんので注意が必要です。

参加法人は，これらの運営費と事業費の負担は，会費等規程を新設し，それに必要と認められる基金の拠出は，別に規程化（本書では，定款施行細則：第 2 章・Ⅲ-Q3参照）することになると思われます。

なお会費等の負担割合等は均一でなくとも良いと思われますが，社員間で負担の軽重を巡って争いが起きること，それにより社員権などに軽重（会費等の負担の重さにより，2 票，3 票などの付与）をつけることは「1 人 1 票」の原則を金銭の多い少ないで決めることになり容認されません。

社員の議決権の決めかたについては，「1 人 1 票」の例外もありえますが，第 1 章・I-Q4の比較（表）を参照して下さい。

（G－Net　松田紘一郎）

Ⅳ-5　基金の拠出

Q5 持分なしに非課税移行した基金拠出型の医療法人ですが，連携推進法人の参加法人社員になりたいと考えています。基金の制度は同じですか，教えて下さい。

■ポイント
> 連携推進法人の社員は，事業活動に経常的に発生する費用（運営費）の負担義務があり，連携推進活動の事業費も負担されるべきです。基金負担は義務ではありませんが，「長期劣後資金」として必要なものとなるはずです。

A 連携推進法人は，徹底した非営利性のもと大規模な医療法人の「法人本部」の機能・役割を持つと，見ることができます。

創設に当たり，予算・事業計画を策定することは当然として，運営資金や基本的・固定的な資金が必要となりましょう。前者は，参加法人の会費（分担金）により定款例の〔（経費の負担）〕で次のように規定しています。

第12条　本法人の事業活動に経常的に生じる費用に充てるため，社員になった時及び毎年，社員は，社員総会において別に定める額を支払う義務を負う。

連携推進業務に要する費用は，別途に財源確保が必要です。後者は，一般社団財団法の基金制度を採るべきです。

基金制度は，設立や設立後の活動に必要な資金を調達し，一般社団法人の財政的基盤を安定させるためのものであります。連携推進法人では，基金制度を設けるか，基金の募集を行うか否かは当該一般社団法人の任意でありますが，募集事項を定めようとするときは，設立時社員は，その全員の同意を得なければなりません（一般社団財団法132条2項）。

医療法で基金拠出型を採用されている場合，ほぼ同じです。

その定款例を右頁に示します。

定　款　例	備　　考
第3章　基　金 〈例1〉 第8条　本法人は，基金を引き受ける者の募集をすることができる。 　2　拠出された基金は，基金の拠出者と合意した期日まで返還しない。 　3　基金の返還の手続については，返還する基金の総額について定時社員総会の決議を経るものとするほか，基金の返還を行う場所及び方法その他の必要な事項を理事会において別に定めるものとする。 〈例2〉 第8条　本法人は，基金を引き受ける者の募集をすることができる。 　2　拠出された基金は，この法人が解散するまで返還しない。 　3　基金の返還の手続については，一般社団法人及び一般財団法人に関する法律第236条の規定に従い，基金の返還を行う場所及び方法その他の必要な事項を清算人において別に定めるものとする。	・基金の募集を行う場合には定款に記載が必要（一般社団財団法131条）

なお，基金の会計処理を次に示します。

- 拠出・受入時　　（現 金 預 金）○○○　　（基　　　金）○○○
- 返還・支出時　　（基　　　金）○○○　　（現 金 預 金）○○○
　　　　　　　　　　（利益剰余金）○○○　　（代 替 基 金）○○○

　このケースは，〈例1〉の返還期限の到来，〈例2〉の場合，解散するときのほか，退社，基金拠出の死亡などが考えられます。

　代替基金は取り崩せませんので，注意して下さい。

（G－Net　松田紘一郎）

Ⅳ-6 非営利性

Q6 連携推進法人の参加社員に株式会社経営の病院も入社できると聞きました。連携推進法人の非営利性について教えて下さい。

■ポイント

> 1社員1議決権の原則，剰余金の配当禁止，残余財産の分配禁止，都道府県知事の監督，認可権の行使，さらに報告徴収，勧告から必要な措置の命令，役員の解任勧告も非営利を堅持するためです。

A 連携推進法人は，地域医療を行うオール日本の医療介護機関の参加があり，株式会社もプレイヤーとして非営利医療の実施者であることに着目して，参加法人社員化（第2章・Ⅰ-Q5で詳述，参照）を非営利の順守を条件に認めており，以下に列挙して，非営利規定を示します。

(1) 1社員1議決権の原則（法70条の3第1項10号）

都道府県知事は，医療連携推進認定の申請をした一般社団法人が次の基準に適合するときは，当該一般社団法人について医療連携推進認定をすることができます。1～9（略）

10 社員は，各1個の議決権を有するものであること。ただし，社員総会において行使できる議決権の数，議決権を行使することができる事項，議決権の行使の条件その他の社員の議決権に関する定款の定めが次のいずれにも該当する場合は，この限りでない。

ア 社員の議決権に関して，医療連携推進目的に照らし，不当に差別的な取扱いをしないものであること

イ 社員の議決権に関して，社員が当該一般社団法人に対して提供した金銭その他の財産の価額に応じて異なる取扱いをしないものであること

(2) 剰余金の配当禁止（法54条）

医療法人（地域医療連携推進法人）は剰余金の配当をしてはならない。

(3) 残余財産の分配禁止（法70条の3第1項19号）

都道府県知事は，医療連携推進認定の申請をした一般社団法人が，次に掲げる基準に適合すると認めるときは，当該一般社団法人について医療連携推進認

定をすることができる。1〜19（略）

19　清算をする場合において残余財産を国等に帰属させる旨を定款で定めているものであること。

（都道府県知事の監督）

⑷　定款の変更に対する都道府県知事の認可（法70条の18）

法54条の9（1項および2項を除く）の規定は，地域医療連携推進法人の定款の変更について準用する。（中略）

　　2　認定都道府県知事は，前項において読み替えて準用する法54条の9第3項の認可（法70条の17第6号に掲げる事項その他の厚生労働省令で定める重要な事項に係るものに限る。以下この項において同じ）をし，または認可をしない処分をするに当たっては，あらかじめ，都道府県医療審議会の意見を聴かなければならない。

⑸　代表理事の選定および解職に対する都道府県知事の認可（法70の19）

代表理事の選定および解職は，認定都道府県知事の認可を受けなければ，その効力を生じない。

　　2　認定都道府県知事は，前項の認可をし，または認可をしない処分をするに当たっては，あらかじめ，都道府県医療審議会の意見を聴かなければならない。

⑹　都道府県知事による報告聴取（法63条）および勧告（法64条）

都道府県知事は，医療法人（地域医療連携推進法人）の業務もしくは会計が法令，法令に基づく都道府県知事の処分，定款もしくは寄附行為に違反している疑いがあり，またはその運営が著しく適正を欠く疑いがあると認めるときは，当該医療法人に対し，その業務もしくは会計の状況に関し報告を求め，または当該職員に，その事務所に立ち入り，業務もしくは会計の状況を検査させることができる。

このほか，必要な措置の命令，業務の停止，役員の解任勧告ができ，認定の取消しもありえます。

（G－Net　松田紘一郎）

V　理事会・社員総会・評議会

V-1　役員・理事会

Q1　連携推進法人の役員と理事会について，その構成，運営のしかたなどについて教えて下さい。

■ポイント

> 連携推進法人は，理事3人以上，監事1人以上（非同族）の理事会設置法人です。役員の職務権限や任期，それに理事会の運営は，ほぼ医療法人（改正後）と同じです。

A

1　役員

(1)　役員の設置・選任

① 役員の設置

連携推進法人に，次の役員を置き，理事のうち1名を代表理事とします。

イ　理事　〇名以上〇名以内

ロ　監事　〇名以内

認定基準において「理事のうち少なくとも一人は，診療に関する学識経験者の団体の代表者その他の医療連携推進業務の効果的な実施のために必要な者として厚生労働省令で定める者であるものであること。」とされていますが，この「診療に関する学識経験者の団体」とは具体的には，都道府県や郡市区の区域を単位として設立された医師会，歯科医師会が考えられています。

一般社団財団法と異なる通称名や略称を定款に使用する場合（例えば，代表理事を「理事長」と表記するような場合）には，「法律上の名称」と定款で使用する名称がどのような関係にあるのかを定款上明確にする必要があります（第1章・Ⅲ-Q3参照）。

理事は3名以上，監事は1名以上置かなければなりません。

理事会は，理事の中から代表理事を選定しなければなりません。

② 役員の選任

理事および監事は，社員総会の決議によって選任します。

イ　理事および監事を選任するに当たって，それに含まれる各役員の親族等の数は，役員の総数の3分の1を超えてはならないこととされています。

ロ　各役員の親族等とは，次に掲げる者とされています

- 役員のいずれか1人
- イに掲げる者の配偶者および三親等以内の親族
- イに掲げる者と婚姻の届出をしていないが事実上婚姻関係と同様の事情にある者
- イに掲げる者の使用人および使用人以外の者で当該役員から受ける金銭その他の財産によって生計を維持している者
- ロまたはイに掲げる者の親族でこれらの者と生計を一にしているもの

ハ　代表理事は，理事会の決議によって理事の中から選任する。代表理事の選定および解職は，認定都道府県知事の認可を受けなければなりません

ニ　理事または監事のうち，その定数の5分の1を超える者が欠けたときは，一月以内に補充しなければなりません

③　非役員

以下の者については，役員としないとされています。

イ　連携推進法人と利害関係を有する営利を目的とする団体の役員または職員もしくは当該役員の配偶者もしくは三親等以内の親族

ロ　連携推進法人と利害関係を有する営利事業を営む個人または当該個人の配偶者もしくは三親等以内の親族

ハ　連携推進法人の参加法人と利害関係を有する営利を目的とする団体の役員または職員

ニ　連携推進法人の参加法人と利害関係を有する営利事業を営む個人

ホ　前述したイからニに掲げる者に類するもの

(2)　役員の職務権限・任期

①　役員の職務権限

イ　理事は，理事会を構成し，法令およびこの定款で定めるところにより，職務を執行します

理事会は理事会において一定の取引について，重要な事実を開示し，その承認を受けなければなりません

ロ　代表理事は，法令およびこの定款で定めるところにより，本法人を代表し，その業務を執行します

　ハ　代表理事は，次のいずれかを選択し報告します

　　〈例1〉毎事業年度3箇月に1回以上，自己の職務の執行の状況を理事
　　　　　　会に報告すること。

　　　一般社団財団法上，代表理事は，3箇月に1回以上，自己の職務の執
　　行の状況を理事会に報告しなければなりません。この報告は現実に開催
　　された理事会において行わなければならず，報告の省略をすることはで
　　きません。

　　〈例2〉毎事業年度に4箇月を超える間隔で2回以上，自己の職務の執
　　　　　　行の状況を理事会に報告しなければならないこと。

　　　一方，監事は，理事の職務の執行を監査し，法令で定めるところによ
　　り，監査報告を作成します。また，監事は，いつでも，理事および使用
　　人に対して事業の報告を求め，本法人の業務および財産の状況の調査を
　　することができます。

② 　役員の任期

　　理事の任期は，選任後2年以内に終了する事業年度のうち最終のものに関
　する定時社員総会の終結の時までとされていますが，再任を妨げませんし，
　理事の任期は定款または社員総会の決議によって短縮することが可能です。

　　同じく監事の任期は2年とし，再任を妨げないとされていますが，補欠と
　して選任された役員の任期は，前任者の任期の満了する時までとされていま
　す。監事の任期は2年を超えることができません。

　　理事または監事は，定款例第25条（第4章・I参照）に定める定数に足り
　なくなるときは，任期の満了または辞任により退任した後も新たに選任され
　た者が就任するまで，なお理事または監事としての権利義務を有するとされ
　ています。

　　なお，監事の選任については，当然ながら不在期間が生じないよう注意す
　べきですが，仮に定数に足りなくなる場合は，一般社団財団法75条1項に基
　づき，前任の監事は後任者が就任するまでその業務に当たることになります
　（定款例第29条4項および同項の備考欄参照）

(3)　役員の解任

　　役員は，社員総会の決議によって解任することができますが，監事を解任す

る場合には，特別決議が必要です。

(4)　役員の報酬等

　理事および監事の報酬について，定款でその額を定めていないときは，次の
いずれかを選択して社員総会の決議によって定める必要があります。

〈例1〉

　　第31条　理事および監事に対して，〈例：社員総会において定める総額の
　　　　範囲内で，社員総会において別に定める報酬等の支給の基準に従って算
　　　　定した額を〉報酬等として支給することができる。

〈例2〉

　　第31条　理事および監事は，無報酬とする。ただし，常勤の理事および監
　　　　事に対しては〈例：社員総会において定める総額の範囲内で，社員総会
　　　　において別に定める報酬等の支給の基準に従って算定した額を〉報酬等
　　　　として支給することができる。

　　　その他，一般社団財団法では，代表理事に欠員が生じた場合の措置
　　　(79条)，理事の職務執行状況の報告（91条2項）等が定められており，
　　　その手続きについて定款に規定しておくことも可能です。

2　理事会

(1)　構成・権限

　連携推進法人に全ての理事をもって構成する理事会を置くとされており，理
事会設置法人であり，次の職務を行います。

　①　本法人の業務執行の決定

　②　理事の職務の執行の監督

　③　代表理事の選定および解職

　なお，代表理事の選定および解職は，認定都道府県知事の認可をもって，そ
の効力を生じることとされています。

(2)　招集

　理事会は代表理事が招集し，代表理事が欠けたときまたは代表理事に事故が
あるときは，各理事が理事会を招集するとされています。

(3)　決議・議事録

① 決議

イ　理事会の決議は，決議について特別の利害関係を有する理事を除く理事の過半数が出席し，その過半数をもって行いますが，過半数を上回る割合を定款で定めることも可能です。このほか，次の留意点があります

・特別の利害を有する理事が，議決に加わることはできません。

・理事会については，代理人による議決権の行使，書面による議決権の行使は認められません

・可否同数の場合に，議長に2票を与えることになるような定款の定めをすることは認められません

ロ　イの規定にかかわらず，一般社団財団法96条の要件を満たしたときは，理事会の決議があったものとみなします

　　これは，理事が理事会の決議の目的である事項について提案をした場合において，当該提案につき理事（当該事項について議決に加わることができるものに限る）の全員が書面または電磁的記録により同意の意思表示をしたとき（監事が当該提案について異議を述べたときを除く）は，当該提案を可決する旨の理事会の決議があったものとみなす旨を定款に定めることができることを，示しています。

② 議事録

　　理事会の議事については，法令で定めるところにより，議事録を作成し，出席した理事および監事は，前項の議事録に記名押印をします。

　　定款で，記名押印する者を，当該理事会に出席した代表理事および監事とすることも可能です。

（G－Net　松田紘一郎）

Column 1　連携推進法人・関連の2つの通知（達）

　連携推進法人に関連して，本文に掲載していませんが，そのQ&Aに影響を与えている次のような2つの通知（達）が発せられており，論評を加えずそのまま示します。

(1)　文部科学大臣の諮問・中央教育審議会への回答（平成28年10月26日）

> ◎大学設置基準の一部を改正する省令の制定について（諮問）
>
> 　次の事項について理由を添えて諮問します。
>
> 　　　大学設置基準の一部を改正する省令の制定について
>
> 　　　　　　　　　　　　　　　　　　　　文部科学大臣　松野　博一
>
> （理由）
> 　「日本再興戦略2016―第四次産業革命に向けて―（平成28年6月2日閣議決定）」等において，地域医療連携推進法人制度を活用した他の病院との一体的経営を志向する附属病院の大学からの別法人化を可能とすることが求められている。
> 　このこと及び附属病院は医学又は歯学に関する学部の教育研究に必要な施設として大学設置基準に規定されていることを踏まえ，別紙のとおり大学設置基準の改正を行う必要があるため，学校教育法第94条の規定に基づき，標記の諮問を行うものである。
>
> （別紙）
> 一　医学又は歯学に関する学部の教育研究に必要な病院の機能が確保される場合として文部科学大臣が別に定める場合に限り，医療法（昭和23年法律第205号）第70条第1項に規定する参加法人が開設する病院を，附属病院に含むこと。
> 二　平成29年4月2日から施行すること。

(2)　公益社団法人　日本医師会　中川俊男副会長，今村定臣常任理事の連名で平成29年1月20日（地Ⅰ277），都道府県医師会担当理事宛に発せられたもの。

> 　さて，平成29年4月2日から地域医療連携推進法人の創設が可能になります。
> 　同法人については，日本医師会の強い要請により，医療の非営利原則とこれまで培われてきた地域医療提供体制を堅持するため，法人の活動地域の制限，並びに地域医師会，都道府県医療審議会の関与等，厳格な要件が求められています。
> 　しかしなお，大規模法人による地域医療機関の囲込みや系列化や金融機関等からの融資やコンサルティング等を通じた支配等の懸念もあります。
> 　従いまして，日本医師会といたしましては，地域医師会が深くかかわって設立・運営される場合を除き，地域医療連携推進法人制度を積極的に推奨するものではございません。
> 　また，地域医療連携推進法人を設立しなければ，この先，生き残れないこともございません。あくまでも，地域医師会が中心になってそれぞれの地域において医療提供体制をご検討いただくことが大原則であります。
> 　日本医師会は，今後，地域医療連携推進法人制度の運用状況を厳しく監視してまいりますが，貴会におかれましても，本件についてご了知の上，貴会管下の郡市区医師会と共に，地域医療連携推進法人の設立・運用に関して注視していただき，問題事例等が生じました折には，個別具体的に本会にお知らせいただきますよう，よろしくお願い申し上げます。

（G－Net　岡田雅子）

V-2 理事会・社員総会の比較

Q2 医療法人（社団）で参加法人として社員になりたく準備中です。医療法人と連携推進法人の理事会および社員総会について，そのポイントを比較を示して下さい。

■ポイント

> 連携推進法人と第7次医療法改正による医療法人（社団）のガバナンスの中心ともいえる理事会・社員総会の構成等は，いずれも，その大部分を一般社団財団法を準用しており，ほぼ同じですが，創設趣旨のちがいなどから微密な差異があります。

A 第7次改正医療法に基づく医療法人の理事会および社員総会を中心に，そのポイントとともに連携推進法人との相違点を次に示します。

1　理事会

項目	医療法人社団	連携推進法人
権限と責任	(1)主な権限 A理事会の職務（法定） 　①法人の業務執行の決定 　②理事の職務の執行の監督 　③理事長の選定及び解職 （法46条の7第2項） B　理事会議決事項（法定） 　①重要な資産の処分及び譲受け 　②多額の借財 　③重要な役割を担う職員の選任及び解任 　④従たる事務所その他の重要な組織の設置，変更及び廃止 　⑤定款の定めに基づく役員の損害賠償責任の一部免除 　⑥その他の重要な業務執行の決定 　⑦理事長の選定及び解職	(1)主な権限 A理事会の職務（法定） 　①同左 　②同左 　③同左 （法人法90条2項） B理事会議決事項（法定） 　①重要な<u>財産</u>の処分及び譲受け 　②同左 　③重要な<u>使用人</u>の選任及び解任 　④同左 　⑤同左 　⑥同左 　⑦理事の職務の執行が法令及び定款に適合することを確保するための体制その他法人の業務の適正を確保するために必要なものとして法務省令で定める体制の整備 　⑧大規模法人は⑦の体制整備に関する事項の決定 　⑨社員総会書面による議決権行使 　⑩社員総会で電磁的方法による議決権行使 　⑪社員総会の招集 　⑫同左

	⑧理事の競業取引の承認 ⑨理事と法人の利益相反取引の承認 ⑩理事会招集権者の指定 ⑪監事等の監査を受けた事業報告書等の承認 （法46条の7第3項ほか）	⑬業務執行理事の選定 ⑭同左 ⑮同左 ⑯同左 ⑰同左 （一般社団財団法90条4項ほか）
	(2)主な責任 ①法人に対する損害賠償責任（任務を怠ったことにより生じた損害を賠償する責任）（法47条1項） ②第三者に対する損害賠償責任（職務につき悪意・重大な過失があった場合に第三者に生じた損害を賠償する責任）（法48条1項） ③連帯責任（①又は②の場合において，他の役員も当該損害を賠償する責任を負うとき）（法49条）	(2)主な責任 ①同左 （一般社団財団法111条1項） ②同左 （一般社団財団法117条1項） ③同左 （一般社団財団法118条）
定時開催	・年2回：定款で理事長報告を年度2回の場合（法46条の7の2第1項：一般社団財団法準用）	・同左 （一般社団財団法91条2項）
招集権者	・各理事：定款又は理事会で定めることも可能，一般的には理事長（法同上：一般社団財団法準用）	・同左 （一般社団財団法93条1項）
招集方法	・開催1週間前までに通知（定款で短縮可） （法同上：一般社団財団法準用）	・同左 （一般社団財団法94条1項）
招集手続省略	・役員全員の同意で可能 （法同上：一般社団財団法準用）	・同左 （一般社団財団法94条2項）
決議省略	・定款規定及び役員全員の同意で可能 （法同上：一般社団財団法準用）	・同左 （一般社団財団法96条）
役員定数等	・理事3名以上，監事1名以上 （法46条の5第1項） また，3人未満の理事を置く場合は都道府県知事の認可を得ていること。 ・理事3人未満の都道府県知事の認可は，医師，歯科医師が常時1人又は2人勤務する診療所を一か所のみ開設する医療法人に限る。 ・事業規模等の実態に即したものであること	・同左 ・役員のうち特殊関係者が3分の1未満 ・理事のうち少なくも1人は，診療に関する学識経験者の団体等の代表又は診療に関する学識経験者 （法70条の3第1項13号イ～ハ）
理事長（代表理事）の選定及び解職	・理事会の決議 （法46条の7第2項3号） ・医師又は歯科医師の理事の中から選出されていること。（法46条の6第1項） 　・医師，歯科医師でない理事のうちから選任することができる場合は以下のとおりである。	・同左 （一般社団財団法90条2項3号） ・都道府県知事の認可 （代表理事の選定申請） 申請書 　①代表理事候補の住所及び氏名 　②選定の理由

	（法46条の6第1項ただし書） ①理事長が死亡し，又は重度の傷病により理事長の職務が継続することが不可能となった際に，その子女が医科又は歯科大学（医学部又は歯学部）在学中か，又は卒業後，臨床研修その他の研修を終えるまでの間，医師又は歯科医師でない配偶者等が理事長に就任しようとする場合 ②次のいずれかに該当する医療法人 　イ　特定医療法人又は社会医療法人 　ロ　地域医療支援病院を経営している医療法人 　ハ　公益財団法人日本医療機能評価機構が行う医療機能評価による認定を受けた医療機関を経営している医療法人 ③候補者の経歴，理事会構成等を総合的に勘案し，適正かつ安定的な法人運営を損なうおそれがないと都道府県知事が認めた医療法人	添付書類（履歴書） （代表理事の解職申請） 申請書 　①代表理事の住所及び氏名 　②解職の理由 添付書類（履歴書） （法70条の19及び法施行規則39条の27）
理事長の権限	・理事長は，法人の業務に関する一切の裁判上又は裁判外の行為をする権限を有する。（法46条の6の第1項）	・同左 （一般社団財団法77条4項）
理事長報告	・3か月に1回以上，自己の職務の執行の状況を理事会に報告義務。ただし，定款で毎事業年度に4か月を超える間隔で2回以上報告する旨を定めた場合は，この限りでないこと。 （法46条の7の2第1項：一般社団財団法準用）	・同左 （一般社団財団法91条2項）
役員選任	・社員総会の決議 （法46条の5第2項）	・同左 （一般社団財団法63条1項）
任期	①理事 2年以内。なお，補欠の役員の任期は，前任者の残任期間であること。 （法46条の5第9項） ②監事 同上（法46条の5第9項）	①理事 選任後2年以内に終了する事業年度のうち最終の定時社員総会の終結の時（定款で任期短縮可）（一般社団財団法66条） ②監事 同左（法70条の12：法同左）
議長	・理事長	・代表理事
議事録	・作成義務あり（法46条の7の2第1項：一般社団財団法準用，法施行規則31条の5の4）	・同左 （一般社団財団法95条3項）

2　社員総会

項目	医療法人社団	連携推進法人
権限 （議決	法に規定する事項及び定款で定めた事項について決議	一般社団財団法に規定する事項及び定款で定めた事項に限り決議

事項）	• 社員総会議決事項 　①定款の変更 　②基本財産の設定及び処分（担保提供 　　を含む。） 　③毎事業年度の事業計画の決定又は変更 　④収支予算及び決算の決定又は変更 　⑤重要な資産の処分 　⑥借入金額の最高限度の決定 　⑦社員の入社及び除名 　⑧本社団の解散 　⑨他の医療法人との合併若しくは分割に 　　係る契約の締結又は分割計画の決定 　⑩役員の選任又は解任 　⑪役員の損害賠償責任の一部免除 　⑫理事及び監事の報酬等の額 　⑬その他重要な事項 　　（法46条の３第１項及び定款例）	• 社員総会議決事項 　①社員の除名 　②理事及び監事の選任又は解任 　③貸借対照表及び損益計算書の承認 　④定款の変更 　⑤解散及び残余財産の処分 　⑥基本財産の処分又は担保に供するこ 　　とに係る承認 　⑦役員の損害賠償責任の一部免除 　⑧理事及び監事の報酬等の額 　⑨その他社員総会で決議するものとし 　　て法令又は定款で定められた事項 　　（一般社団財団法35条２項及び連携 　　推進法人定款例）
議題決定方法	• 法の定めなし	• 理事会の承認 　（一般社団財団法38条１項・２項）
定時開催	• 少なくとも年１回（法46条の３の２第 　２項），実務（定款）上は２回（予算・ 　決算）	• 年１回（毎事業年度終了後一定の時期） 　（一般社団財団法36条第１項）
臨時開催	• 必要に応じていつでも 　（法46条の３の２第３項） • 総社員５分の１以上の請求 　（法46条の３の２第４項）	• 同左 　（一般社団財団法36条２項） • 総社員議決権の10分の１以上の請求 　（一般社団財団法37条１項）
招集権者	• 理事長 　（法46条の３の２第２項）	• 理事（一般社団財団法38条１項） 　（定款で代表理事としても可）
招集方法	• 開催５日前までに定款で定めた方法 　（法46条の３の２第５項）	• 開催１週間（又は２週間）前までに書 　面で通知，例外あり 　（一般社団財団法39条１項）
招集手続省略	• 不可（規定なし）	• 社員全員の同意で可能 　（一般社団財団法40条）
決議省略	• 不可（規定なし）	• 社員全員の同意で可能 　（一般社団財団法58条）
社員定数	• 定数なし	• （病院等を開設する参加法人が）２法 　人以上
社員入社	• 社員総会の決議 　（定款例14条）	• 理事会の承認 　（社員総会の承認としても可） 　（連携推進法人定款例10条）
任期	• なし	• 同左
議長	• 社員の中から選出 　（法46条の３の５第１項）	• 同左（定款で代表理事としても可，（連 　携推進法人定款例21条））
議事録	• 作成義務あり（法46条の３の６：一般 　社団財団法準用）	• 同左（一般社団財団法57条）

（注）①　＿（アンダーライン）は，連携推進法人との相違点
　　　②　「同左」の中には，左欄の理事長を代表理事としたものを含みます。

（G－Net　原子修司）

V-3　評議会と評議員会

Q3 連携推進法人の連携推進評議会について，その構成，医療法人財団の評議員会との違いについて教えて下さい。

■ポイント
> 連携推進法人の評議会は医療法上で新設された必置機関で，連携推進法人は必要に応じて評議会に意見聴取し，その意見を尊重しなければならない。ただし評議会は諮問機関であり，意見に法的拘束力はないため，法人の責任で決定・業務執行となる。

A　**1　構成・権限**

（1）構成

イ　連携推進法人（以下「本法人」という）に地域医療連携推進評議会（以下「連携推進評議会」という）を置きます。

ロ　連携推進評議会は，医療または介護を受ける立場にある者，診療に関する学識経験者の団体その他の関係団体，学識経験を有するその他の関係者をもって構成します。

ハ　連携推進評議会の定員は，○人以内とします（人数は任意）。

ニ　連携推進評議会の構成員は，社員総会（理事会で選任することも可能）において，ロに掲げる者の中から選任します。

（2）権限

イ　連携推進評議会は，本法人が参加法人が重要事項を決定する際に意見を述べるに当たり，本法人に対し，必要な意見を述べることができます。

ロ　連携推進評議会は，参加法人が開設する病院等の機能分担および業務連携の目標に照らし，本法人の業務の実施の状況について評価を行い，必要があると認めるときは，社員総会および理事会において意見を述べることができます。

ハ　本法人はロの意見を尊重します（第1章・V-Q4を参照）。

2　開催・招集

（1）開催

連携推進評議会は，毎年度○月に1回開催するほか，必要がある場合に開催

し，前述した意見を述べるためにあらかじめ開催時期や招集方法を定めておく
ことが望ましいとされ「連携推進評議会規程」（仮）が必要でしょう（第2章・
Ⅲ-Q4を参照）。

(2)　招集

　連携推進評議会は，理事会の決議に基づき代表理事が招集しますが，連携推
進評議会の構成員は，代表理事に対し，連携推進評議会の目的である事項およ
び招集の理由を示して，連携推進評議会の招集を請求することができます。

3　評議員会との違い（次の表によります）

項目	連携推進法人・評議会	医療法人財団・評議員会※
設置の趣旨	（諮問機関）地域関係者の意見を法人運営に反映	（最高意思決定機関）意思決定や意見陳述，適切な法人運営体制の確保
法的拘束力	なし（意見尊重）	あり
権限 （役割）	A　業務の実施状況の評価 B　意見具申 　①参加法人へ意見を述べる連携推進法人に対して，必要な意見を述べる 　②Aの意見を述べる 　③その他，必要に応じて意見を述べる C　招集請求 　評議会の招集請求	A　権限 　①理事，監事の選任・解任 　②寄附行為の変更 　③事業報告書等の承認 　④理事・監事に対する特定事項に関する説明徴求 　⑤理事，監事の報酬額の決定 　⑥理事等の法人に対する損害賠償責任の一部免除 B　寄附行為（決議する旨規定の場合） 　①予算の決定又は変更 　②借入金の借入れ 　③重要な資産の処分 　④事業計画の決定又は変更 　⑤合併及び分割 　⑥寄附行為規定による解散 　⑦その他寄附行為で定める事項 C　請求・訴え 　①評議員会の招集請求 　②理事の行為の差止め請求 　③理事・監事・評議員の解任の訴え
定時開催	年1回（臨時開催・有）	年1回（臨時開催・有）
招集権者	代表理事	理事長
議長	任意	必須(評議員の互選)
招集方法	任意	開催5日前までに寄附行為で定めた方法
評議員選任	社員総会（又は理事会）	理事会で選任し理事長が委嘱

※厚労省寄附行為例による（医療法上，諮問機関としての役割もあり）

（G−Net　原子修司）

V-4 連携推進評議会の「意見」の重さ，法的意義

Q4 連携推進法人における連携推進評議会による意見の重要性と，その法律的な意義について教えてください。

■ポイント

連携推進評議会が連携推進法人に対して述べる意見は，連携推進法人の運営の根幹に関わる事項について出されるものであり，法的拘束力はないものの，重く受け止める必要があります。

A (1) 評議会の役割

連携推進法人における連携推進評議会の役割は，

① 参加法人が組織再編などの重要な行為を行うに際し，連携推進法人が当該参加法人に対して意見を述べるに当たり，連携推進法人に対して意見を述べること

② 参加法人が開設する病院などの機能分担および業務連携の目標（法70条の2第2項3号）に照らして

・連携推進法人の業務の実施の状況について評価を行うこと

・評価について，必要があると認めるときは，社員総会および理事会において意見を述べること

と規定されています（法70条の3第1項第16号ロおよびハ）。

さらに，施行規則によると，法70条2項において定める医療連携推進業務のうち，同項3号の「資金の貸付けその他の参加法人が病院等に係る業務を行うのに必要な資金を調達するための支援として厚生労働省令で定めるもの」について，「厚生労働省令で定めるもの」として資金の貸付けおよび債務の保証を示した上で（施行規則39条の3第1項1号および2号），「前項第1号又は第2号に規定する支援を行う場合は，当該連携推進法人の理事会の決議を経るとともに，あらかじめ，当該連携推進法人に置かれている連携推進評議会の意見を聴かなければならない。」と定め（同2項），参加法人に対する資金貸付けなどについては，あらかじめ評議会の意見を聞くことを義務づけています。

なお，②の連携推進法人の業務の実施状況の評価については，連携推進法人において公表することが定められています（法70条の13第1項）。

(2)　意見の重みについて

　評議会は，患者代表者・地域関係者・有識者から構成されることが予定されており（法70条の3第1項16号イ参照），連携推進法人の運営に際し，地域の実情を踏まえることが期待される組織です。

　そのため，評議会の意見は，地域連携推進法人の運営の根幹部分を構成するものとして，極めて重要であるということができます。

　こうした評議会の制度趣旨を考えると，評議会から連携推進法人に対して出される意見は，上記の法令上の事項にとどまらず，例えば

- 連携推進法人の業務の実施に関する重要な方針の決定に関する事項
- 連携推進法人の運営の根幹をなす医療連携推進方針の変更

などの場面においても，評議会の意見を聞くことが望ましいと言えます。

(3)　意見の法的な意義

　評議会の意見について，医療法では「連携推進法人は，第70条の3第1項第16号ハの連携推進評議会の意見を尊重するものとする。」と規定されています（同70条の13第2項）。

　法律上はあくまで「意見を尊重する」と記載されているにとどまり，「意見に従わなければならない」と規定されていないことから，その意見について法律的な拘束力は認められないものと考えられます。

　しかしながら，上述のとおり，評議会は地域の医療関係者や専門知識を有する有識者などの意見を連携推進法人に反映させ，地域の実情に応じた医療体制の構築と適正な運営を確保する趣旨で設けられた組織となりますから，その意見は極めて重要な意義を持つものと言うことができます。

　また，法律があえて「意見を尊重する」と記載したのも，その意見の重みを連携推進法人が十分認識する必要があることを強調する趣旨ということができます。

　したがって，評議会の意見について，厳密な意味での法的拘束力は存在しないものの，連携推進法人はその意見の重みを深く認識し，実際の業務運営に反映することが予定・期待されているものと考えられます。

（弁護士法人照国総合事務所　折田健市郎）

⟨V-5⟩ 評議会意見・大規模法人

Q5 連携推進法人の評議会が行うとされている意見や評価の対象，あるいは大規模な法人への影響などについて教えて下さい。

■ポイント

> 連携推進法人の内部必置機関の評議会は，連携推進業務に対し連携推進法人経由で参加法人へ必要な意見を述べ（尊重・法的拘束力なし），その業務毎の達成等に対し，評価を行い必要に応じ意見を述べます。広域・大規模法人では，条件付きながら「その部分のみ」（個別の病院）の参加でも参加法人社員になれます。

A

1 その関連

連携推進法人，その内部必置機関であります評議会，および参加法人社員，参加法人とならないで社員となるもの（以下「非参加法人社員」といいます），4者の関係を図表で示すと次のようになります（第1章・V-Q3，Q4，Q6 第2章・Ⅲ-Q4 第3章・I-Q7参照）。

連携推進法人における評議会の意見，評価の関連図表

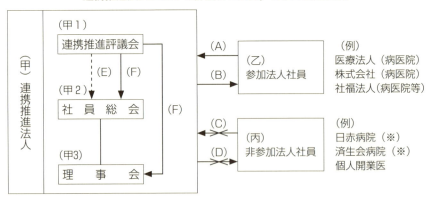

（※）条件はありますが（乙）になりえます。

（図表の説明）
① 非参加法人社員（丙）からの重要事項について，甲へ意見を求める（C）はなく，したがって，その業務達成の評価もない（D）。
② 参加法人（乙）は，重要事項について（甲）に意見を求め（A），（甲）の評議会（甲1）は（甲2）（甲3）に意見を述べ（E），業務等の評価を行い（F），参加法人に通知（B）します。これを纏めますと，連携推進法人は，医療法上は次

の2つの機能になります。

イ　参加法人に対して必要な意見を述べること

ロ　地域医療連携推進法人の業務の実施状況に関して評価を行い，必要に応じて意見を述べること

　これらの医療法上の機能にとどまらず，地域関係者の意見を法人運営に反映するため，地域医療連携推進法人の業務の実施に関する重要な方針の決定や連携推進法人の運営の根幹をなす連携推進方針の変更等の場面において連携推進評議会の意見を聴くことが望ましいとされています。

2　意見のタイミング

　参加法人が当該連携推進法人に意見を聴くタイミングは必ずしも参加法人における機関決定の直前である必要はなく，例えば，参加法人において原案を作成した段階で当該連携推進法人に意見を聴く方法，参加法人における議論に当該連携推進法人の役員等が出席し，当該一般社団法人の意見を代表して述べる方法等が考えられます。

　なお，当該連携推進法人の意見を聴いた後に原案が大きく変更された場合には，再度当該連携推進法人の意見を聴く手続きを取るなど，参加法人が連携推進方針を共有しながら当該連携推進法人に参加していることを踏まえた適切な対応が求められます。

　また，いずれの場合であっても，連携推進評議会が当該連携推進法人に対して必要な意見を述べることができるよう，当該連携推進法人は事前に連携推進評議会に意見を聴くこととなりましょう。

3　広域的・大規模法人への意見

　広域的に病院等を運営するような大規模な法人が参加法人である場合に，参加法人の全ての予算や事業計画等についても意見を求める必要があるのかということには，当該連携推進法人内で合意されている場合（これと別に，その法人内の本部機構の了承も必要と思われます）には，次の2点が示されています。

イ　参加法人において，病院等または介護施設等の運営に係るものを含む予算または事業計画が明確に区分されている場合には，予算または事業計画

の決定について，当該区分された予算または事業計画について意見を聴く
ことで足りること

ロ　また，予算および事業計画の変更，借入金の借入れ，重要な資産の処分
および定款または寄附行為の変更については，参加法人が当該連携推進法
人の連携推進区域において開設・管理する病院等または介護施設等に係る
ものの意見を聴くことで足りること

ただし，これらの場合にあっても，当該参加法人全体の運営に影響を及
ぼす重大なものについてはあらかじめ意見を聴く必要があります

さらに，大規模法人は，その部門で理事会をつくり「理事の職務の執行が法
令及び定款に適合することを確保するための体制その他法人の業務の適正を確
保するために必要なものとして法務省令で定める体制の整備」をし，その部門
理事会で決定していくことが必要（一般社団財団法90条4項5号ならびに5項）
になると思われます。

これにより，連携推進法人（評議会）が広域的に病院等を展開する本部機構
へ意見を聴き，評価することは必要なく，その地域の病院等，つまり「その部
分のみで可」であり，このケースの場合，72頁の図表で（丙）の中にふくめた
日赤，済生会は（乙）になること，つまり参加法人・社員になることも可能と
なります。

（G‐Net　松田紘一郎）

Column 2　日本赤十字社の病院

　第1章・Vで「評議会意見・大規模法人」として，Q5で示しましたが，わが国で代表的な医療機関は，日本赤十字社の病院でしょう。

　日本赤十字社のルーツは博愛社にあり，その一文を，拙著（ペンネーム木公田晋：きこだじん）「インタビュアー漱石」（熊日出版）から紹介します。

　「一つ，博愛社のこと。

　田原坂，西南戦争で激しい戦闘が繰り広げられ，多数の死傷者を出したことは既に説明があった。佐野常民と大給恒は，救護団体による戦争，紛争時の救護の必要性を痛感し博愛社の設立を明治政府に願い出た。しかし，敵人，傷者トイエドモ救ヒ得ヘキ者ハ之ヲ収ムヘシ，つまり敵味方の差別なく救護することが理解されなく却下されたのだ。

　二人は，明治一〇（一八七七）年五月，征討総督の有栖川宮熾仁親王のおられた熊本の司令部に直訴。親王は英断をもって，この活動を許可された。

　博愛社の救護員は，直ちに現地で両軍の救護に当たったが，なかなか現地の人に理解されなかったという。しかし戦争のなかで人道という精神文化が，救護活動という行為で具体化したのだ。博愛社が後に日本赤十字社になり佐野常民が初代社長になった。」（以下，略）

　以下に，ホームページ掲載の一部分を紹介します。

　日本赤十字社（にっぽんせきじゅうじしゃ）は，日本における赤十字社。1952年（昭和27年）に制定された日本赤十字社法（にほんせきじゅうじしゃほう）昭和27年8月14日法律第305号によって設立された認可法人。社員と呼ばれる個人及び法人参加者の結合による社団法人類似組織である。略称は「日赤」（にっせき）。名誉総裁は皇后（現在は皇后美智子）。名誉副総裁には，代議員会の議決に基づき，各皇族が就任している。代表者である社長は近衞忠煇氏（旧公爵近衛家当主）。日本赤十字社は全国に92の赤十字病院，79の血液センターを運営し，赤十字病院は第3次医療機関に指定され救急医療の最後の砦を担っている。血液事業は日本で唯一献血を原料とする製剤を製造する。またセンター，病院，支部などには常備救護班（医師1名・看護師長1名・看護師2名・庶務（事務）担当の職員である主事2名の計6名で1個班が構成される）を複数個保有し，地震・台風などの災害時や旅客機墜落・公共交通機関の大事故など，消防で対応し切れない大人数の負傷者発生の際には救援活動を行っている。

（G−Net　松田紘一郎）

Ⅴ-6　評価の対象・しかた

Q6 連携推進業務方針に示した目標の連携推進評議会による評価のしかた，その効果等について教えて下さい。

■ポイント

> 連携推進業務は，定款に必須記載するとともに連携推進方針にふくまれ，推進評議会により評価され，公表が義務化されます。連携推進の進捗が地域医療・住民に広く知れ渡ることになるはずです。

A　**1　連携推進方針のイメージ**

　　　厚生労働省・医政局・医療経営支援課が「統一的な医療連携推進方針（イメージ）」として，次のようなイメージによる例示と具体例を示して（一部表示を変更修正）います。

(1)　地域医療連携推進法人の医療連携推進区域

　　　　○○県○○市，○○市，○○町

(2)　参加法人

　　　　○○法人：○○病院

　　　　◇◇法人：◇◇病院

　　　　○○法人：○○診療所

　　　　○○法人：特養○○院

(3)　理念，運営方針（理念は，第1章・Ⅱ-Q1，Q2参照）

　　　（理念）○○○○

　　　（運営方針）　　・○○○○

　　　　　　　　　　　・○○○○

　　　　　　　　　　　・○○○○

(4)　医療機関相互間の機能分化業務連携事項，その目標

　　①　グループ内病院間の調整を図り，退院支援，退院調整ルールを策定する。

　　　（具体例）退院支援・調整

　　　　1)　○○病院からの退院は◇◇病院または○○診療所（自宅）で対応し，

　　　　　　◇◇病院からの退院は○○診療所（自宅）または○○院で対応する。

　　　　2)　自宅への退院者数を年間100人以上とする。

② 医師，看護師等のキャリアパスを構築し，人材の定着率の向上を図る。
　（具体例）キャリアパス・定着率の向上
　　　　○○病院の看護師・技師は4〜5年目は○○診療所で勤務する。人材の5年目定着率を5ポイント上昇させる。
③ 医師の再配置を行い，グループ内病院の診療内容の重点化を図る。
　（具体例）医師の再配置・診療内容の重点化
　　　　○○病院は救急医療に，◇◇病院は産科医療に，○○病院は小児医療に重点化を図る。
④ 療養病床の機能転換を行い，在宅医療等への転換を進める。具体的には，グループ内の療養病床○床の機能転換を図り訪問看護ステーションを新設する。
　　　　・グループ内病院間の調整を図り，救急患者受入ルールを策定する。
　（具体例）療養病床の機能転換
　　　　グループ内の療養病床○床の機能転換を図り訪問看護ステーションを新設する。
(5) 医師等の共同研修の実施，医療の専門性の向上
　　　　○○研修（医師），○○研修（看護師），○○研修（事務職）等を開催。
　（具体例）共同研修：専門能力の向上等
　　　　・職種別共同研修の必要性
　　　　・参加法人間の機能・効率化共同研修
　　　　・地域住民等にむけた共同研修
(6) 医薬品等の共同購入，医療機器の共同利用を行い，経営の効率化
　（具体例）・共同購入は，関係者による医薬品の選定会議を開催し，共同購入を10品目以上とする。
　　　　　　（これは「地域地域フォーミュラリー」（Column 4・201頁）につながるものとなるでしょう）
　　　　　・共同利用・そのほか，ICT化による効率化ノウハウの共有
　　　　　　（これはクラウド・ツールの活用などでICTが現実化する可能性があります）
(7) 連携推進法人から参加法人への資金融通を行い，資金の効率的活用

（具体例）資金融通・効率化

- 債務の保証
- そのほか，医療機関債の発行・支援
- 基金の拠出

(8) 介護事業その他地域包括ケアの推進に資する事業に関する事項

- 入院患者の在宅療養生活への円滑な移行を推進する。
- 要介護急変時に対応できるよう，病院と介護施設の連携強化を図る。
- 訪問看護ステーション等への職員の再配置を行い，在宅介護の充実を図る。

（具体例）連携提携機能の向上

- 連携推進室の機能アップ
- コンピューターシステム（ICT）の整合
- 協力施設の拡充（シームレス化）

2 業務の実施状況の評価

　評議会は連携推進法人の「業務の実施の状況について評価を行う」と法的義務を課し公表を義務化しています。

　この評価は参加法人の連携推進業務の基盤となる1の(1)で示した連携推進方針に基づいてなされることになりますが，評価は次の3種によると思われます。

ア　標準値評価…客観的データを算出し，それと比較

イ　暦年値評価…前年同期との期間比較

ウ　第三者比較…独立の第三者機関のデータを活用（または支援を受け）比較

　さらに，それを形容詞的な言葉（例，良い，とても良い，きわめて良いなど）で示す定性的評価方法と，数値データで示す定量的評価方法の2種があります。

　現実には，両者の混合形態として，組織内ではありますが「2者評価」されるものと思われますが，第三者評価として示した一定の基準を示して，その到達レベルを示す病院機能評価やISO9001（品質評価）や26000（社会的責任評価）による認証も重要な参照となりましょう（第1章・Ⅱ-Q2参照）。

議論を重ねることになりますが，連携推進協議会の委員は，次の有識者とされており定数は定められておらず，4～5名くらいで組織されると思います。

　ア　医療・介護を受ける者

　　イ　診療に関する学識経験者団体に所属する者（地区医師会，地区歯科医師会からの推薦者）

　　ウ　その他の関係団体に所属する者（その関係団体の推薦者）

　　エ　学識経験者

　　オ　その他の関係者

　この規定は，不思議なもので，オがあることにより極論すれば，誰でも良いことになりかねません。

　業務の実施状況を実際に評価する者も必要であり，先にも示しましたが，公認会計士や医業経営コンサルタントなどの実務経歴や専門性を斟酌して積極的に登用すべきです。

（G－Net　松田紘一郎）

Ⅵ　連携推進法人等の法制

Ⅵ-1　創設の法体系

 Q1 連携推進法人に必ず設置しなければならない機関にはどのようなものがありますか。医療法人の機関との違い等があれば併せて教えてください。

■ポイント

> 連携推進法人には，①社員総会，②理事，③理事会，④代表理事，⑤監事，⑥連携推進評議会を設置する必要があります。①～⑤は医療法人にも同様の機関がありますが，若干の違いもあります。

 A 連携推進法人に必ず設置しなければならない機関は，①社員総会，②理事，③理事会，④代表理事，⑤監事，⑥連携推進評議会です。

　①**社員総会**は，全社員によって構成される機関であり，社員の除名や役員（理事および監事のことをいいます）の選解任，定款の変更等の基本的な事項を決議します。

　医療法人の社員総会では，社員の議決権は各自1個とされており，例外は認められていません。これに対して，連携推進法人における社員の議決権は，一定の要件を満たせば，定款で社員ごとに異なる個数の議決権を付与することも認められています（法70条の3第1項10号）。

　②**理事**は，理事会の構成員であり，3人以上置くこととされています。

　医療法人の理事は，原則として開設する全ての病院等の管理者を理事に加える必要がありますが，連携推進法人にはそのような制限はありません。

　ただし，連携推進法人の理事には，①連携推進法人と利害関係を有する営利法人の役職員等の就任が禁止されており，②他の役員と親族関係等にある者が全体の3分の1を越えてはならないといった，医療法人にはない制限があります（社会医療法人の理事・監事には，②の制限があります）。

　なお，連携推進法人の理事のうち少なくとも1人は，「診療に関する学識経験者の団体その他の関係団体の代表者又は診療に関する学識経験を有する者」とする必要があります。

　③**理事会**は，全理事によって構成される機関であり，連携推進法人の業務執行の決定や理事の職務執行の監督，代表理事の選定・解職等の職務を行います。

医療法人の理事会との間で法令上大きな違いはありませんが，連携推進法人は，後述する連携推進評議会から一定の事項について意見を述べられることがあり（法70条の3第1項16号ロ，ハ），理事会を運営する際も，上記意見を無視することはできません。

④**代表理事**は，連携推進法人の代表として，連携推進法人の業務に関する一切の裁判上または裁判外の行為をする権限を有しています。

医療法人における理事長は，原則として医師または歯科医師である理事のうちから選出することとされているのに対し，連携推進法人の代表理事の資格にそのような制限はありません。

他方，連携推進法人の代表理事の選定および解職については，認定都道府県知事の認可を受けなければ効力を生じないため（法70条の19），医療法人における理事長の選出・解職の場合に比して，外部からの強いコントロールが及ぶことになります。

⑤**監事**は，理事の職務執行の監査や監査報告書の作成，連携推進法人の業務・財産状況の調査等の職務を行う機関であり，1人以上置くこととされています。

連携推進法人の監事も，理事の場合と同様，①連携推進法人と利害関係を有する営利法人の役職員等の就任禁止や②他の役員と親族関係等にある者が役員全体の3分の1を越えてはならないといった制限があります。

⑥**連携推進評議会**は，連携推進法人独自の機関です。連携推進評議会の役割は，所定の事項（法70条の3第1項16号ロ，ハ）につき，連携推進法人に対して意見を述べることですが，「地域医療連携推進法人制度について（Q&A）」（平成29年4月20日医政局医療経営支援課事務連絡）では，「医療法上の権能にとどまらず，地域関係者の意見を法人運営に反映するため，地域医療連携推進法人の業務の実施に関する重要な方針の決定や地域医療連携推進法人の運営の根幹をなす医療連携推進方針の変更等の場面において地域医療連携推進評議会の意見を聴くことが望ましい。」とされています。

（弁護士法人東法律事務所　東　健一郎）

社員・社員総会

Q2 連携推進法人の社員・社員総会について，その構成，会議のありかた，退社などについて教えて下さい。

■ポイント

> 社員総会において，各社員は，原則として1人1票の議決権を有します。ただし，定款で別段の定めをすることによって，各社員の有する議決権の数に差をつけることができます。なお，営利法人は社員になることはできません。

 (1) 連携推進法人の社員総会は，次の①，②，③の社員をもって構成されます。

① 病院等を開設する法人

医療法人，社会福祉法人，公益法人，NPO法人，学校法人，国立大学法人，独立行政法人，地方独立行政法人，地方自治体等が該当します。また，株式会社立の病院等を開設する法人（第2章・I-Q5参照）についても，機能の分担および業務の連携の推進を目的とする場合は，これに該当します。ただし，その場合は財務諸表の確認や都道府県医療審議会の審議を経る必要があります。

② 介護事業等地域包括ケアシステムの構築に資する事業に係る施設や事業所を開設，管理する法人

介護事業等としては，介護事業だけではなく，薬局，見守り等の生活支援事業等も該当します。なお，株式会社が開設する薬局は，営利法人であり認められません。

③ 地域において良質かつ適切な医療を効率的に提供するために必要な者

個人開業医，介護事業等を行う個人，参加法人になることを希望しない法人，大学等の医療従事者の養成機関の開設者，地方自治体，医師会，歯科医師会等が該当します。ただし非営利であることとされています。

なお，連携推進法人の社員になろうとする者は，理事会（ただし，社員総会の承認を得ることとすることも可能）の定めるところにより申込みをし，その承認を得なければならないとされ，連携推進法人は，社員名簿を備え置き，社員の変更があるごとに必要な変更を加えなければならないとされています。

(2)　連携推進法人においては，定款で次の者を社員・理事としないことを規定しなければなりません。

イ　当該一般社団法人と利害関係を有する営利団体の役員または職員

ロ　上記役員の配偶者または三親等内の親族

ハ　当該一般社団法人と利害関係を有する営利事業の個人事業主

ニ　上記個人事業主の配偶者または三親等内の親族

ホ　当該一般社団法人の参加法人と利害関係を有する営利団体の役員または職員

ヘ　当該一般社団法人の参加法人と利害関係を有する営利事業の個人事業主

ト　「イ」～「ヘ」に類する者

　なお「イ」～「ヘ」に該当する者が非営利団体の役員等を兼務する場合であっても当該欠格事由に該当することに変わりはないため，審査は実体的な判断の下に行われることになります。また，「ト」については，例えば，「イ」～「ヘ」に該当する者から，連携推進法人や参加法人の業務に関連した報酬等の経済的利益を受ける者が想定されます。また，「イ」および「ホ」の「営利団体」には，例えば，実質的に利益の分配を行っている一般社団法人や一般財団法人等も含まれることになります。

(3)　会議のあり方

①　構成・権限

　社員総会は，全ての社員をもって構成され，次の事項について決議することになります。

イ　社員の除名

ロ　理事および監事の選任または解任

ハ　理事および監事の報酬等の額

ニ　貸借対照表および損益計算書の承認

ホ　定款の変更

ヘ　解散および残余財産の処分

ト　基本財産の処分または担保に供することに係る承認

チ　その他社員総会で決議するものとして法令または定款で定められた事項

② 開催・招集

　社員総会は，定時社員総会が毎年1回開催され，その開催月が定款に規定されるのが通常です。その他に，必要がある場合に臨時社員総会が開かれます。いずれの社員総会についても，その招集は，理事会の決議に基づき代表理事が行うことになります。

③ 議長・決議

　社員総会の議長は，社員総会の秩序を維持し，議事を整理し，また，命令に従わない等社員総会の秩序を乱す者を退場させることができる強い権限を有しています。社員総会の議長は，社員総会において社員の中から選出するか，代表理事が議長を務めるのが一般的ですが，議長の重大な権限に鑑み，定款において議長選出方法を定めておくのが通例です。

　社員総会の決議は，総社員の議決権の過半数を有する社員が出席し，出席した社員の議決権の過半数をもって行われます。ただし，以下の場合は，総社員の過半数以上であって，総社員の議決権の3分の2以上にあたる多数をもって決議するものとされています。

イ　社員の除名

ロ　監事の解任

ハ　定款の変更

ニ　その他法令で定められた事項

　なお，上記の事項は総社員の議決権の3分の2以上にあたる多数決とされていますが，定款によってこれを上回る割合を定めることも可能です。さらに，解散については総社員の4分の3以上の賛成がなければ決議できません。

④ 議決権

　社員総会において，各社員は，定款で別段の定めをした場合を除き，各1個の議決権を有します。

　定款において別段の定めをするためには，

・議決権に関して，医療連携推進目的に照らし，不当に差別的な取扱いをしないものであること

・議決権に関して，社員が当該一般社団法人に対して提供した金銭その他

の財産の価額に応じて異なる取扱いをしないものであること

　以上の要件をいずれも満たす必要があります。この場合は，定款において，社員総会における議決権は，社員○○につき○個，社員○○につき○個とする，という規定が置かれることになります。

　また，参加法人の議決権の合計は，総社員の議決権の過半数を占めていなければいけません。さらに，病院等を開設する参加法人の数は2以上でなければならず，病院等を開設する参加法人の合計が，介護事業等に係る施設または事業所を開設しまたは管理する法人の議決権を超えている必要があります。

　一般の医療法人においては，社員が1個の議決権を有することが大前提となっていますが，連携推進法人においては，社員の有する議決権の個数に差を設けることができるという点に特色があります。

（西村あさひ法律事務所　森　浩志）

Ⅵ-3 連携推進法人の業務執行

連携推進法人の業務執行はどのように行われますか。

■ポイント

> 連携推進法人には，業務執行機関として理事および理事会が設置されます。業務執行にあたっては，連携推進評議会の意見を尊重しなければなりません。

連携推進法人には，業務執行機関として理事および理事会が設置されます。

(1) 理事

連携推進法人には，役員として，理事3人以上および監事1人以上を置かなければなりません（法70条の3第13号イ）。また，役員のうちには，各役員について，その役員，その配偶者および三親等以内の親族その他各役員と厚生労働省令で定める特殊の関係がある者が役員の総数の三分の一を超えて含まれないようにしなければなりません（法70条の3第13号ロ）。

具体的には，以下のものが特殊関係者とされています。

一 役員と婚姻の届出をしていないが事実上婚姻関係と同様の事情にある者

二 役員の使用人および使用人以外の者で当該役員から受ける金銭その他の財産によつて生計を維持しているもの

三 前二号に掲げる者の親族でこれらの者と生計を一にしているもの

さらに，理事のうち少なくとも1人は，診療に関する学識経験者の団体の代表者その他の連携推進業務の効果的な実施のために必要な者として厚生労働省令で定める者である必要があります（法70条の3第13号ハ）。

また，理事のうち1名は，法人を代表する代表理事として定めなければなりません。代表理事は，連携推進法人の業務に関する一切の裁判上または裁判外の行為をする権限を有することになります（一般社団法人法77条4項）。

なお，営利を目的とする団体またはその役員と利害関係を有することその他の事情により社員総会の決議に不当な影響を及ぼすおそれがある者として厚生労働省令で定めるものは，理事および監事になることはできません（法70条の3第12号）。

(2)　理事会

　連携推進法人には，理事会が設置されます（法70条の3第15号）。理事会は，次に掲げる職務を行います。

①　業務執行の決定

②　理事の職務の執行の監督

③　代表理事の選定および解職

　また，理事会は，次に掲げる事項その他の重要な業務執行の決定を理事に委任することはできません。

①　重要な財産の処分および譲受け

②　多額の借財

③　重要な使用人の選任および解任

④　従たる事務所その他の重要な組織の設置，変更および廃止

⑤　理事の職務の執行が法令および定款に適合することを確保するための体制その他一般社団法人の業務の適正を確保するために必要なものとして法務省令で定める体制の整備

⑥　一般社団財団法114条1項の規定による定款の定めに基づく同法111条1項の責任の免除

(3)　連携推進評議会

　連携推進評議会は，連携推進法人の内部に設置され，連携推進業務の評価を行い，かつ参加法人の重要事項決定について，意見を付すことになります。

　連携推進法人には，連携推進業務の評価を行い，かつ参加法人の重要事項決定について，意見を付する「お目付け役」的な機能を果たす機関として地域連携推進評議会が内部に設置されます。その業務の基本は，知事が認可した連携推進方針であり，内部の必置機関ではありますが，専門性を持った独立性の保持が求められています。この協議会は，従来の医療法人には存在しない新しい機関です。

（西村あさひ法律事務所　森　浩志）

VI-4　連携推進評議会

Q4 連携推進法人に設けられた連携推進評議会制度とその法制について教えてください。

■ポイント

> 連携推進評議会は連携推進法人の業務の評価を行い，重要な事項について意見を述べる権限を有する機関であり，専門的な見地から地域の実情に即した運営の適正化を図るための組織と位置づけられています。

1　連携推進評議会の位置づけ

(1)　定義と趣旨

　連携推進評議会とは，患者代表者・学識経験者などにより構成される連携推進法人の監理機関をいいます（法70条の3第1項16号）。評議会の趣旨は，連携推進法人における最高意思決定機関である社員総会に対して専門的な見地から意見を具申し，運営の適正化を図る点にあります。

　評議会の設置は定款に定める必要があり（同），評議会は連携推進法人の業務実施状況について評価を行い，必要に応じて意見を述べることとされています（同70条の3第1項16号ロおよびハ）。定款の具体例については，厚生労働省がモデル定款を提供しています（平成29年2月17日付け医政支発0217第1号）。

(2)　構成員

　評議会の構成員は法律上「医療又は介護を受ける立場にある者，診療に関する学識経験者の団体その他の関係団体，学識経験を有する者その他の関係者」とされておりますが（法70条の3第1項16号イ），具体的には通達で「地域の医師会・歯科医師会を代表する者，患者団体を代表する者，医療連携推進区域が属する自治体の担当者等が想定される」と規定されています（平成29年2月17日付け医政発0217第16号）。

(3)　人数

　評議員の人数については法令上特に規定がありません。ただし，あまりに人数が多い場合は意思決定が困難になることから，理事会の人数を参照しながら，適正な人数を設定するべきと考えます。

(4)　選任方法

選任方法について法制上の明確な規定はありませんが，モデル定款では社員総会で選任されることが想定されています。ただし，定款で「理事会において選任する」と規定し，社員総会ではなく理事会を選任権者とすることも可能です。

2　会議の開催

(1)　招集頻度

評議会の開催頻度にも規定はありませんが，評議会の意見を述べるために，予め開催時期や招集方法を定めておくことが望ましいと言えます（モデル定款においても定期的な開催が予定されています）。

(2)　招集権者

招集についても，理事会の決議に基づいて代表理事が選任することが想定されていますが，評議会の自立性を確保するため，評議員による招集権を定める規定を入れることも考えられます。

(3)　権限と役割

評議会の権限と役割としては，主として

- 法70条2項の医療連携推進業務に関する実施状況の評価
- 連携推進法人が，参加法人による一定の重要事項に意見を述べる際，連携推進法人に対して意見を具申すること

が想定されています（法70条の2第1項16号ロおよびハ）。

このうち，意見の具申については別項（第1章・V‐Q4参照）で詳しく検討します。実施状況の評価については，法70条2項に規定された業務（医療従事者の資質の向上を図るための研修，病院等に係る業務に必要な医薬品，医療機器その他の物資の供給資金，資金の貸付けなど）について，地域医療の観点から必要性と妥当性を評価することになります。

なお，医療連携推進業務に関する実施状況の評価は公表が必要とされておりますが（法70条の13第1項），意見について法的な拘束力は有しません。しかしながら，評議会の位置づけに鑑みると，その意見は極めて重く，連携推進法人においても評議会の「意見を尊重する」ことが明文で規定されています（法70の13第2項）。

（弁護士法人照国総合事務所　折田健市郎）

Ⅵ-5　連携推進法人の消滅事由

Q5　連携推進法人に設けられた法人の消滅事由について教えてください。

■ポイント

> 連携推進法人では，消滅事由として，法人に共通した「解散・清算」のほか，連携推進法人の固有の消滅事由として「認定の取消し」という制度が設けられています。

A

1　消滅事由について

(1)　法定事由

ア　法人としての解散・清算（法70の15）

イ　認定の取消し（法70の21）

　　法は，法人固有の消滅事由として，認定都道府県知事による「認定の取消し」を認めています。

　　取消事由は次のとおりです。

①　必要的取消

ⅰ）　理事および監事に一定の欠格事由があったとき

ⅱ）　認定手続に不正な手段があったとき

②　任意的取消

ⅰ）　認定申請時の要件を充足しなくなったとき

ⅱ）　連携推進法人からの取消しの申請

ⅲ）　医療法法令違反

(2)　取消権者

　　認定都道府県知事

(3)　取消の手続き

ア　あらかじめ，都道府県医道審議会の意見を聴かなければいけません。公益認定法における公益性の取消制度と同様，取消制度の正当性を実効あらしめるための手続きです。

イ　取り消した場合，インターネット等で公示しなければなりません。

ウ　登記所に名称の変更の登記を嘱託しなければなりません。

(4)　取消しの効果

ア　取消しの遡及効はなく，将来に向かって効果が生じます。

イ　みなし定款変更

　　地域医療連携推進法人という文字を一般社団法人に変更する旨の定款変更が生じたものとして扱います。

ウ　医療連携推進目的取得財産残額を対象とした国・地方公共団体等に対するみなし贈与

　　ここに，医療連携推進目的取得財産残額とは，推進法人が取得したすべての医療連携推進目的事業財産から，推進法人成立後に医療連携推進業務を行うために費消しまたは譲渡した医療連携推進目的事業財産を除外した残余の財産の価額の合計額から，さらに，医療連携推進目的事業財産以外の財産であって，当該連携推進法人が医療連携推進目的業務を行うために費消し，または譲渡したものおよび同日以後に医療連携推進業務の実施に伴い負担した公租公課の支払いその他内閣府令で定めるものの額の合計額を控除して得た額，をいいます（法70の22・公益認定法30）。

　　この規定は，公益社団法人が公益性を取り消された後に，その財産を同じ公益性を持つ国や地方公共団体に帰属させることが公平であるという理由と同じ考えによります。

エ　名称変更の登記手続の嘱託

2　消滅事由発生後の手続きについて

(1) 連携推進法人ではなくなった結果，連携推進法人という枠がなくなっただけで，一般社団法人としては残ります（法70の21第5項）。

　　ただし，本来，地域医療連携推進法人として各社員が集まって作り上げたものである以上，「目的たる業務の成功の不能」や「社員総会の決議」を理由に，解散・清算の手続きに進みます（法55条以下）。

　　今ひとつは，取消事由を是正したうえで，再度，医療連携推進法人の認定申請に臨む道もあります。

（ケルビム法律事務所　高須和之）

Ⅵ-6　弁護士の連携推進法人に対するサポートのあり方

Q6 連携推進法人を運営する上で，弁護士はどのような役割を果たすことができるのですか？

■ポイント

> 弁護士は連携推進法人に対し，顧問弁護士，理事，監事，連携推進評議会の委員として関与することが考えられます。いずれの場合でも，連携推進法人に対して有益なサポートができるものと思われます。

A 弁護士の連携推進法人に対する関わり方として，①顧問弁護士としての関与，②理事としての関与，③監事としての関与，③連携推進評議会の委員としての関与が考えられます。

(1)　顧問弁護士としての関与

連携推進法人の業務は，法令遵守が特に求められており，平成29年2月17日医政局長通知（医政発0217第16号）でも，医薬品・医療機器以外の物品等の供給について「関連する法令等を遵守して実施すること」や，医師・看護師等の人事交流について「労働法規に則って実施する必要があること」が明記されています。また，連携推進法人が参加法人に対して資金の貸付けをする際は，契約書類の適正な作成等が求められています。

こうした要請に応えるべく，連携推進法人の顧問弁護士は，連携推進法人の外部から，法律相談や契約書作成・審査，紛争処理等の法的サービスを提供することになります。

(2)　理事としての関与

弁護士が，理事として連携推進法人の運営に関与することにより，法的リスクを十分に検討した上で，連携推進法人の意思決定をすることが可能となります。

また，顧問弁護士が，連携推進法人からの相談・依頼に対応する形で法的サービスを提供するのに対し，理事となった弁護士は，自ら積極的に職務を執行し，他の理事の職務執行の監督等を行うことになります。そのため，連携推進法人の抱える問題について，より早期に発見・対処することが期待できます。

以上のとおり，弁護士が理事として連携推進法人の運営に関与することは，

ガバナンスの強化・コンプライアンスの徹底という点において，非常に有効だと考えられます（対外的にも，コンプライアンス重視の姿勢を示すことができます）。

　なお，連携推進法人の理事には，一定の資格制限があります（法70条の3第1項12号，13号）ので，弁護士に理事への就任を打診する際は，この点の確認が必要となります（監事についても同様です）。

(3)　監事としての関与

　監事の主な職務は，理事の職務執行に対する監査（業務監査・適法性監査）と，監査報告等の会計監査です。そして，監事は理事の不正行為や法令・定款違反等があると認めたときは，遅滞なく，認定都道府県知事，社員総会または理事会に報告すべき義務があります。

　また，監事には，理事の法令違反等によって，連携推進法人に著しい損害が生じるおそれがあると認められるときは，理事に対し，当該行為を止めるよう請求する権限が与えられています。

　さらに，理事と連携推進法人との間で訴訟が係属した場合，監事は連携推進法人を代表して訴訟追行をすることになります。

　このように，監事の職務（とりわけ，業務監査・適法性監査）を全うするためには，高いレベルの法的素養が必要となるところ，弁護士が監事として関与することにより，充実した業務監査・適法性監査が期待できます。

(4)　連携推進評議会の委員としての関与

　弁護士が連携推進評議会の委員として関与することにより，連携推進評議会の意見を述べる際，法律家としての視点から検討を加えることが可能になります。

　このことは，第三者的な立場から連携推進法人の業務の実施状況を評価し，地域関係者の意見を連携推進法人の運営に反映させるという連携推進評議会の存在意義にも合致するものと思われます。

（弁護士法人東法律事務所　東　健一郎）

Ⅵ-7 顧問弁護士を選ぶ際の注意点

連携推進法人の顧問弁護士を探していますが，適任者がいません。参加法人の顧問弁護士に兼任してもらおうと思うのですが，可能ですか？

■ポイント

> 医業経営に詳しい弁護士が少ないという実情があるものの，参加法人の顧問弁護士が連携推進法人の顧問弁護士を兼任することは，弁護士倫理の点から問題があります。

A 弁護士は，「依頼者の利益と他の依頼者の利益が相反する事件」につき，原則としてその職務を行ってはならないこととされています（弁護士職務基本規程28条3号）。

弁護士が，参加法人の顧問弁護士と連携推進法人の顧問弁護士を兼任した場合，両者はいずれも当該弁護士の依頼者となります。そのため，両者の間に利益相反関係が生じた場合，当該弁護士は，原則として両者の顧問をいずれも辞任すべきこととなります。

参加法人と連携推進法人は，共通の目標のために協力し合う関係にあるため，両者の利益が相反することなど現実的には少ないのかもしれません。

しかし，以下に挙げるとおり，法制度上，複数の場面で，参加法人と連携推進法人の利益相反が生じるケースが想定できます。

① 連携推進法人は，「正当な事由」がある場合は，社員総会の決議によって，参加法人の除名をすることができます（一般社団財団法30条1項）。この場合において，当該参加法人が，「正当な事由」の不存在や除名手続の違法性等を主張し，除名の効力を争うならば，参加法人と連携推進法人の利益が相反することになります。

② 参加法人は，一定の要件の下，役員に対する責任追及の訴えを提起することができます（一般社団財団法278条）。その際，連携推進法人は，役員側と参加法人側のいずれか一方の当事者の味方として，訴訟に参加することができます（一般社団財団法280条）。

　ここで，連携推進法人が，役員側の味方として訴訟に参加した場合には，参加法人と連携推進法人の利益が相反することになります。

③　連携推進法人は，連携推進業務の一環として，参加法人に対する資金の貸付けや，債務保証をすることができます（法70条2項3号，施行規則39条の3）。

　　この場合において，①貸付金の返済がなされなかったり，②連携推進法人が保証債務を履行し，参加法人に対して求償を求めたりすることになれば，参加法人と連携推進法人の利益が相反することになります。

④　参加法人は，一定の重要事項を決定する際は，あらかじめ連携推進法人に対して意見を求める必要があります（法70条の3第1項17号）。

　　これに対して，連携推進法人から反対意見が述べられた場合は，連携推進法人と参加法人との間で，双方の立場から議論を重ねる必要があるかと思われます。

このように，連携推進法人と参加法人の利益が相反するリスクがある以上，多くの弁護士は，参加法人の顧問弁護士と連携推進法人の顧問弁護士とを兼任するのは差し控えるものと思われます。

そのため，連携推進法人と参加法人は，それぞれ別々の顧問弁護士を確保する必要がありますが，医業経営に精通した弁護士は，全国的に見てもそれほど多くないのが実情です。

この点につき，一般社団法人日本中小企業経営支援専門家協会（JPBM）の医業経営部会では，弁護士や公認会計士，税理士等の9士業からなる参加会員及び関連企業との間で勉強会等を重ね，連携推進法人制度等に関する研究を続けてきました。

同会で研鑽を積んできた弁護士は，いずれも連携推進法人や参加法人に対して，適切な法的サービスを提供できるものと考えます。

また，近年は，公益社団法人日本医業経営コンサルタント協会（JAHMC）が認定する「医業経営コンサルタント」の資格を取得する弁護士も増えてきています。こうした弁護士が連携推進法人や参加法人の運営に関与することにより，法令遵守・紛争予防という視点に止まらず，戦略的な医業経営という視点も加味した上でのアドバイスを受けることも可能になります。

（弁護士法人東法律事務所　東　健一郎）

Ⅶ　会計の重要事項

Ⅶ-1　連携推進法人の会計の基準

 Q1 連携推進法人の主要な参加法人社員となる医療法人ですが，医療法人会計基準のほか，連携推進法人の会計基準やポイントを教えて下さい。

■ポイント

> 連携推進法人の会計基準は，平成29年3月21日発布され，同日付で，その留意事項，運用指針が医政局長通知で発遣。医療法人会計基準（企業会計）に近い（リース取引，退職給付引当金など）ものですが，子会社株式の評価などもあります。

 A 連携推進法人の会計については，19の認定基準の2番目に，次のように規定化されていることを承知すべきです。

〔② 連携推進業務を行うのに必要な経理的基礎，技術的能力を有すること。〕
（第1章・Ⅶ-Q4参照）

　医療法の公布，施行などは既に説明が済んでおりますので省略しますが，連携推進法人の省令・通知は時系列に次のように発布されています。

- 平成29年2月17日（医政発0217第16号：医政局長）「地域医療連携推進法人制度について」
- 同日（医政支発0217第3号：医療経営支援課長）「地域医療連携推進法人の事業報告書等の様式について」
- 平成29年3月21日（厚生労働省令第19号）「地域医療連携推進法人会計基準」
- 同日（医政発0321第5号）「地域医療連携推進法人会計基準適用上の留意事項並びに財産目録，純資産変動計算書及び附属明細表の作成方法に関する運用指針」（第1章・Ⅶ-Q2参照）

以下，主なポイントを列挙して示します。

(1) 事業報告書等の様式（第4章・Ⅴ参照）に新設された主なもの

　イ．参加法人の概要（病院等，介護施設等）のほか事業の概要

　ロ．評議会による業務評価，その対応状況

　ハ．関係事業者との取引状況報告書（法人と個人）

　ニ．資金の貸付，債務の保証，基金を引受ける者の募集報告書

　ホ．出資状況の報告書

(2)　連携推進法人会計の基準

　イ．貸借対照表・損益計算書は原則としてこの省令で作成

　ロ．重要な会計方針の明示

　　●資産の評価基準及び評価方法　●固定資産の減価償却の方法

　　●引当金の計上基準　　　　　　●消費税等の会計処理の方法

　　●その他，書表作成の基本となる重要な事項

　　●基金，積立金

　ハ．貸借対照表等に関する注記

　　●継続事業の前提事項　　　　　●担保資産の事項

　３月末日決算の一般社団法人が，期の途中で連携推進法人の認定を受けた場合，その会計年度（４月１日から翌年３月31日まで）において，これら（次の運用指針をふくむ）基準に従った財務諸表の作成が必要です。なお，すべての連携推進法人は，その会計年度から公認会計士等の監査が義務付けられています。

(3)　運用指針（前述(1)および(2)をふくむ）の主なもの

　イ．重要な会計方針

　ロ．退職給付会計における退職給付債務

　　　原則，数理計算を基準。例外的に職員数300人未満のケースや，それによりがたいケースでは例外的方法も可。

　ハ．純資産変動計算書の作成

　ニ．財産目録の作成

　ホ．附属明細表の作成

　特に(3)で示しました運用指針は，公認会計士等の監査の指針（基準）になるものです。いきなり認定された当該年度に外部監査を受けることになりますと「経理的基礎，技術能力」に不安が残り，この指針の違反とならないように，その認定を受ける前の会計期の準備期間中に短期調査（または任意監査）による指導を受けられることをおススメします。

　第３章・Ⅴ-Q1を参照して下さい。

（Ｇ-Net　松田紘一郎）

Ⅶ-2 **連携推進法人の会計運用指針**

Q2 連携推進法人には，医療法人と同じような会計の運用指針があるようですが，同じもの，ちがうものに分けて教えて下さい。

■ポイント

> 公認会計士または監査法人が医療法人と連携推進法人に対して行う会計監査の基準となるものが2つの運用指針。全く（ほぼ）同じもの，全く異なるものがあります。

A 「医療法人会計基準適用上の留意事項並びに財産目録，純資産変動計算書及び附属明細表の作成方法に関する運用指針」（医政発0420第5号　平成28年4月20日医政局長通知），また，連携推進法人会計基準に係るものとして「地域医療連携推進法人会計基準適用上の留意事項並びに財産目録，純資産変動計算書及び附属明細表の作成方法に関する運用指針」（医政発0321第5号　平成29年3月21日医政局長通知）が発遣され，公認会計士または監査法人の会計監査の基準とされています。

　全く（ほぼ）同じものが18項目，全く異なる処理等を要求しているものが8項目あり，前者は項目のみ説明し，後者は連携推進法人を中心に相違点を説明します。

(1) 全く（ほぼ）同じもの

① 本運用指針　　医療法人に外部監査義務化法人の定義を示します。

② 重要な会計方針に記載する事項について

③ 貸借対照表の様式について

④ 棚卸資産の評価方法等について

⑤ 減価償却の方法等について

⑥ リース取引の会計処理について

⑦ 引当金の取扱いについて

⑧ 税効果会計の適用について

⑨ 経過勘定項目について

⑩ 基本財産の取扱いについて

⑪ 積立金の区分について

医療法人に，次が追加されていますが，連携推進法人はありません。

「医療法人の設立等に係る資産の受贈益の金額及び持分の定めのある医療法人が持分の定めのない医療法人へ移行した場合の移行時の出資金の金額と繰越利益積立金等の金額の合計額を計上した設立等積立金」

⑫　補助金等の会計処理について

連携推進法人に，次の＿（アンダーライン）が追加されています。

「なお，補助金等の会計処理方法は，会計基準第3条第5号の事項として注記するものとし，補助金等に重要性がある場合には，補助金等の内訳，交付者及び貸借対照表等への影響額を会計基準第17条第8号の事項として注記する。

この場合の「補助金等」とは，補助金，負担金，利子補給金及びその他相当の反対給付を受けない給付金等をいう。なお，補助金等には役務の対価としての委託費等については含まない。」

⑬　継続事業の前提に関する注記について

⑭　重要な偶発債務に関する注記について

⑮　重要な後発事象に関する注記について

⑯　関係事業者に関する注記について（Q3で記載）

⑰　貸借対照表等注記事項について

⑱　純資産変動計算書について（純資産増減計算内訳表について Q5で記載）

(2)　連携推進法人を中心とした相違点

①　退職給付会計における退職給付の期末要支給額による算定について（医療法人会計等の運用指針）

「退職給付引当金は，退職給付に係る見積債務額から年金資産額等を控除したものを計上するものとする。当該計算は，退職給付に係る会計基準（平成10年6月16日企業会計審議会）に基づいて行うものであり，下記事項を除き，企業会計における実務上の取扱いと同様とする。

イ　本会計基準適用に伴う新たな会計処理の採用により生じる影響額（適用時差異）は，通常の会計処理とは区分して，本会計基準適用後15年以内の一定の年数又は従業員の平均残存勤務年数のいずれか短い年数にわたり定額法により費用処理することができる。

ロ　前々会計年度末日の負債総額が200億円未満の医療法人においては，簡便法を適用することができる。

　　なお，適用時差異の未処理残高及び原則法を適用した場合の退職給付
　引当金の計算の前提とした退職給付債務等の内容は，会計基準
　　第22条第8号の事項として注記するものとする。
（連携推進法人会計の運用指針）
　　「退職給付会計の適用に当たり，退職給付の対象となる職員数が300人未
満の地域医療連携推進法人のほか，職員数が300人以上であっても，年齢
や勤務時間に偏りがあるなどにより数理計算結果に一定の高い水準の信頼
性が得られない地域医療連携推進法人や，原則的な方法により算定した場
合の額と期末要支給額との差異に重要性が乏しいと考えられる地域医療連
携推進法人においては，退職一時金に係る債務について期末要支給額によ
り算定することができる。」
　②　子会社株式の評価について
連携推進法人には，次の規定がありますが，医療法人にはありません。
「時価を把握することが極めて困難と認められる子会社株式については，発
行会社の財政状態の悪化により実質価額が著しく低下したときは，相当の減額
をなし，評価差額は当期の損失として処理するとともに，当該実質価額を以降
の取得価額とする。」
　③　特別損益の部における特別利益又は特別損失に属する項目について
連携推進法人には，次の規定がありますが，医療法人には「事業損益の区
分」と「事業損益と事業外損益の区分」はありますが，この規定はありません。
「特別損益の部における特別利益又は特別損失に属する項目には，臨時的項
目及び過年度修正項目がある。
　なお，特別利益又は特別損失に属する項目であっても，金額の僅少なもの又
は毎期経常的に発生するものは，経常損益の部に記載することができる。」
　④　経常費用における事業費と管理費の区分について
連携推進法人には，次の規定がありますが，医療法人にはありません。
「事業費には「事業の目的のために直接要する費用」を計上する。
　管理費には「事務局経費など，各種の事業の管理等をするため，法人全体に
共通して発生する費用又は法人運営のために毎年度経常的に要する費用」を計
上する。」

⑤　参加法人との取引に関する注記について

連携推進法人には，次の規定がありますが，医療法人にはありません。

「当該地域医療連携推進法人が参加法人と行う取引の内容について，経常収益，経常費用，特別利益，特別損失，金銭債権及び金銭債務の額を会計基準第17条第7号の事項として参加法人ごとに注記しなければならない。なお，注記する事項について，主要な勘定科目別の額を記載することができる。」

⑥　財産目録について

医療法人の簡易なものと異なり，次のように詳しい記載が求められています。

「財産目録は，当該会計年度末現在におけるすべての資産及び負債につき，価額及び必要な情報を表示する。

財産目録は，貸借対照表の区分に準じ，資産の部と負債の部に分かち，更に資産の部を流動資産及び固定資産に，負債の部を流動負債及び固定負債に区分して，純資産合計の額を表示する。「貸借対照表科目」には，「現金」「土地」等を，「場所・物量等」には「手持保管」「○○市○○町○○」等を，「使用目的等」には「運転資金として」「医療連携推進目的保有財産であり，○○事業に使用している」等を記載する。

財産目録の価額は，貸借対照表記載の価額と同一とする。

財産目録の医療連携推進目的取得財産残額の額は，純資産増減計算内訳表の医療連携推進業務会計の期末純資産残高と同額を記載すること。」

⑦　附属明細表について

医療法人で5つの明細表の作成が求められていますが，連携推進法人では，次のように3種類になっています。（様式第五号，様式第六号，様式第七号参照）

　　イ　有形固定資産等明細表　　　　ロ　引当金明細表
　　ハ　純資産増減計算内訳表

⑧　純資産変動計算書と純資産増減内訳表について

医療法人のそれより詳しくなっており，Q5で示します。

（G‐Net　松田紘一郎）

Ⅶ-3　関係事業者取引

Q3 関係事業者との取引の注記について，連携推進法人にも医療法人と同じような規程が設けられたようですが，内容，違いを教えて下さい。

■ポイント

> 連携推進法人の関係事業者取引との注記は，運用指針に示されましたが，医療法人のそれとほぼ同じ内容です。違いは，参加法人との取引も対象とされたことです。

A 地域医療連携推進法人会計基準適用上の留意事項並びに財産目録，純資産変動計算書及び附属明細表の作成方法に関する運用指針（医政発03.21第5号　平成29年3月21日医政局長通知）として，次のように発遣されています。医療法人の関係事業者に関する規定とほぼ同じですが，＿（アンダーライン）の部分が追加されています。

　ここで注意すべきは，この規定に従って会計処理等が行われるべきで，監事や公認会計士または監査法人の監査対象になることです。

20　関係事業者に関する注記について
　　法第70条の14の規定により準用する第51条第1項に定める関係事業者との取引（※）について，次に掲げる事項を関係事業者ごとに注記しなければならない。なお，参加法人との取引についても，対象外となるわけではない。
　① 当該関係事業者が法人の場合には，その名称，所在地，直近の会計期末における総資産額及び事業の内容
　② 当該関係事業者が個人の場合には，その氏名及び職業
　③ 当該地域医療連携推進法人と関係事業者との関係
　④ 取引の内容
　⑤ 取引の種類別の取引金額
　⑥ 取引条件及び取引条件の決定方針
　⑦ 取引により発生した債権債務に係る主な科目別の期末残高
　⑧ 取引条件の変更があった場合には，その旨，変更の内容及び当該変更が計算書類に与えている影響の内容
　　ただし，関係事業者との間の取引のうち，次に定める取引については，上記の注記を要しない。
　　イ　一般競争入札による取引及び預金利息その他取引の性格からみて取引条件が一般の取引と同様であることが明白な取引
　　ロ　役員に対する報酬，賞与及び退職慰労金の支払い

※　関係事業者とは，当該地域医療連携推進法人と②に掲げる取引を行う場合における①に掲げる者をいうこと。

① 当該地域医療連携推進法人と②に掲げる取引を行う者

　イ　当該地域医療連携推進法人の役員及び社員又はその近親者（配偶者又は二親等内の親族）

　ロ　当該地域医療連携推進法人の役員及び社員又はその近親者が代表者である法人及び地域医療連携推進法人から出資を受けている事業者

　ハ　当該地域医療連携推進法人の役員及び社員又はその近親者が，株主総会，社員総会，評議員会，取締役会，理事会の議決権の過半数を占めている法人

　ニ　他の法人の役員が，当該地域医療連携推進法人の社員総会，理事会の議決権の過半数を占めている場合の他の法人

　ホ　ハの法人の役員が，他の法人（当該地域医療連携推進法人を除く。）の株主総会，社員総会，評議員会，取締役会，理事会の議決権の過半数を占めている場合の他の法人

② 当該地域医療連携推進法人と行う取引

　イ　経常収益又は経常費用の額が，1千万円以上であり，かつ当該地域医療連携推進法人の当該会計年度における経常収益の総額又は経常費用の総額の10パーセント以上を占める取引

　ロ　特別利益又は特別損失の額が，1千万円以上である取引

　ハ　資産又は負債の総額が，当該地域医療連携推進法人の当該会計年度の末日における総資産の1パーセント以上を占め，かつ1千万円を超える残高になる取引

　ニ　資金貸借及び有形固定資産の売買その他の取引の総額が，1千万円以上であり，かつ当該地域医療連携推進法人の当該会計年度の末日における総資産の1パーセント以上を占める取引

　ホ　事業の譲受又は譲渡の場合にあっては，資産又は負債の総額のいずれか大きい額が1千万円以上であり，かつ当該地域医療連携推進法人の当該会計年度の末日における総資産の1パーセント以上を占める取引

　ヘ　事業の譲受又は譲渡の場合にあっては，資産又は負債の総額のいずれか大きい額が，1千万円以上であり，かつ当該医療法人の当該会計年度の末日における総資産の1パーセント以上を占める取引

（注）　＿（アンダーライン）は筆者で，「社員」が，「関係事業者」（法人，個人をふくむ）に該当する場合には，事業報告書等の別添2「関係事業者との取引の状況に関する報告書」の関係事業者との関係欄に，「社員である旨及び当該社員の有する地域医療連携推進法人の議決権の割合を記載すること。」とされています。

（G‐Net　松田紘一郎）

Ⅶ-4 経理的技術水準

Q4 連携推進法人の認定基準に「経理的基礎及び技術的能力」があります が，この意味および参加法人にも求められるかを教えて下さい。

■ポイント

> 連携推進法人は，少なくとも２以上の参加法人から構成される一 般社団法人で，会費等負担の義務化もあり，適切で透明性の高い 経理を行うことは必要不可欠でありましょう。参加法人等への基 準は明確でありませんが，必要なことと思われます。

1 一般的事項

連携推進法人は，20におよぶ認定基準（法70条の３）の２番目で， 次に該当することを求めています。

「連携推進業務を行うのに必要な経理的基礎，技術的な能力を有すること」 とされ，経理的基礎とは，財務基盤の確立，経理処理，財産管理が適正であり， 技術的能力とは，業務実施のための技術，専門的人材や設備等の能力が確保さ れていること（平成29年２月17日　医政発0217第16号）とされています。

次の３番目に「連携推進業務を行うに当たり，当該一般社団法人の社員，理 事，監事，職員その他政令で定める関係者（同族関係のある親族など）に対し 特別の利益を与えないこと」が規定化されています。

さらに，「資金の貸付等」は，当該特別の利益に該当しない（施行令５条の15 の２関係）ともされていますが，これらは，内部統制によるガバナンスの確立 を前提にした，当然ともいえる経理が確立し，それらを適切に峻別できうる能 力と経理システムがあることを示しています。

一方で会費等（通常経費，事業費）は，連携推進法人の定款記載を条件に社 員に対し義務化が可能ですが，どのように「公平」に分担するのか，基準は決 められていません。

連携推進法人は，大きな医療法人の「法人本部」的なイメージで作られてい ますが，法人本部は直接に収益や利益を生み出しません。

そこで連携推進業務の事業費率が50％であることとされ（前述の通知），Q5 で示す，純資産増減内訳表で次のように規定化されます。

純資産増減計算内訳表	
①	医療連携推進業務会計の経常費用計
②	その他業務会計の経常費用計
③	法人会計の経常費用計
事業費率　＝　①／（①＋②＋③）	

　つまり，連携推進法人とともに参加法人にも，それらの技術的能力が求められて運用されなければ（丼勘定），会費等負担を巡って内部崩壊のおそれさえあると考えています。

　一例を示しましょう。連携推進業務の中に，医療従事者の資質の向上を図るための共同研修とともに人事交流があり，その１つのパターンである「在籍型出向」は，労働契約法14条により出向命令に対する規制もありますが，一般に次図のようになされます。（第３章・Ⅱ–Q4参照）

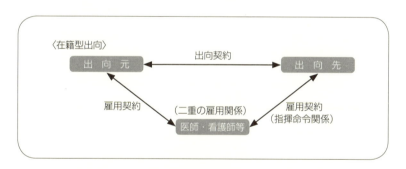

　ここでは，労務法制にふれずに経理面からだけとらえます。

　出向元は，出向者の賃金保障をして給付を負担しますが，出向先に債権が発生します。出向先は，その出向契約による債務を負担します。これが双方で適切に経理されないと連携推進業務は崩壊するはずです。

　さらに純資産変動計算（内訳）表の事業毎の区分掲記（Q5参照）が求められており，高度の会計能力が必要でしょう。

2　Q&A：事務連絡

　厚生労働省医政局医療経営支援課が，平成29年４月20日事務連絡として示し

た（一部は，本文に組み込み）連携推進法人の会計基準 Q&A（別添２）９項目をそのまま次に示します。

(1) 【会計年度】

> Q1　３月31日決算日の一般社団法人が，Ｘ１年10月１日に地域医療連携推進法人の認定を受けた場合，Ｘ１年４月１日からＸ１年９月30日まででいったん会計年度を区切って決算処理をしなければならないか。

　　A　当該会計年度において，地域医療連携推進法人の認定の前後の期間を通算して財務諸表を作成する。

(2) 【地域医療連携推進法人会計基準の適用】

> Q2　３月31日決算日の一般社団法人が，従来から公益法人会計基準を適用してきたところ，Ｘ１年10月１日に地域医療連携推進法人の認定を受けた。この場合，認定を受けた以降の期間（Ｘ１年10月１日以降の期間）について地域医療連携推進法人会計基準を適用することになるのか，それとも，認定を受けた会計年度の期首（Ｘ１年４月１日）に遡って地域医療連携推進法人会計基準を適用することになるのか。

　　A　地域医療連携推進法人として認定を受けた一般社団法人については，地域医療連携推進法人会計基準（平成29年３月21日厚生労働省令第19号）第１条の規定により，地域医療連携推進法人会計基準の適用が義務付けられるため，地域医療連携推進法人の認定を受けた会計年度の期首（Ｘ１年４月１日）から地域医療連携推進法人会計基準を適用することになる。

　　地域医療連携推進法人の認定を受けるまでの期間の損益は，内容に応じて，その他業務会計または法人会計に適切に区分経理することになる。なお，地域医療連携推進法人への移行を検討している一般社団法人については，あらかじめ地域医療連携推進法人会計基準の適用を想定して区分経理しておくことが望まれる。

(3) 【公認会計士等による監査の対象法人】

> Q3 地域医療連携推進法人はすべて公認会計士等による監査を受けなければ
> ならないのか。医療法人のように規模等による基準はないのか。

　A　地域医療連携推進法人は，その財政規模にかかわらず，すべて外部監査の
導入が義務付けられる。

(4) 【公認会計士等による監査の対象期間】

> Q4　3月31日決算日の一般社団法人が，X1年10月1日に地域医療連携推進
> 法人の認定を受けた場合には，監査の対象となる会計期間はどうなるのか。
> 認定を受けた年度であるX1年4月1日からX2年3月31日までの1年間
> 全体が監査の対象となるのか。

　A　地域医療連携推進法人の認定を受けた年度であるX1年4月1日からX2
年3月31日までの1年間全体が監査の対象となる。なお，地域医療連携推進
法人へ移行を検討している一般社団法人については，あらかじめ監査を委嘱
する公認会計士又は監査法人を選定しておくことが望ましい。

(5) 【税務上の取り扱い】

> Q5　地域医療連携推進法人は認定基準からは非営利型一般社団法人として収
> 益事業課税となると思われるが、今後、公益（社団）法人のような税制優
> 遇（地域医療連携推進事業の非課税等）が整備される方向で調整される予
> 定はあるのか。

　A　地域医療連携推進法人自体の税制優遇措置の予定はない。
　地域医療連携推進法人は一般社団法人であり，法人税等は普通課税となる
が，一方で，地域医療連携推進法人の認定上，剰余金の分配禁止，関係者へ
の利益供与の禁止，役員の同族制限などの要件を満たしていることから，法
人の意思により，残余財産の帰属等に関しても法人税法上の要件を満たした
上であれば，「非営利型一般社団法人」となる可能性は高い。また，公益社
団法人となることも可能であり，地域医療連携推進法人のあり方やその業務

の内容に応じて，法人ごとに検討いただきたい。

(6)　【貸借対照表の内訳表の作成】

> Q6　純資産増減計算書内訳表を正確に作成するためには，貸借対照表を医療
> 連携推進業務会計，その他業務会計，法人会計に区分して作成しておく必
> 要はないか。

A　地域医療連携推進法人会計基準適用上の留意事項並びに財産目録，純資産
変動計算書及び附属明細表の作成方法に関する運用指針（平成29年3月21日
付医政発0321第5号厚生労働省医政局長通知）において，純資産増減計算内
訳表における収益及び費用の事業区分の考え方を示しており，この考え方に
従って純資産増減計算内訳表を作成することになる。なお，内部管理上の処
理として，貸借対照表科目についても会計毎に区分経理することを妨げるも
のではない。

(7)　【会計上の変更及び過去の誤謬の修正】

> Q7　地域医療連携推進法人は，会計上の変更及び誤謬の訂正に関する会計基
> 準（企業会計基準第24号平成21年12月4日企業会計基準委員会）は適用さ
> れるのか。

A　会計上の変更及び誤謬の訂正に関する会計基準は必ずしも適用することを
求められているものではないが，地域医療連携推進法人会計基準を適用する
以前から会計上の変更及び誤謬の訂正に関する会計基準がすでに適用されて
いる場合には，継続適用を否定することまで求めるものではない。
　また，会計上の変更及び誤謬の訂正に関する会計基準に限らず，地域医療
連携推進法人会計基準に記載のない会計基準について，適用しないことによ
り財務諸表の利用者が誤解を招く恐れがある場合には，適用の必要性につい
て監査人と十分協議することが必要となる。

(8)　【資産除去債務に関する会計基準】

> Q 8　地域医療連携推進法人は，資産除去債務に関する会計基準（企業会計基準第18号平成20年３月31日企業会計基準委員会）は適用されるのか。

　A　企業会計では，資産除去債務を負債に計上するとともに，これに対応する除去費用を有形固定資産の取得原価に算入し，当該除去費用は減価償却を通じて費用配分される会計処理が導入されている。資産除去債務に関する会計基準は必ずしも適用することを求められているものではないが，地域医療連携推進法人会計基準を適用する以前から資産除去債務に関する会計基準がすでに適用されている場合には，継続適用を否定することまで求めるものではない。

　　また，資産除去債務に関する会計基準に限らず，地域医療連携推進法人会計基準に記載のない会計基準について，適用しないことにより財務諸表の利用者が誤解を招く恐れがある場合には，適用の必要性について監査人と十分協議することが必要となる。

　さらに(9)で出資（法70条の８第２項）した子会社に係る収益のうち，医療連携推進業務会計に計上する額は，全額を医療連携推進業務会計に計上すると示されています。

（G – Net　松田紘一郎）

Ⅶ-5　純資産増減計算内訳表

Q5 連携推進法人に純資産増減計算内訳表が新設され，かなり複雑だと聞きました。その内容・様式を教えて下さい。

■ポイント

> 純資産増減計算内訳表は，３種類の附属明細表の１つであり，３会計区分に分けて計上が求められており，経理技術的な能力が必要となります。

A 内訳表は，損益計算書の科目および基金の増減ならびに純資産の残高について，医療連携推進事業に関する会計（医療連携推進業務会計），その他の事業に関する会計（その他業務会計）および管理業務のうち医療連携推進業務会計またはその他業務会計に計上するもの以外のものに関する会計（法人会計）の３つに区分して表示します。

法70条の９の規定に留意し，医療連携推進目的事業財産の増減は，医療連携推進業務会計の区分に計上することとなります。

また，法70条の９において読み替えて準用する次の公益認定法18条の規定によることとなります。

地域医療連携推進法人は，次に掲げる財産（以下「医療連携推進目的事業財産」という）を法70条２項に規定する連携推進業務を行うために使用し，または処分しなければなりません。ただし，厚生労働省令※で定める正当な理由がある場合は，この限りではありません。

※施行規則39条の17　法70条の９において読み替えて準用する公益社団法人及び公益財団法人の勘定等に関する法律（以下「公益認定法」という）18条に規定する厚生労働省令で定める正当な理由がある場合は，次に掲げる場合となります。

一　善良な管理者の注意を払ったにもかかわらず，財産が滅失または毀損した場合

二　財産が陳腐化，不適応化その他の理由によりその価値を減じ，当該財産を破棄することが相当な場合

三　当該地域医療連携推進法人が公益認定法４条の規定による認定を受けた法人である場合

　連携推進業務会計の○○事業，□□事業は，法70条2項1号研修に関する業務に係る事業を「研修事業」とする等各法人において実施しているものを記載して，それぞれの収益・費用等を計上すること。その他業務会計についても，同様に記載すべきです。

　事業区分について，管理費のうち，法人全体に共通して発生するものは適当な配賦基準を定めて各会計区分に配賦し，連携推進業務のうち，参加病院等または施設の相互間の連絡調整に関する業務等に係る収益および費用は連携推進業務会計の共通区分に計上すること。社員総会，理事会等の開催経費，法人登記に関する費用その他法人運営のための費用は法人会計に計上すること。事業の配賦基準は，前述 Q4 を参照して下さい。

様式第七号
地域医療連携推進法人名 _____
所在地 _____

純資産増減計算内訳表

（平成___年___月___日から平成___年___月___日まで）

（単位：円）

科目	医療連携推進業務会計				その他業務会計				法人会計	合計
	○○事業	□□事業	共通	小計	△△事業	◇◇事業	共通	小計		
1．経常損益の部										
（1）経常収益										
事業収益										
受取会費										
受取補助金等										
受取寄付金										
受取利息										
雑収益										
経常収益計										
（2）経常費用										
事業費										
（科目省略）										
管理費										
（科目省略）										
経常費用計										
経常利益										
2．特別損益の部										
（1）特別利益										
固定資産売却益										
特別利益計										
（2）特別損失										
固定資産売却損										
特別損失計										
他会計振替額										
税引前当期純利益										
法人税，住民税及び事業税										
法人税等調整額										
当期純利益										
基金増減額										
期首純資産残高										
期末純資産残高										

（作成上の留意事項）
• 表中の勘定科目については，不要な科目は削除しても差し支えないこと。また，別に表示することが適当であると認められる科目については，追加することができるものとする。

（G－Net　松田紘一郎）

Ⅶ-6　財産目録

Q6 連携推進法人の財産目録が全く変わったようですが、その内容や様式を教えて下さい。

■ポイント

> 医療法人の財産目録が、資産・負債の区分のみを示し結果として純資産を示すものに対し、連携推進法人のものは、すべての資産および負債の価額と必要な情報（科目、場所、物量等）を表示すること。

A 新しく規定化された連携推進法人の財産目録は、当該会計年度末現在におけるすべての資産および負債につき、価額および必要な情報を表示するものです。

　財産目録は、貸借対照表の区分に準じ、資産の部と負債の部に分かち、さらに資産の部を流動資産および固定資産に、負債の部を流動負債および固定負債に区分して、純資産合計の額を表示します。これから以降が新設、すなわち「貸借対照表科目」には、「現金」「土地」等を、「場所・物量等」には「手持保管」「○○市○○町○○」等を、「使用目的等」には「運転資金として」「医療連携推進目的保有財産であり、○○事業に使用している」等を記載します。

　財産目録の価額は、貸借対照表記載の価額と同一となります。

　財産目録の連携推進目的取得財産残額の額は、純資産増減計算内訳表の連携推進業務会計の期末純資産残高と同額を記載すること。

　連携推進目的取得残額は、附属明細表の1つとしてQ5で示しました純資産増減計算内訳表の連携推進業務会計から、その期末残高と一致するはずです。つまり、連携推進法人の損益計算は、連携推進業務会計とその他業務会計に分けて行われなければ、この結果は算出できず、Q4で示した「経理的基礎、技術能力」が必要となる所以です。

　このような一般的な用い方のほか、株式会社立病院の非営利事業（第2章・Ⅰ-Q5）、個人病院の非営利化（第3章・Ⅰ-Q4）の「分離」する際の財産目録としても用いるべきでしょう。

様式第四号

地域医療連携推進法人名 _____

所在地 _____

財 産 目 録

（平成＿＿年＿＿月＿＿日　現在）

（単位：円）

貸借対照表科目	場所・物量等	使用目的等	金額
（流動資産）			
流動資産合計			
（固定資産）			
固定資産合計			
資産合計			
（流動負債）			
流動負債合計			
（固定負債）			
固定負債合計			
負債合計			
純資産			
うち医療連携推進目的取得財産残額			

（G－Net　井上輝生）

参加法人社員と社員・業務等

この章は，第1章を受けて連携推進法人の社員，連携推進業務，その定款，諸則，メリットデメリットを次のⅠ～Ⅳ4つの大項目に分けて，それぞれ6個，全部で24のQ&Aにより示しております。

　　Ⅰ　連携推進法人の社員（Q&A6つ）
　　Ⅱ　連携推進法人の業務（Q&A6つ）
　　Ⅲ　連携推進法人の定款・諸則（Q&A6つ）
　　Ⅳ　参加法人等のメリット・デメリット（Q&A6つ）

当然のことながら第1章のQ&Aと，一部ではありますが重複することもありえます。特にメリット・デメリットは現況（短期視点）から記載していますが，長期的な視点，あるいは立場を変えると逆転することもありえます。さらに第3章で，医療介護界に係わる企業・法人等により，さらに深く実務化されたQ&Aにより，それらの課題を示すものとなっています。

この章で設問されたQ&Aは，法・政省令や通知を基盤としますが，実務の中での経験や知見も記述されておりますので，この章の4つの大項目に関連して示される24のQ&Aで連携推進法人の理解を深められることを期待しています。

I　連携推進法人の社員

I-1　連携推進法人と医療法人の社員

Q1 連携推進法人の創設で，何故欧米のような「公益財団法人」制度が採用されなかったのか，医療法人社団の社員との違いについて教えて下さい。

■ポイント

> 公益財団法人は，創設と運営の困難性，特に「収支相償」が地域に密着し継続的活動をする連携推進法人に合わないこと。医療法人（社団）の社員とは，社員となるものの要件で決定的に異なることを指摘できます。

A 　人（ひと）は，母の胎内から産れる自然人と，その自然人がつくった法制などにより人格を付与された法人からなります。

　自然人は，生物の一種として「産まれたからには，必ず死」が前提にあります（死生一定）が，法人には，原則として継続企業（Going Concern）の原理により，清算・解散はあるものの，自然人のような死はありません。百年を超え，何百年もの企業生命（いわゆる「老舗企業」）が現実に存在し活動していることで，それを証明しています。

　それを前提にQで，何故欧米の民間医療機関でとられている公益財団法人制度（例・メイヨファンデーション，第2章・I－Q6で示しましたTHE FOUNDATION OF HAWAII PACIFIC HEALTH：略称H・P・H）方式がとられなかったのかについて答えましょう。この制度の創設にあたり，厚生労働省の中で議論はあったようですが，法人格は，次に示す理由から一般社団法人方式となりました。

① 　わが国に寄附（拠出）による文化が少ないこと。

② 　仮に公益財団法人制度をとった場合，地域医療構想（344カ所の二次医療圏）の連携推進区域に1つないし2以上のものを創設していくことが次の理由から難しいこと。

　イ　公益事業比率などの創立の公共基準が厳しくつくりにくいこと

　ロ　収支相償（本業で利益を出さない）が制度になじまないこと

　ハ　役員会を構成する評議員会とチェック，監理組織である評議会がまぎらわしいこと

③　医療法人社団形態のものが第7次医療法改正で一般社団財団法を数多く
　　引用し類似性が多いこと。　　など

さて，そこで次にQの一部，医療法人（社団）の社員と連携推進法人の社員
との比較を示すことにします。

①　類似性は，いずれも社員として，最高意思決定機関である社員総会を構
　　成すること，社員としての任期は定められていないことです。

②　大きく違うところは，医療法人の社員は，その適格性について次のよう
　　に示しています。

　　イ　社員は社員総会において法人運営の重要事項についての議決権および
　　　　選挙権を行使する者であり，実際に法人の意思決定に参画できない者が
　　　　名目的に社員に選任されていることは適正でないこと

　　ロ　法人社員の場合は，法人名，住所，業種，入社年月日（退社年月日）
　　　　（なお，法人社員が持分を持つことは，法人運営の安定性の観点から適
　　　　当でないこと）

　　ハ　未成年者でも，自分の意思で議決権が行使できる程度の分別能力を有
　　　　していれば（義務教育終了程度の者）社員となることができる

さらに非適格性について，出資持分のある医療法人（社団）がH28年3月31
日現在：51,958法人中40,601法人（78.1％）あることから出資持分の定めがあ
る医療法人の場合，相続等により出資持分の払戻し請求権を得た場合であって
も，社員として資格要件を備えていない場合は社員となることはできないとさ
れています。（運営管理指導要綱Ⅰ．4.社員．2および備考を参照）。

一方，連携推進法人は，法人格を持つ社員が原則であり，個人開業医などは，
非営利を擬制した財務諸表を作成することとなっています。さらに出資持分あ
りの医療法人も同じように非営利の財務諸表をつくり配当を禁じていますが，
払戻し（実質配当による資金の流出）をした段階で，それが壊れ，社員たる地
位を失います。

これらのことは第1章・Ⅰ-Q4，Ⅱ-Q5，Q6，Ⅳ-Q6および第2
章・Ⅰ-Q2・Q3，Q5および第3章・Ⅰ-Q4を参照して下さい。

（G-Net　松田紘一郎）

I-2　参加法人となる者の開設主体

Q2 参加法人とは何ですか？　どのような法人であれば参加法人となることができますか？

■ポイント

> 参加法人は連携推進法人の中心的な社員です。参加法人となり得るのは，連携推進区域内で，①病院等を開設する法人，②介護事業等に係る施設等を開設・管理する法人ですが，営利を目的とする法人は除外されています。

A 医療法上，連携推進法人の社員となり得る主体は，「参加法人」と「地域において良質かつ適切な医療を効率的に提供するために必要な者として厚生労働省令で定める者」に限定されています。参加法人の有する議決権の合計は，総社員の議決権の過半を占めている必要があるため，社員総会にて重要な意思決定をする際は，参加法人の意見が重視されることになります。

参加法人となることで，連携推進法人から病院等に係る業務を行うために必要な資金の貸付けや債務保証を受けたり，一定の場合には病院間での病床数を調整したりすることが可能となります。

なお，参加法人は，一定の重要事項を決定する際は，あらかじめ連携推進法人に対して意見を求めることになります。

参加法人となり得る主体は以下の2つです（法70条1項）。いずれの法人であっても，営利を目的とする法人は除外されています。

①　病院等参加法人：連携推進区域において，病院等を開設する法人
②　その他参加法人：連携推進区域において，介護事業等に係る施設または事業所を開設し，または管理する法人
　　※　「介護事業等」には，薬局や見守り等の生活支援事業等が該当するものとされています。

病院等参加法人の頭数は2以上でなければならず，病院等参加法人の有する議決権の合計は，その他参加法人の有する議決権の合計を超えている必要があります（法70条の3第1項8号，施行規則39条の7第2号）。

前述したとおり，医療法上，株式会社等の営利を目的とする法人は，参加法

人となり得る主体から除外されています。

　しかし，平成29年 2 月17日医政局長通知（医政発0217第16号）では，株式会社立の病院等を開設する法人でも，機能の分担および業務の連携の推進を目的とする場合は，病院等参加法人に該当するとされています。

　ただし，この場合は，連携推進認定を受ける際に，以下の①および②のチェックを受ける必要があります。

　①　株式会社本体と分離した病院等単独の財務諸表の提出を当該法人から受ける等して，当該病院等が株式会社本体と経理上切り離されていること，剰余金が医業の範囲内で再投資される仕組みとなっていることを確認する。

　②　都道府県医療審議会において，以下の点につき，実態に基づいて慎重に判断する。

　　・当該株式会社立の病院等が地域において良質かつ適切な医療を効率的に提供するために必要な者と認められるか否か。

　　・当該株式会社が病院等の経営において営利を目的としているか否か。

　　・当該病院等が株式会社本体と経理上切り離されているか否か。

　また，株式会社が病院等参加法人となる場合であっても，当該株式会社本体の役員が，連携推進法人の役員を務める等して，当該連携推進法人の運営に関与するのは適当ではないとされています。

　他方，「地域医療連携推進法人制度について（Q＆A）」（平成29年 4 月20日医政局医療経営支援課事務連絡）では，株式会社立の薬局は「介護事業等」に含まれないとして，株式会社が，その他参加法人として関与することが一律に否定されています。

　このことから，株式会社が例外的に参加法人となり得るのは，あくまで病院等参加法人となる場合についてのみだと考えられます（第 2 章・Ⅰ - Q 3 ，Q 5 参照）。

（弁護士法人東法律事務所　東　健一郎）

⌐I-3⌐ 開設主体と社員

Q3 連携推進法人の参加法人社員となるもの，非参加で社員となりうるもの（国を除く）を病医院の開設主体別に主な増減を比較して下さい。

■ポイント

> 国を除く，病医院の開設主体は（その他の法人を加え）19あり，第5次改正時点と比較すると，病院総数−354院（病床で−50,219床）です。医療法人が5,763病院（全体の68.3％），病床数で862,585（全体の55.3％）で，いずれも増加傾向。別表に示した1～19のものは，条件はあるものの社員となりえます。

A 厚生労働省が毎年公表しています病医院開設実態調査の平成28年10月末日現在の施設数，病床数は，次ページの表のとおりです。

第5次改正・平成20年9月末日現在のものは，紙幅の制限もあり掲載を省略させていただきますが，（総数の増減），（医療法人の増減）は，表の下部に（注）として示しました。

これにより，8年の歳月はあるものの全体としての減施設，減床のなかで医療法人（病院）が，いずれも増加しており，医療法人が，わが国の医療界に占める大きさがわかります。

1から19までの医療機関は，「非営利性」等の条件はあるものの，全て参加法人社員，または参加法人にはなれない（ならない）が，病医院での社員となることは可能です。連携推進法人が，条件付きながら「地域医療を行う，オール日本」の医療機関を社員として認識していることがわかります。

民間医療機関（病院）の一部（医療法人を除く）を次に比較してみます。

		施設の増減	病床の増減
イ	公益法人	230院 （−166院）	57,425床 （−36,546床）
ロ	社会福祉法人	198院 （＋ 14院）	34,316床 （＋ 1,704床）
ハ	会社	42院 （− 27院）	10,019床 （− 3,988床）
ニ	個人	240院 （−247院）	24,165床 （−20,551床）

開設者別にみた施設数及び病床数

平成28年10月末現在

種別	病院		一般診療所		歯科診療所
	施設数	病床数	施設数	病床数	施設数
総数	8,441	1,560,469	101,584	103,104	68,966
国　厚生労働省	14	4,957	24	0	0
独立行政法人国立病院機構	143	54,691	0	0	0
国立大学法人	47	32,706	146	19	2
独立行政法人労働者健康安全機構	34	12,954	0	0	0
国立高度専門医療研究センター	8	4,205	2	0	0
独立行政法人地域医療機能推進機構	57	16,182	2	0	0
その他	24	3,492	369	2,210	3
1　都道府県	201	53,962	256	188	7
2　市町村	633	132,547	3,003	2,327	271
3　地方独立行政法人	97	38,291	22	17	0
4　日赤	92	36,200	212	19	0
5　済生会	79	21,867	53	0	1
6　北海道社会事業協会	7	1,785	0	0	0
7　厚生連	104	33,113	69	28	0
8　国民健康保険団体連合会	−	0	0	0	0
9　健康保険組合及びその連合会	9	1,934	309	0	2
10　共済組合及びその連合会	43	13,752	157	9	5
11　国民健康保険組合	1	320	17	0	0
12　公益法人	230	57,425	557	295	116
13　医療法人	5,753	862,585	41,237	75,275	13,441
14　私立学校法人	111	55,689	183	65	17
15　社会福祉法人	198	34,316	9,346	333	32
16　医療生協	83	13,789	314	267	51
17　会社	42	10,019	1,868	10	11
18　その他の法人	191	39,523	720	298	100
19　個人	240	24,165	42,718	21,744	54,907

（注）　（総数増減）	− 354	− 50,219	＋ 2,006	− 45,539	＋ 890
（医療法人の増減）	＋ 43	＋ 13,622	＋ 6,571	− 18,346	＋ 3,343

（20 開設主体）

（第 2 章・I−Q 2，Q 5，Q 6および第 3 章・I−Q 4を参照して下さい）

（G-Net　松田紘一郎）

I-4 　開設主体毎の非参加法人社員

Q4 連携推進法人で参加法人の要件は充足しつつも参加法人になりえないが，社員として参画できるものを，開設主体別に示して下さい。

■ポイント
> 地域医療により連携推進業務を行うものは，非営利性の条件等が付されるものの，全て（ほとんど）参加法人社員，非参加法人社員となりえます。医療法・省令・通知でそれを明示します。

A 　国を除く医療機関の開設主体は，前述Q3の「開設者別にみた施設数および病床数」（以下「Q3の表」という）で示しましたように19あります。他のQ&Aと重複すると思いますが，法・省令・通知で参加法人について次のような規定をしています。

(A)　法70条1項の社員

　イ　連携推進区域で病院等を開設する法人

　ロ　連携推進区域で介護事業等を開設・管理する法人

　Q3の表では，1から19の機関のうち，1，2，14および19の個人を除き全て（非営利等の基準の充足があることが条件）が，この参加法人に該当すると思われます。

(B)　施行規則39条の2　次に掲げる者で営利を目的としないもの

　イ　連携推進区域において病院等を開設する個人

　ロ　連携推進区域において介護事業等を開設・管理する個人

　ハ　法70条1項の法人（Q3の表の1から18まで）で，参加法人になることを希望しないもの

　ニ　連携推進区域において，大学医療従事者の養成機関を開設する者

　ホ　連携推進区域において，医療に関する業務を行う地方公共団体，その他一般社団法人が実施する連携推進業務を行う者

　Q3の表のうち，(A)で除かれました（条件はあるものの）1，2，14および19がふくまれることになり，17の会社（営利法人）が，これまではふくまれていません。一般社団法人について，条件はあるものの「ふくまれる」としており，公益社団法人も，当然にふくまれるものとみましたが，その議論より（条件付きながら）(A)イにふくめて考えるべきと思われます。

(C)　医政局長通知（医政発0217第16号）「第2　制度内容」の一部

　『「病院等を開設する法人」としては，医療法人，社会福祉法人，公益法人，NPO法人，学校法人，国立大学法人，独立行政法人，地方独立行政法人，地方自治体等が該当すること。また，株式会社立の病院等を開設する法人についても，機能の分担及び業務の連携の推進を目的とする場合は，これに該当すること。ただし，その場合は(3)なお書きに規定する財務諸表の確認や都道府県医療審議会の審議を経ること。

　「介護事業等」としては，介護事業だけでなく，薬局，見守り等の生活支援事業等が該当すること。「地域において良質かつ適切な医療を効率的に提供するために必要な者」としては，個人開業医，介護事業等を行う個人，参加法人になることを希望しない法人，大学等の医療従事者の養成機関の開設者，地方自治体，医師会，歯科医師会等が該当すること。また，認定申請の際には，(3)の基準に適合することを説明した書類，(4)に該当しないことを説明した書類等が必要となること。当該書類の様式等は，4(3)に示すものであること。

　連携推進法人の非営利性を確保する観点から，株式会社立の病院等を開設する法人が参加法人となる場合には，株式会社本体と分離した病院等単独の財務諸表の提出を当該法人から受ける等して，当該病院等が株式会社本体と経理上切り離されていること，剰余金が医業の範囲内で再投資される仕組みとなっていることを確認すること（第2章・Ⅰ-Q2，Q3，Q5参照）。

　なお，この観点から，株式会社本体の役員が当該一般社団法人の理事又は監事を務めること等によって当該一般社団法人の運営に関与することは適当でないこと。

　また，株式会社立の病院等を開設する法人が参加法人となる一般社団法人に対して，連携推進認定をする際には，都道府県医療審議会において，当該病院等が地域において良質かつ適切な医療を効率的に提供するために必要な者であること，当該株式会社は病院等の経営において営利を目的としていないこと，当該病院等が株式会社本体と経理上切り離されていることについて，実態に基づいて慎重に判断すること。』

（G-Net　松田紘一郎）

⎯ I-5 ⎯ 株式会社病院社員の非営利化

Q5 連携推進法人で参加法人の要件は充足しつつも参加法人になりえないが，社員として参画できるものを，株式会社経営の病院をふくめて示して下さい。

■ポイント

> 連携推進法人の参加法人社員は，非営利性が基本的基盤。参加法人社員となるためには，配当禁止を確実にするため，当該株式会社の取締役会（株主総会）で「分離」の承認をえて，資産，負債を○○病院事業に移し，所要の処置が必要です。

A 連携推進法人の参加法人は，非営利性を前提にするのが基本基盤であります（第1章・Ⅳ‑Q6参照）。

わが国で医療施設の少なかったころ，大会社の社員・家族のための福利厚生施設の1つとして病院がつくられ，それが地域住民の要請により受入れが広がっていったのが，ほとんどです。これらは医療法令の規制を受けつつプレイヤーとして公的保険制度のもとで非営利による地域医療を提供しているはずです。問題は，医療提供業務の結果として，利益（付加価値）が出て，それが院内の諸課題の解決のために投下されず，配当として社外流出（キャッシュ・アウト）されたり，みなし配当（例，役員の過大報酬，その本体業と経理の資金の不明確化など）的な弊害があることが指摘されてきました。

平成29年2月17日医政局長通知（医政発0217第16号）の第2，(1)①で「機能の分担及び業務の連携の推進を目的」とする場合には，参加法人の条件である「病院等を開設する法人」に該当するが，その(3)で次の条件が付加されています。

① 株式会社本体と分離した病院等単独の財務諸表の提出を当該法人から受ける等して，当該病院等が株式会社本体と経理上切り離されていること。

② 剰余金が医業の範囲内で再投資される仕組みとなっていることを確認すること。

③ 株式会社本体の役員が当該一般社団法人の理事または監事を務めること等によって当該一般社団法人の運営に関与することは適当でないこと。

　また，株式会社立の病院等を開設する法人が参加法人となる一般社団法人に対して，連携推進認定をする際には，都道府県医療審議会において，当該病院等が地域において良質かつ適切な医療を効率的に提供するために必要な者であること，当該株式会社は病院等の経営において営利を目的としていないこと，当該病院等が株式会社本体と経理上切り離されていることについて，実態に基づいて慎重に判断すること，としています。

　概括的な手順は，当該株式会社病院がその条件を満たすことを確認し合意形成をした後，取締役会，株主総会で「分離」の承認をえて病院事業の資産・負債を評価実査し財務諸表作成のための財産目録（第1章・Ⅶ-Q6参照）を分離して「病院事業会計」をつくり病院理事会名簿（案）を作成して，行うことになりましょう。

　経理処理は，株式会社で次の振替処理が最初に必要と思われます。

（○○病院事業）	×××	（現　　金）	×××
		（銀行預金）	×××
		：	×××
		（その他投資）	×××
（買　掛　金）	×××	（○○病院事業）	×××
：	×××		
（借　入　金）	×××		

　次に「病院事業会計」に受け入れるため反対仕訳をします。
　○○病院事業差額の貸方残額が，「分離」純資産の額となります。

　これにより，前述した財産目録が作成され，貸借対照表や損益計算書につながりますが，病院理事会（監事も設置）をつくり，預金等の名義は，院長（理事長）とすべきでしょう。さらに，非営利性の順守を基幹とする「○○病院規則」等を策定されるべきでしょう（第1章・Ⅲ-Q5参照）。

（G-Net　松田紘一郎）

I-6　社員の義務・共通標章

Q6 連携推進法人には，共通の標章の提示が義務化されたとか。当法人には，従来から固有の標章（ロゴマーク）を用いています。それを廃止して新たに作るのですか。義務化の意義を教えて下さい。

■ポイント

> 参加法人固有の標章（ロゴマーク）を廃止する必要はありません。共通標章は，参加法人の連携提携（アライアンス）のグループとして実体を示すもので，図表に限定せず，文字等で良いとされています。

A 連携推進法人は，病院等を直接経営することを除いて，アライアンス・グループとしての物理的実態を示すものはないといってよいでしょう。

しかし，参加法人は，アライアンスによる質の高い医療介護の提供および，たゆまない合理化の推進，それに地域包括ケアの基本的な担い手としての社会的責任を負担されています（第1章・Ⅱ−Q1，Q2，Column 3（156頁）参照）。

法70条の11は「参加法人は，その開設する参加病院等及び参加介護施設等に係る業務について，医療連携推進方針に沿った連携の推進が図られることを示すための標章を当該参加病院等及び参加介護施設等に掲示しなければならない。」と規定しています。

この義務化規定により，例えば，参加法人の固有ロゴと，連携推進法人が定めた連携推進の業務についてのグループとしての共通標章を併記するようになると思います。ただし，標章（ロゴマーク）については，当該地域医療連携推進法人が特定できるものであればよく，図案ではなく文字だけのものであっても構わないとされています。既存のロゴ等を廃止する必要はありません。

次に，ハワイの病院グループ（H・P・H）の共通標章を示します。

ハワイ・パシフィック・ヘルスの共通標章

　この標章に該当するかどうかですが，ハワイ州第2の医療グループ「ハワイ・パシフィック・ヘルス」（公益財団法人）の4病院（Kapiʻolani・PaliMomi・Straub・Wilcox）を中心とした共通ロゴを示します。

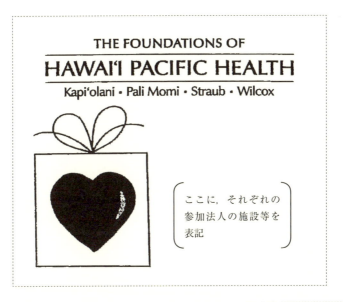

THE FOUNDATIONS OF
HAWAIʻI PACIFIC HEALTH
Kapiʻolani · Pali Momi · Straub · Wilcox

ここに，それぞれの参加法人の施設等を表記

　高度急性期・急性期医療を担うカピオラニ病院（産科・小児科など），パリモミ病院（心疾患系など），ストラブ病院（ガン・総合診療系など）およびウィルコック病院（外傷・整形系など）の4病院を中心に49クリニックおよび1,600人の提携医師（2014年4月現在）が共通の医療ICT（Information and Communication Technology）も活用したアライアンスを実施しています。

　ここではピンクの「ハートマーク」の鮮やかなロゴを用い，参加医療機関はこのロゴを付すことになっており，それを誇りに思っているようでした（第2章・Ⅰ-Q1参照）。

（G-Net　松田紘一郎）

Ⅱ　連携推進法人の業務

Ⅱ-1　連携推進業務のあらまし

Q1　連携推進法人の役割と基本的な業務の実施について教えて下さい。

■ポイント

> その基本的業務は，地域医療構想（計画）に基づく「5疾病・5事業及び在宅」のシームレスな地域への展開です。

A

1　連携推進法人が担う役割

　　連携推進法人は，医療連携推進区域において，参加法人の機能の分担及び業務の連携の推進等を図り，地域医療構想の達成及び地域包括ケアシステムの構築に資する役割を積極的に果たすよう努めることが求められています（法70条の7）。

　また，厚生労働省の通達においては，上記における連携推進法人の責務に関連して，連携推進法人において，以下の責務があるとしています。

・　地域医療構想を策定する地域医療構想調整会議等における，地域の医療・介護の情報を地域医療連携推進法人の運営に活用するとともに，医療過疎地域における医療等，それぞれの地域において必要な医療を提供できる体制を構築するよう努めること

・　健康管理から看取りまでできる体制を円滑に機能させるためにも，地域医療連携推進法人が，地域住民の医療等の相談に対応するような関係を築くこと。その責務は，次頁の表で示されますような第6次改正医療法による医療計画の策定，特に「5疾病5事業及び在宅」にシームレスに対応することといわれています

2　連携推進法人の業務内容

　連携推進法人は，医療連携推進方針に沿った連携の推進を図ることを目的とする以下の各業務を行うことができます。

①　医療従事者の資質の向上を図るための研修（同法70条2項1号）（Q2参照）

②　医薬品，医療機器等の供給（同項2号）（Q3参照）

③　参加法人への資金の貸付け，債務の保証及び基金の引受け（同項3号，施行規則39条の3第1項）（Q4参照）

④　介護事業等の連携の推進を図るための業務（同法70条の 8 第 1 項）

⑤　出資（同条 2 項）

⑥　病院，診療所，介護老人保健施設又は介護事業等に係る施設若しくは事業所の開設（同条 3 項ないし 5 項）

⑦　その他医療機関の業務の連携に資する業務（同法70条第 2 項）

都道府県における医療計画の策定等に係る会議（表）

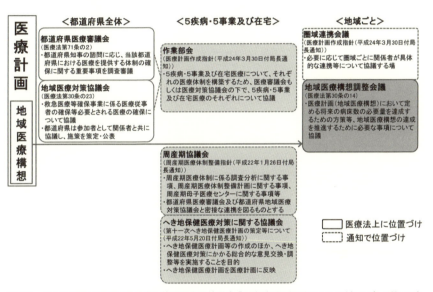

（出所）　厚生労働省医療計画の見直し等に関する検討会「医療計画の概要について」(2016年 5 月20日)

（第 1 章・Ⅳ - Q 3 ，　Column 3 　(156頁）参照)

（ケルビム法律事務所　尾﨑　順）

Ⅱ-2　資質の向上の研修

Q2 連携推進法人における資質の向上の必要性と，研修の意義・内容について教えてください。

■ポイント

> 質の高い医療を効率的に提供するため，連携推進法人は医療水準の向上・連携の強化を図る必要があります。その目的を実現するため，共同の研修・教育の実施が重要となります。

(1)　資質向上のための研修の必要性

A 連携推進法人は，地域の需要に応じた，質の高い医療を効率的に提供することを可能とする目的のために設立されるものであり，医療法人を中心とした複数の参加法人間での緊密な連携が必要不可欠となります。

そのため，医師・看護師といった地域医療に直接関わる医療従事者の方々に加え，調達や人事労務など，運営や総務的な仕事に関与される方についても，法人が参加している地域医療連携推進法人や，他の参加法人等との協同・連携作業を求められる場面が増えることになります。

スタッフによっては，連携推進法人に出向・転籍（第3章・Ⅱ-Q4参照）などをすることにより，直接的に法人の指揮下で勤務されることになりますが，そうではなく，引き続き参加法人で業務に携わる方についても，連携推進法人の存在と連携を考慮に入れた形での業務遂行が必要となります。

したがって，連携推進法人全体としての業務の水準を引き上げ，円滑な業務遂行を実現するためには，職員のスキルアップと法人間での連携強化を目指した研修が不可欠となります。

連携推進法人においては，この資質向上のための研修について，連携推進方針に盛り込むべき業務内容の1つとして「医療従事者の資質の向上を図るための研修」として明示しており（法70条2項1号），地域医療発展のための技術・運営体制の向上などは，法律が要請する重要な事項であるということができるでしょう。また，法の趣旨からすると，直接的な医療従事者に限らず，連携推進法人に関与する全ての職員について，全体的な資質の向上が要請されていると考えられます。

(2)　具体的な方法について

　資質の向上，スキルアップについては，①各参加法人内部と②連携推進法人自体のそれぞれで検討・実施が必要になります。本Q&Aでは主として②について取り扱います。①については，連携推進法人の業務自体からは外れますが，可能な限り参加法人間での情報を共有化するなどの措置を講じた方が望ましいでしょう。

(3)　研修に関する規定

　研修については，連携推進方針にて定める必要があり，さらに研修用の財源を確保する必要があります（研修事業費などの名目での徴収が考えられます）。

(4)　研修内容

　具体的な研修内容としては，医療そのものに関する事項として①医療手技や医療器具・薬品の知識といった現場で共有すべき医療情報全般，②患者対応（個人情報管理を含む），③医療事故防止，さらに運営面から④会計処理，⑤人事マネジメントなどがあります。

　いずれを重視するかは各地域の実情と必要性に応じて判断することとなりますが，一体性・緊密性を確保できるように，例えば法人内に研修委員会などを設置した上，研修の対象者を適切に振り分け，また十分な時間を確保するなど，運営上の工夫が必要となるでしょう。

(5)　研修の義務化

　それでは，こうした研修について，参加法人あるいは連携推進法人として義務化することは可能でしょうか。また，その場合の給与などはどう考えるべきでしょうか。通常は研修も職業訓練の一環と扱われることになりますから，就業規則に明示することが妥当です。この場合，職業訓練という業務命令の一環として行われますので，職員は研修の参加義務を負うことになります。また，賃金については，職務上の研修となりますので，通常の労働と同じく，賃金の支払義務が発生します。

　したがって，休日や時間外に研修を行う場合，所定の割増賃金を支払う必要が出てくる場合がありますので，研修を実施するに際しては，その内容と労働条件の管理・確認などについて，参加法人を中心とした十分な協議・検討が必要となるでしょう。

（弁護士法人照国総合事務所　折田健市郎）

Ⅱ-3　資材・医薬品等の共同購入

Q3 連携推進法人制度において医薬品，医療機器その他物資を共同で購入することの意義，および共同購入するにあたり留意すべき点を教えてください。

■ポイント

> 連携推進法人による価格交渉を前提とした医薬品，医療機器その他の物資の共同購入により，連携推進法人に参画する病院や診療所等における低価格による物資購入ないしコスト削減を実現することができます。

A

1　医薬品および医療機器等の共同購入の意義

連携推進法人が，当該法人に参画する各病院や診療所等を代表して，各メーカーとの価格交渉にあたることで，個々の病院や診療所のみでは成しえない複数の病院等による購買力を結集したスケールメリットを生かした価格交渉を実現することができます。

この仕組みは，GPO（Group Purchasing Organization　共同購入組織）との名称により，日本国内の各病院等がより良い取引条件を獲得することを目的として，各団体において利用されつつあります。また，同族医療法人や大学病院において利用されるメディカルサービス法人においても，経営の効率化の一環として，医薬品および医療機器等の物品の共同購入が行われております。そして，今回の医療法改正により，上記GPOやメディカルサービス法人に類似した「医薬品，医療機器その他の物資の供給」に関する業務を連携推進法人が担うことが明記されるに至りました（法70条の2第2項2号）。各医療機関のニーズを踏まえ，医薬品および医療機器等の採用品目の選定および取引条件交渉等に係る理事会の決定（ならびに連携推進評議会からの意見聴取）を経て，連携推進法人が，医療機関の代表として価格交渉にあたることで，各医療機関におけるコスト削減が期待されます（201頁の Column 4 参照）。

2　医薬品，医療機器の共同購入に関するポイント

厚生労働省の通達（平成29年2月17日医政発0217第16号）によれば，連携推進法人は，各医療機関がメーカー等から直接に医薬品や医療機器を一括購入する

ことを目的として，各医療機関に代わり，メーカー等と取引条件に関する交渉を行い「調整」する役割を果たすものとされます。当該仕組みのもとにおいて，医薬品および医療機器等の売買契約の当事者は，あくまで各社員とメーカー等であり，連携推進法人は，各社員から取引条件交渉業務に関する委託を受けた者にとどまります。

他方で，上記通達において予定されていない医薬品および医療機器等の共同購入方法として，連携推進法人が取引条件交渉を経てメーカー等より直接に一括購入し，連携推進法人が各医療機関へ販売する仕組み（いわゆる卸売販売）が考えられます（法70条2項2号には，連携推進法人が，直接の一括購入や交渉による調整という方法を問わず「供給」することができる旨規定されており，制度上は，直接の一括購入が可能な建付となっています）。

もっとも，連携推進法人が，メーカー等から医薬品や特定の医療機器を直接に一括購入する場合においては，行政手続上の問題が生じることにつき注意が必要となります（連携推進法人が医薬品の卸売販売を行うためには，医薬品の卸売販売業に関する許可を受ける必要があります（医薬品，医療機器等の品質，有効性及び安全性の確保等に関する法律24条1項，25条1項3号）。また，連携推進法人が，コンタクトレンズや輸液ポンプ等の高度医療機器，及びMR装置やCT装置等の特定保守管理医療機器を卸売販売する場合には，当該医療機器の販売業の許可（同法39条）を受け，補聴器や家庭用電気治療器等の管理医療機器を卸売販売する場合には，当該医療機器の販売業の届出（同法39条の3第1項）をする必要があります。なお，連携推進法人が，メスやX線フィルム等の一般医療機器を卸売販売する際には，上記の許可および届出は不要です）。

3 医薬品，医療機器以外の物品の共同購入に関するポイント

医薬品および医療機器の共同購入とは異なり，上記通達においては，医薬品および医療機器以外の物品等の共同購入につき，連携推進法人におけるメーカー等からの直接の一括購入が予定されています。

そのため，医療品および医療機器以外の物品に関する共同購入方法としては，①連携推進法人が当該物品を一括購入し，各社員に配布する方法，②連携推進法人がメーカー等と取引条件に関する交渉のみを行い，購入に関する契約締結は各社員とメーカー等との間で行うこと等が考えられます。

（ケルビム法律事務所　尾﨑　順）

〔II-4〕 融資・資金の貸付等

Q4 連携推進法人は，どのような手続きおよび条件において，参加法人に対し，資金の貸付等を行うことができるのでしょうか。また，貸付に伴い連携推進法人の理事が損害賠償責任を負う場合はありますか。

■ポイント

> 連携推進法人は，参加法人に対する資金調達のため，①資金の貸付，②債務の保証，③基金を引き受ける者の募集という方法をとることができます。参加法人に対して貸付を行う際には，貸付条件が参加法人にとって不当に有利とならないよう留意する必要があります。

A

1 融資・資金の貸付等に関する手続き

　　連携推進法人は，参加法人に対する資金調達の支援を目的として，①資金の貸付け，②債務の保証，および③基金を引き受ける者の募集を行うことができます（法70条2項3号，施行規則39条の3第1項）。

　そして，上記のうち，連携推進法人が，①および②を実施するためには，あらかじめ連携推進評議会の意見を聴取した上で，理事会の決議を経る必要があります（施行規則39条の3第2項）。なお，当該資金の貸付は，貸金業法上の貸金業にはあたらないことから，同法における登録等は不要になります。

2 貸付の条件について

(1) 筆者としては，連携推進法人が参加法人に対して貸付をするにあたり，貸付が剰余金配当の禁止（法70条の14，54条）の趣旨に抵触しないよう，参加法人において不当に有利とならないといえる程度の厳格な貸付条件を定めることが求められているものと考えます。現に，厚生労働省の通達（平成29年2月17日医政発0217第16号）においては，参加法人に対する貸付条件として，以下の各条件を満たすことが求められています。以下においては，当該各条件に関する具体的内容を紹介します。

(2) 連携推進法人の実施する貸付けが，参加法人が病院等に関する業務を行うのに必要な資金調達支援という目的を逸脱していないこと

　　上記「必要な資金調達支援」の例としては，医療施設等の建物建設に関

する建築資金支援，医療機器に関する購入資金支援，および医療機関の経営改善を目的とした運転資金支援等が考えられます。

(3) 契約書類が適正に作成・保管されており，償還方法や償還期限等が明確になっていること

　　貸付に関する契約書を作成の上，連携推進法人および貸付を受けた参加法人において原本を保管すること，契約上において，一括返済もしくは分割返済等の返済方法を定めること，また各返済方法に応じて返済期日を定めること等が考えられます。

(4) 適正な利率が設定されていること

　　利率を定めるにあたっては，利息制限法における規制に注意が必要です。同法における利率の上限は，貸付元本が10万円未満の場合において年2割，元本が10万円以上100万円未満の場合において年1割8分，100万円以上の場合において年1割5分となります。

(5) 返済不能時に備えて，担保や保証人の設定等が適切に行われていること

　　参加法人が医療施設等の事業に利用している敷地及び建物その他参加法人が所有する不動産に対して抵当権を設定する方法が考えられます。他方で，貸付を受ける参加法人の理事等が参加法人の連帯保証人となり返済に関する責任を負う方法も考えられます。

3　貸付に伴う理事の損害賠償責任

　参加法人の貸倒れ等により，貸付金が回収不能に陥った場合，貸付判断を行った連携推進法人の理事は，当該判断に落ち度があることを理由に損害賠償責任（一般社団財団法101条1項）を追及される場合があります。

　もっとも，上記責任の有無につき，裁判上では，理事の事実認識や判断方法が著しく不合理ではない限りは，当該理事の経営判断上の落ち度を認めるべきではないとの考え方が形成されています（経営判断の原則）。そのため，理事が貸付判断をする際には，損害賠償責任のリスクを回避するべく，貸付先の経営状況，資産状況および担保価値，ならびに連携推進評議会の意見内容を慎重に検討する等，理事の貸付判断に関して一定の合理性を担保しておくことが望ましいものと考えます。

（ケルビム法律事務所　尾﨑　順）

Ⅱ-5　地域連携と ICT

Q5 救急医療の急性期・社会医療法人で，連携推進法人をつくろうと他の機能の病院等と協議中。患者紹介，逆紹介，情報共有化などＩＣＴが連携のポイントと思いますが，教えて下さい。

■ポイント

> 連携推進法人は，そのグループ参加法人間で，医療機能に応じた患者情報の共有が不可欠で，そこに ICT が必要。しかし現況はまちまちの導入レベルであり，先行する法人が支援し統一化もありえ遠隔診療へ展開も可能でしょう。

A 医療機関のマーケティングの基本は，職員満足度，患者満足度，地域（行政）満足度の３つのサティスファクション（Satisfaction）の満足度経営をすることと従来からいわれてきました。

高齢化の進展により２と３のＳ・Ｆが同義化。そこにインフォームド・コンセント（informed consent：説明と同意）納得診療が重視され，入院した時に退院時の患者の状態を経過的に説明するクリニカルパス（Clinical Pathway：以下Ｃ・Ｐ）が普及。その基盤は EBM（Evidence Based Medicine）いわゆる臨床データなどの根拠に基づく医療であります。

患者の意識向上，情報の高度化とコンピュータの普及により電子カルテ，レセプトや，医療資源の節減（！）要請から，ICT（Information and Communication Technology）の導入がなされていますが，千差万別まちまちの状況にあります（第１章・Ⅱ-Ｑ４，Column 4（201頁）参照）。

わが国の淵源は，1994（平成６）年８月の内閣総理大臣を本部長とする高度情報通信社会推進本部の設置から，「IT 基本戦略Ⅱ」，「e-Japan 戦略Ⅱ」さらに「IT による医療の構造改革：重点計画2006」になり ICT が具現化されつつあります。

地域連携は「１つの医療機関完結型」から「地域の医療機関の連携型」に，地域住民に対する医療サービスを連携して分けていくもので，地域医療構想に基づく，地域包括ケアの基本的な手段となりえます。Ｃ・Ｐは，地域連携パス

に変化しなければなりません。そこで注意を要するのは，C・Pは，一医療機関の良質な医療を効果的かつ安全・適正に提供するための手段として開発された診療計画表であり，アウトカム（目標達成・順調）とバリアンス（パスからのずれ）があり，地域連携パスであっても，急性期病院から回復期病院を経て早期に自宅に帰れるような診療計画を作成し治療を行う複数の医療機関で共有して用いるものですが，その前提として連携機関内で（原則として）コンピュータシステムによる情報共有があることです。これにより遠隔診療（病理診断，遠隔相談，画像診断など）が可能となっていくはずです。

　ICTに至る医療情報の共有・活用のことを示しましたが，電子カルテさえ未導入（紙ベース）や「長崎あじさい」のように電子カルテの共有化のものがあるのが実情で，それを前提に初歩的なレベルからの主なポイントを手順として示します。

Step 1　院長同士の協議の場の，下部組織に連携法人推進室（仮）を設立。コンピュータに強い人材を入れること。

Step 2　参加法人間で医事をふくめた情報処理の現状を，分析すること。

Step 3　最下部レベルのコンピュータ導入機関は，当面，紙ベースを容認し，3年くらいの安価な計画を策定して，レベルアップし，先行機関が支援すること。HIS（Hospital Infomation System）の完成。

Step 4　1つのシステム完成毎に先行機関がチェックし，補正し使用していく。

Step 5　クリニカルパスから連携クリニカルパスに進化。

Step 6　ICT・クラウド・ツール活用や遠隔診療による医療の効率化。

　このステップアップ計画は，アライアンスグループの協調がとれているケースであります。連携推進法人はその制度趣旨でICTを要求してはいませんが，「患者1人1人がその状態に応じた良質かつ適切な医療を安心して受けることができる体制を地域で構築…質の高い医療を効率的に提供する…」というVFM（Value for Money）の思想（質を上げて，コストを下げる）が基盤にあることを忘れずに，グループでICTをクラウド等で活用すべきでしょう。

　ゴールは，アメリカなどで導入（全ての国民ではないが）されている，1人1人のスマホから自己の医療情報，改善課題などを閲覧し医師などとの対話による生活改善などに役立てることができる究極の患者満足につながっていくものと思います。

（G-Net　松田紘一郎）

Ⅱ-6　100％子会社の管理

Q6 連携推進法人ですが，その区域内に介護事業を行っている株式会社を100％子会社（子法人）にして，買収します。県も評議会も了承してくれていますが，その管理方法，特に規程を教えて下さい。

■ポイント

> 連携区域内に100％子会社を経営する場合，非営利の順守を前提に，県（定款変更等もあり）や評議会の了承のもとに行い，理事会・社員総会の了承も必要。管理規程化により経営管理していくべきです。

A 連携推進法人は，「非営利」を前提に株式会社経営の病院の参加を認めていますが，一方で，連携区域内で連携事業に関連する100％株式所有の完全子会社（子法人）の直接経営を認めています。これは，その会社で配当があっても連携推進法人が全て受け取り，少数株主へ社外流出（資金のアウトカム）がないためです（第1章・Ⅲ-Q4の関連組織図を参照）。

医政局長通知の関連規定を次に示します。

地域医療連携推進法人の業務について（法第70条の8・則第39条の14〜第39条の16関係）
① 地域医療連携推進法人は，医療連携推進方針において記載した場合には，介護事業等の連携の推進を図るための業務を行うことができること。
② 地域医療連携推進法人は，以下に掲げる要件に該当する場合に限り，出資を行うことができること。
・出資を受ける事業者が，医療連携推進区域において，医療連携推進業務と関連する事業を行うものであること。
・出資に係る収益を，医療連携推進業務に充てるものであること。
・地域医療連携推進法人が，当該事業者の議決権の全てを保有すること。したがって，当該事業者に関して，地域医療連携推進法人以外の出資者や抹主は存在しないものであること。また，地域医療連携推進法人以外の者が，議決権の無い優先株式を保有して当該事業者から配当等を得ることができないこと。
・剰余金の配当が禁止されていることにかんがみ，地域医療連携推進法人は，当該事業者の事業活動を適切に支配・管理する必要があること。また，当該事業者が行う出資において当該事業者以外の出資者や株主が存在することは，地域医療連携推進法人が出資を行うことができる場合を限定している趣旨から逸脱するおそれがあることから認められないこと。

次に，介護事業等を行う株式会社の株式100％を保有する子会社と仮定した子会社管理規程（案）を示します。

地域医療連携推進法人 ○○メディカルアライアンス

子会社管理規程 (案)

（目 的）

第1条 この規程は，当法人とその連携区域内に存する子会社（以下「子会社」という。）が地域医療連携のもとに，当法人および連携推進グループの総合的な事業の発展と繁栄を図るための基本事項を定めることを目的とする。

（定 義）

第2条 子会社とは，発行済株式総数の100％を当法人が保有している株式会社○○介護サービスをいう。

（管 理）

第3条 子会社業務を所掌する法人本部長は，必要に応じて関係責任者等と合議を行い，所定の承認手続を経て，参加法人等への対策を調整統括しなければならない。

（管理，承認事項）

第4条 子会社の運営・管理業務は別に定める「子会社稟議基準」記載の項目によるものとし，必要な決裁を受けなければならない。

（資金調達等）

第5条 子会社の経営者は，資金調達は原則として自主調達とし，経営改善・業績向上に努力する。

（子会社との取引）

第6条 子会社との取引または子会社と参加法人等の取引は，商業ベースによる相互対等の取引を行うこととし，子会社の適正利潤確保に配慮することを原則とする。

2 同業他社と，価格・品質・納期・サービス内容等を比較・評価して遜色がない場合には，子会社と優先的に取引を行うものとする。

（派遣人事）

第7条 子会社の役職員を当法人あるいは他の参加法人等から派遣するときまたは派遣を要請されたときは，法人本部長は審議のうえ，管理責任者に派遣適任者の選考を求め，あらかじめ定められた手続によるものとする。

（議決権行使）

第8条　子会社に対する議決権の行使または委任は，代表理事名において行うが，行使する人選は理事会において決定する。

（合議承認事項）

第9条　当法人本部長および所掌役員は，子会社が経営上の重要事項を行うときは，事前に関係書類を提出させることにより，検討・審議し，「子会社稟議基準」によりその可決を決定するものとする。

（報告事項）

第10条　当法人本部長は次の各号に関する報告書の提出を子会社に求め，必要に応じ理事会に提出，報告する。

　　　　(1)　株主総会議事録

　　　　(2)　取締役会議事録

　　　　(3)　中期経営方針および中期事業計画

　　　　(4)　年度事業方針および年度予算

　　　　(5)　決算書類

　　　　(6)　月次損益表および資金予定表

　　　　(7)　その他特に指示する事項（参加法人等との取引など）

（子会社監査）

第11条　子会社に対する監査は監事ならびに内部監査室が「内部監査規程」に基づき原則として毎年2回以上定期または臨時に実地監査を行う。

　　2　当法人の外部監査人である，○○監査法人の監査に協力するものとする。

（子会社業績評定）

第12条　当法人本部長は毎期終了後，必要に応じて関係責任者と合議を行い，速やかに次の項目について業績報告書を作成し，評価を付して理事会に提出する。

　　　　(1)　当期決算損益

　　　　(2)　予算と実績との比較検討

　　　　(3)　当法人および連携推進グループ内他法人との取引内容

　　　　(4)　当法人投融資効果の測定

　　　　(5)　総合評価とその理由

（子会社株式の評価）

第13条　子会社の財政状態の悪化により，実質価額が著しく低下したときは，相当の減額をし，評価差額は当期の損失として処理するとともに，当該実質価額を以降の取得価額とする。

（経営責任）

第14条　当法人は，次の場合には，子会社の経営責任を問うものとする。ただし，善管注意義務を履行し，合理的な理由があるときは，この限りではない。

　　　　⑴　第4条に定める事項につき，あらかじめ会社の承認を得なかったとき

　　　　⑵　当法人への経営報告が適切でなかったとき

　　　　⑶　経営の改善について当法人の勧告，指導または命令に従わなかったとき

（経営責任の問い方）

第15条　経営責任の問い方は，次のとおりとする。

　　　　⑴　役員の懲戒処分（解任を含む）

　　　　⑵　役員への損害賠償の請求

　　　　⑶　その他

（子会社指導，育成）

第16条　当法人の関係参加法人は，子会社の経営の自主性を尊重すると共に経営改善に対しては，積極的に指導，支援を行うものとする。

（連絡会議の開催）

第17条　子会社との意志疎通をはかり，協調，協力を促進するため，必要に応じて担当責任者は，子会社社長会等と連絡会議を開催する。

（子会社管理書等）

第18条　担当責任者は，子会社管理書等を作成するとともに，その他の必要書類を整備するよう努めなければならない。

（改　廃）

第19条　この規程の改廃は，当該子会社の役員等の意見と，当法人の連携推進評議会の意見を聴いて，当法人本部長が起案し，理事会の決議による。

　　附則

　この規程は，20XX（平成XX）年〇月〇日より実施する。

（G-Net　松田紘一郎）

Ⅲ 連携推進法人の定款・諸則

Ⅲ-1 諸則の体系

Q1 連携推進法人には，定款のほか，さまざまな内部の規程が必要と思われます。一般的な諸則のほか，新たに策定すべき特有の諸則を網羅的に示して下さい。

■ポイント

> 定款のほか基本諸則，組織諸則，経理諸則，運営報酬諸則および総務諸則の5区分にそれぞれ規程や細則があり，個（特）有なものとして，連携推進評議会規程などがあり，法令で義務化されているものもあり注意が必要です。

A 連携推進法人の定款，諸則は右頁の表で示すような5区分される一般的な諸則のほか，次のような個（特）有の諸則があります。

(1) 連携推進評議会規程（第2章・Ⅲ-Q4参照）

(2) 連携提携運用規程

(3) 定款による会計規程（第1章・Ⅶ-Q1，Q2参照）

　かっこで示した規程・細則に一部を分けて記載もありえます。

(4) 外部監査対応規程

　公認会計士または監査人監査への対応，監事監査および内部監査への対応などについて規定化します。

(5) ○○株式会社等管理規程

　完全（100%）支配する介護事業等を行う株式会社や病院等がある場合の適切な管理のしかたを規定化します（第2章・Ⅱ-Q6参照）。

(6) 定款による会費等規程

　参加法人社員ならびに社員が連携推進法人を運営するための経常費等を適切に負担せしめるための規定化。なお「基金」については，この定款に第3章を設け記載することが条件ですが，それを定款施行細則に規定化することもありえます（第2章・Ⅲ-Q6参照）。

　ここでは，別項目として，(1)，(6)および定款等に規定された連携推進法人の法的行為を「定款による法的行事」として示します（第2章・Ⅲ-Q5参照）。

連携推進法人定款・一般的な諸則

分類	規程・細則	法令義務	備考
基本諸則	1　定款	○	定款例に従う
	1-1　定款施行細則	○	定款第61条で必要
	1-2　理事会議事細則	—	(任意・医療法人で義務化)
	1-3　社員総会議事細則	—	(任意・医療法人で義務化)
	1-4　役員の損害賠償責任に係る細則	—	(任意)
組織諸則	1　組織規程（付・組織図）	△	(任意・評議会・監査で必要)
	2　職務権限（分掌）規程	△	(任意・評議会・監査で必要)
	3　稟議規程	△	(任意・評議会・監査で必要)
	4　内部監査規程	△	(任意・評議会・監査で必要)
経理準則	1　経理規程	○	運用指針で必要
	2　固定資産管理規程	△	(任意・評議会・監査で必要)
	2-1　有形固定資産管理細則	△	(任意・評議会・監査で必要)
	3　予算管理規程	○	(任意・評議会・監査で必要)
運営報酬諸則	1　購買管理規程	△	(任意・評議会・監査で必要)
	2　給与規程	△	(任意・評議会・監査で必要)
	3　役員報酬規程	○	(任意・評議会・監査で必要)
	4　退職金規程	○	(任意・評議会・監査で必要)
	5　役員退職金規程	○	(任意・評議会・監査で必要)
総務庶務諸則	1　文書管理規程	△	(任意・監査で必要)
	2　印章・印鑑規程	△	(任意・監査で必要)
	3　医事課業務規程（細則）[※]	△	(任意・監査で必要)

（※）印…病医院等を直接に経営する場合のみ。

（G-Net　松田紘一郎）

Ⅲ-2　定款・認定基準以外の必須記載事項

 Q2　連携推進法人・定款の必須記載事項のうち認定基準以外のものを簡潔に教えて下さい。

■ポイント

> 定款例の必須記載事項は，主として認定基準（7項目）に係るものと，それ以外のものがあり，後者は，連携推進法人の名称，ほか22項目（規定）のものがあります。

A　厚生労働省，医政局・医療経営支援課長通知で示された定款例は，第1章（第1条・第2条）から第12章（第61条），および附則から成り立ち，「備考」欄の記載に注意が必要ですが，次のような記載事項が入り混じっています。

- ・必須記載事項（19項目）…医療法の規定により定款に定めなければならない事項。第1章・Ⅲ-Q2参照
- ・選択記載事項（13項目）…＜例1＞＜例2＞のように，いずれか選択すべき事項。第1章・Ⅲ-Q3参照
- ・任意記載事項　　　　　　…手続上，規定化が任意な事項。

　定款例の全文は第4章手続のIに，そのまま示してありますので参照して下さい。なお定款の細部を定めるために定款施行細則の作成運用が第61条にあり，本書では，次頁のQ3で示してあります。

　以下に認定基準以外の必須記載事項を列挙して示します。

- (1)　名称（1条）定款上は，一般社団法人○○○○が連携推進法人へ
- (2)　事務所（2条）主たる事務所所在。従たる事務所の選択記載可
- (3)　目的（3条）
- (4)　医療連携推進区域（4条）
- (5)　医療連携推進業務（5条）一部に選択記載あり
- (6)　開設する病院等（7条）
- (7)　法人の構成員（9条）参加法人社員と非参加法人社員を個別に掲記
- (8)　社員資格の取得（10条）理事会（社員総会としても）の承認。社員名簿に記載

(9)　非社員の条件（11条）同族関係者等の入社制限

(10)　経費の負担（12条）経常的費用・推進事業費は別途規定することとされ
　　ており，会費等規程が必要と思われる。

(11)　参加法人社員への連携推進法人からの意見具申（13条）7 項目の重要事
　　項について，「参加法人社員」は連携推進法人にあらかじめ意見を求める
　　こと。

(12)　任意退社（14条），社員総会に退社届

(13)　除名（15条），社員総会の特別決議。

(14)　社員資格の喪失（16条）のなかに会費等の 2 年間支払義務違反等がある
　　こと

(15)　定時社員総会の開催等（19条〜24条）（必須とは，されていないが）

(16)　役員に関する規定（25条〜31条）

(17)　理事会に関する規定（32条〜37条）

(18)　連携推進評議会（38条〜41条）

(19)　資産・会計（42条〜52条）

(20)　定款の変更及び解散（53条〜59条）

(21)　公告の方法（60条）

(22)　設立時の社員等（附・1）

以上，22の項目（規定等）がありますが，都道府県・主務担当官との事前協
議で「定款例」の記載どおりに記述が求められるので，実務的にはほとんど意
味がありません。

（G-Net　松田紘一郎）

Ⅲ-3 **定款施行細則**

Q3 連携推進法人の定款例（第61条）で作成が義務化されています定款施行細則の内容とポイントを教えて下さい。

■ポイント

> 定款施行細則は，定款規定を補足するもので，定款の変更手続きや，定款に記載できなかった細かいことで重要なものを義務として規定化したものです。

A 連携推進法人の定款例・第12章雑則・第61条は「この定款の施行細則は，理事会及び社員総会の議決を経て定める。」と規定し，その策定を義務化しています。

なお，連携推進評議会に，あらかじめ了承をうる手続きが必要となりましょう。

定款施行細則は，定款の変更の手続きや定款に記載できなかった細かいことで重要なもの（ここでは，基金）を規定化します。

医療法人には，このほか理事会議事細則および社員総会議事細則の策定，いわゆる「定款３細則」が，義務化されています。連携推進法人には，その２細則の策定は義務化されていませんが，ガバナンスを具体化，透明化するために任意に策定することは問題ないはずです。

いずれにしろ定款の諸規定を補足する定款施行細則は，義務化されたものであり策定して順守すべきで，その（案）を以下に示します。

定款施行細則・例

定款施行細則	ポイント
（目　的） 第１条　この細則は，地域医療連携推進人○○メディカルアライアンス（以下「当法人」という。）の定款第61条の規定に基づき，当法人の定款の変更・管理等について定める。	・定款例61条の規定に基づいた細則であることを明示
（変更申請） 第２条　定款の変更申請は，理事長の了承のもと，事務長が○○県主務課との事前協議を得て，理事会および社員総会の議決を経て行う。	・事前協議には，理事長の了承が必要なことを明示

（定款変更） 第3条　定款の変更は，定款第23条第1項第3号により社員総会の議決を経るが，事前に評議会および理事会において次の事項を審議しなければならない。 (1)　変更の理由・必要性 (2)　変更後の定款規定 (3)　当法人に及ぼす影響など 2　変更が第13条各号に定める重要な事項の場合，あらかじめ評議会の意見を求めるとともに，必要と認めた場合には，弁護士等の鑑定書の理事会への提出または本人の出席を求める。	・定款変更には，理事会，社員総会の決議が必要
（申　請） 第4条　社員総会の議決のもと，○○県知事に，所定の申請書類を整えて，定款変更の申請をする。	・申請は，社員総会の議決後
（基金の募集） 第5条　当法人は，定款第8条により，基金を募集することができ，償還期日を原則として10年とする。	＜例1＞を選択
（報　告） 第6条　基金拠出者に毎決算期日後，4カ月以内に決算報告会を実施する。なお，基金の全てあるいは大部分を社員が拠出する場合，書面報告も可とする。	
（返　還） 第7条　基金の返還場所，その他必要事項は募集要項に従うものとする。	
（管　理） 第8条　定款は，○○県知事認可による施行期日ごとに代表理事長が事務長に命じて管理する。	・定款の管理者
2　管理の期間は「永久」とする。	・保管期間
（改　正） 第9条　この細則を改正する場合は，理事会および社員総会の議決を経るものとする。ただし，軽微な字句等の変更は代表理事長に一任するものとする。	・改正には，理事会および社員総会の決議 ・軽微な字句等の修正についても定める（例：代表理事長一任）
（附　則） この細則は，（20XX）平成○年○月○日から施行する。	

（G-Net　松田紘一郎）

Ⅲ-4　連携推進評議会規程

Q4 連携推進評議会の構成・役割・業務などを明記した規程を示して下さい。

■ポイント 評議会は多様な参加法人社員，非参加法人社員の参加が予測される連携推進法人の創設趣旨，目標や非営利性を順守するための組織内のチェック機関とみることができます。

A 連携推進法人制度を創設するに際して，従来の「非営利性」の概念を変更，会計等に制限は設けたものの株式会社経営の病院や持分あり医療法人などを参加法人社員として認め，さらに個人立の病院等も会計等に制限を加え非参加法人・社員として加入を認めました。

剰余金の分配禁止の制限はあるものの連携推進法人が「営利」に傾くことを恐れて監視・チェック機関としての役目を付与したと思われます。

この制度の経営上の困難性，課題の克服のため代表理事は，医療法で規定する理事長要件の「原則として，医師又は歯科医師のなかから選任」を外しましたが，評議会の構成（第38条）で「診療に関する学識経験者の団体」で地元医師会等の参加を規定化。さらに評議会は，機能の分担，目標に照らし評価を行い，公表することとされています。社員総会・理事会で意見を述べ，それに法的拘束力はないものの連携推進法人は，その意見を尊重しなければなりません。

これらの医療法上の権能にとどまらず，地域関係者の意見を法人運営に反映するため，連携推進法人の業務の実施に関する重要な方針の決定や連携推進法人の運営の根幹をなす連携推進方針の変更等の場面において連携推進評議会の意見を聴くことが望ましいとされています。

以下に評議会規程の一部を示します。

この規程というより，評議会の業務で最も難しいと思われますのは，「目標値」の設定と「その評価」であり，ここでは専門の医業経営コンサルタントを委員に加えることにしましたが，この部分等の外注委託化も考えられると思います。

連携推進評議会規程（一部）	ポイント
第1章　総　則	
（目　的）	
第1条　この規程は，地域医療連携推進法人○○メディカルアライアンス（以下「当法人」という。）の第2章目的及び事業等の適切な執行のため第8章で創設された地域医療連携推進評議会（以下「評議会」という。）の構成・役割などについて定める。	・定款上の位置付けを明確化
（運　営）	
第2条　評議会の運営は，第3条第2項に規定する評議会議長の指示のもとこの規程に基づいて行う。	・評議会の代表を議長と仮定
第2章　構成・権限	
（構成員）	
第3条　評議会の構成員は，次のとおりとする。	・定款38条
①　医療介護を受ける立場にある者	
②　診療に関する学識経験者の団体	
③　②の関係団体	
④　学識経験を有する者　その他の関係者	
ただし，うち1名は業務目標の評価，意見を述べうる専門家とする。	・ただし書は，経験のある医業経営コンサルタントを想定
2　評議会の定員は，5名以内とし，うち1名を議長，うち1名を副議長とする。	
3　前項の構成員は，理事会で原案をつくり，社員総会で選任する。	
（権　限）	
第4条　当法人が定款第13条に規定する重要事項の参加法人からの，あらかじめの意見聴取に際し，評議会は必要な意見を述べ，当法人はこれを尊重しなければならない。	・「尊重」に法的拘束力はない
2　評議会は，参加法人の機能の分担，目標について評価を行い，社員総会・理事会で意見を申述できる。	
（以下，省略）	

（G-Net　松田紘一郎）

Ⅲ-5　定款による法的行事

医療法人（病院）と診療所経営の３法人を参加法人社員に連携推進法人を設立（いずれも３月決算・定款で年度２回の理事長報告を想定），その定款による法的な年間行事を教えて下さい。

■ポイント

> 参加法人は，連携推進法人の社員として年１回の定時社員総会（決算）に出席する必要があります。また自法人の重要事項を決定する際には，事前に連携推進法人に意見を求める必要があるため，それらについて当該連携推進法人の理事会や社員総会で説明することもありえます。ただし，当該連携推進法人からの意見は，法的拘束力まではないことに留意。

A　連携推進法人は，原則として一般社団財団法（医療法で別に定めがあれば医療法）に基づいて理事会，社員総会の開催が必要となります。必要に応じて連携推進評議会の開催（意見聴取）も求められます。定時社員総会（決算）の開催時期については公認会計士等の監査を受けることが必須であるため，税務申告の期限延長を行い，６月開催になるかと思われます。

　参加法人は，連携推進法人の社員として定時社員総会（決算）および臨時社員総会に出席することになります。また参加法人は，自法人の重要事項（第２章・Ⅲ-Ｑ２参照）を決定する際には事前に連携推進法人に意見を求める必要があります。

　意見を求めるタイミングとして，①原案作成段階や，②参加法人における議論に連携推進法人の役員等が出席し，意見を述べる等が想定されています。

　連携推進法人は，その意見を述べるにあたり，事前に連携推進評議会に意見を求める必要があるため，参加法人は重要事項について迅速な意思決定を図るためにそれらのスケジュール等を勘案して準備することになるかと思われます。年１回の予算総会の決議事項である収支予算および事業計画の決定は当然として，参加法人として意見聴取が必要な重要事項は何かということを把握し，手続きの不備がないように法人運営をする必要があります。ただし，連携推進法人の意見によって，参加法人が決議した事項を変更しなければならないといった法的拘束力はありません。

　次に参加法人，連携推進法人の定款による法的行事について，Ａ〔決算関

係〕，B〔予算関係〕に分けて，時系列的に例示します。

A	参加法人（医療法人）	連携推進法人	評議会
4月1日	事業年度開始	事業年度開始	
5月	事業報告書等の作成 〈会計年度終了後 2 月以内〉	事業報告書等の作成 〈会計年度終了後 2 月以内〉	
	監事監査	監事監査及び会計士等監査	
	監査報告の通知	監査報告及び 会計監査報告の通知	
〜	理事会招集通知発送 〈理事会の 7 日前までに〉	理事会招集通知発送 〈理事会の 7 日前までに〉	
	（決算）理事会開催	（決算）理事会開催　（←）	意見
	事業報告書等の備え置き 〈社員総会の 7 日前から〉	事業報告書等の備え置き 〈社員総会の 7 日前から〉	
	社員総会招集通知発送 〈社員総会の 5 日前までに〉	社員総会招集通知発送 〈社員総会の 7 日前までに〉	
5月末	（決算）社員総会開催		
6月	社員として出席　→	（決算）定時社員総会開催　→ （意見聴取）〇〇年度評価　←	意見 （評価）
〜	行政庁等へ書類提出	行政庁等へ書類提出	
6月末	資産の変更登記 〈事業年度終了後 3 月以内〉	決算公告・評価公表	

B	参加法人（医療法人）	連携推進法人	評議会
翌年 3月	予算等原案策定 ・収支予算 ・事業計画　→ ←	意見聴取 （参加法人重要事項）　→ 意見 （参加法人重要事項）　←	意見
〜	理事会招集通知 〈理事会の 7 日前までに〉	理事会招集通知 〈理事会の 7 日前までに〉	
	（予算）理事会開催	（予算）理事会開催　（←）	意見
	社員総会開催通知 〈社員総会の 5 日前までに〉		
3月末	（予算）社員総会開催		

（G-Net　原子修司）

Ⅲ-6　定款による会費等規程

Q6 連携推進法人の創設，その後の運営費や事業費に支出が生じると思いますが，その負担等を明らかにする規程を示して下さい。

■ポイント

> 連携推進法人の創設・運営には，創業費や経常的運営費，連携推進のための事業費が必要であり，その負担は社員の義務として定款に規定化し，会費等規程を策定すべきです。

A 定款例では，経費の負担について次のように規定化。

「第12条　本法人の事業活動に経常的に生じる費用に充てるため，社員になった時及び毎年，社員は，社員総会において別に定める額を支払う義務を負う。」さらに備考欄で，「経費の負担を生じさせる場合には定款に規定が必要。事業活動に経常的に生じる費用とは，本法人の本部運営に当たって発生する事務的経費等であり，医療連携推進業務に要する費用については，財源を別途確保する必要がある。」としています。

ここでは，定款記載を条件に創業費や運営費，事業費の負担を明記した会費等規程の一部を示します。この支払義務を2年以上履行しない社員は，その資格を喪失する（第16条1号）ことになります。

なお，このほか，融資資金や介護事業等会社の買収などのために多額の支出がありえ「基金」で賄うことが予測されます。定款に第3章基金を設置し，定款施行細則（第61条：第2章・Ⅲ-Q3参照）で細部を規定すべきでしょう。

会　費　等　規　程

（目　的）
第1条　この規程は，地域医療連携推進法人○○メディカルアライアンス（以下「当法人」という。）定款第12条の規定に基づき，入会金および会費等の納入ならびに使途に関し，必要な事項を定める。
（入会金）
第2条　社員は，当法人創設の支出等に充てるため，次の入会金を納入しなければならない。
　(1)　参加法人社員　　　　　　　　○○千円
　(2)　非参加法人社員（法人）　　　○○千円
　(3)　非参加法人社員（個人）　　　○○千円
（入会金の納期）
第3条　入会金は，当法人から入社承認の通知を受けた日から○○日以内に納入しなければならない。

（会　費）

第4条　社員は，次の会費（年額）を納入しなければならない。

(1)　参加法人社員　　　　　　　○○千円以上（一口○○千円，一口以上）
(2)　非参加法人社員（法人）　　○○千円以上（一口○○千円，一口以上）
(3)　非参加法人社員（個人）　　○○千円以上（一口○○千円，一口以上）

（会費の納期）

第5条　社員は，毎事業年度，○月○○日までに，会費年額の全額を納付しなければならない。ただし，年額○○千円以上（○○口以上）の会費を納入する参加法人社員，非参加法人社員（個人）および非参加法人社員（法人）にあっては，納期の変更または分割納入を申し出ることができる。

（中途入社の会費および納期）

第6条　事業年度の中途に入社した社員の当該事業年度の会費は，入社承認月が上半期（4月から9月まで）の場合は年額の全額とし，下半期（10月から翌年3月まで）の場合は年額の半額とする。

　2　前項の会費の納入は，当法人から入社承認の通知を受けた日から○○日以内とする。

（入会金および会費の免除）

第7条　理事会は，次のいずれかに該当する非参加法人社員（個人）については，第2条および第4条の規定にかかわらず，入会金および会費のいずれか一方または双方の免除を議決することができる。

(1)　特に多額の会費を納入する参加法人社員または非参加法人社員（法人）に所属する非参加法人（個人）について，当該法人社員から入会金または会費もしくは入会金および会費の免除申請があった場合

(2)　免除すべき相当の事由があると認める非参加法人社員（個人）

（会費の使途）

第8条　第2条（入会金）および第4条（会費）は，以下の各号に定めるものに使用するものとする。また毎事業年度における合計額の50％を超える額を当該年度の医療連携推進業務に使用する。

(1)　運営費
　①職員の給与
　②常勤代表理事等への報酬
　③事務所賃借料・通信費・事務用品費
　④水道光熱費
　⑤公認会計士または監査法人への監査費
　⑥役員，評議会委員（非常勤）への日当等の報酬
　⑦顧問弁護士，税理士等への報酬
　⑧役員等への損害賠償責任に係る保険料など

(2)　事業費
　①参加法人等の職員等への合同教育研修費
　②医業経営コンサルタント等の支援に係る経費
　③連携推進区域内の患者，疾病動向などの調査研究費
　④連携提携業務に係る印刷，イベント費
　⑤連携提携をスムーズに合理化するための医療IT（Information Technology）費など

(3)　その他

　2　前項各号の費用については，理事会の承認をえて基金の源資をあてることもありえるものとする。その取扱いについては定款施行細則に定める。　　　　（以下，省略）

（G-Net　松田紘一郎）

Ⅳ　参加法人等のメリット・デメリット

Ⅳ-1　制度上のM・D

Q1　連携推進法人の制度・しくみの上でのメリット・デメリット（M・D）を教えて下さい。

■ポイント

> 制度・システム上のメリットは，連携区域内で定款に示した6つの業務等を行い，共通理念・標章により，圧倒的な存在感を示しうること。デメリットは，連携推進法人は，その評議会の意見の尊重，参加法人は連携推進法人に重要事項の報告が義務化等。

A　　ここに示した連携推進法人および参加法人等のM・Dは，執筆時点（2017（平成29）年4月1日）の厚生行政などの資料データに基づくものであり，主として短期的視点から記述されています。

　冒頭の「序」で示しましたように連携推進法人は，地域医療構想による地域包括ケアの基本的な担い手になることが期待されており，創設の趣旨で「過疎地医療介護にとりくむ」ことも期待されています。M・D（特に制度論上の）は，これ以下に示した短期的視点を超えた，長期的な課題「後8年ある」または「後8年もない」議論，つまり「2025年問題」を見据えた対応をなされるべきです。第2章・Ⅰ-Q6・共通標章で示しましたH・P・Hは，法的に公益財団法人でありますが，コミュニティベネフィット（地域貢献支出：無保険者等の救済など）を数百万ドル単位で公表しています。わが国では，このケースは，公的助成がなされるべきであり，これをデメリットとみるかどうかですが，次に一般論を示します。

1　制度上のメリット

(1)　参加法人の施設など全てで統一した共通標章（ロゴ・シンボルマーク）を掲げることにより，地域に圧倒的な存在感を示しうること。

(2)　参加法人（社員）で，医療従事者の資質向上などの研修により，医療従事者のシナジー効果による意識改革が期待できること。

(3)　病院等業務に必要な医薬品・医療機器などの共同的な購入により「地域フォーミュラリー」化が期待できること（第1章・Ⅱ-Q4参照）。

(4)　資金の貸付け（融資），省令で定める資金調達により，連携推進法人か

らの融資が期待できること。

(5)　病院等相互間で業務の連携，機能分担により，次のような収入アップとともに業務の効率化が期待できること。

〔例示〕　①　紹介，逆紹介の活性化

　　　　　②　キャリアプランの策定による一体化

　　　　　③　業務効率化のノウハウ（知価）などの共有によるコスト削減

(6)　連携推進法人を通じて区域内に病院，介護施設等を開設や病床の融通や機能分化により，参加法人の戦略マップ上の「弱み」（Weak）を解消し，「強み」（Strong）を補強できること。

(7)　連携推進法人のメンバーとして，統一ロゴを示し地域住民および職員の採用・定着にアピールできること。

2　制度上のデメリット

(1)　連携・提携の方針や推進区域を定款（寄附行為）で定め，知事の認可を受けることにより，参加法人は一定の制約を受けること。

(2)　連携推進法人は，組織内に設けた医師会などの有識者を選定して構成される評議会の意見を尊重しなければならないこと。特に連携・提携について第三者的な評価を受けること。会計について，その1年間の会計年度で外部監査が義務化。対応できる人材は限られ事前に専門コンサルタントの「力」を借りることが予測されること。

(3)　参加法人は，次の重要事項について連携推進法人の意見を求めることと定款で規定され，独自の意思決定がやや制限されること（第1章・Ⅰ-Q4参照）。

　　　①　予算の決定・変更

　　　②　長期の借入金

　　　③　重要な資産の処分

　　　④　定款（寄附行為）の変更

　　　⑤　合併・分割

　　　⑥　目的事業の不能・省令による解散

(4)　参加法人間で医師等の「在籍出向」は，可能となるが労務，特に人件費

格差が表面化することにより雇用が流動化しやすくなること。

(5) 連携推進法人の日常運営（外部監査費もふくむ）コストや業務連携のコストが，適切に分担するとはいえ，負担増になること。

(6) 議決権は原則として各1個であるため巨大病院と一人医師法人との逆格差が生じること。これは知事認可の定款記載を条件にそれ以外にもできるが，どこまで現実を反映させるのかが不明なこと。

(7) 現在のところ診療報酬上のメリットがなく，逆に代表者が同一などの「特別の関係」の関連当事者（参加法人であることのみでは算定されないが）となりうることにより，紹介率等が算定できないこと。

(G-Net　松田紘一郎)

Column 3　医療法第6次改正，地域包括ケアシステム

1948（昭和23）年に制定された医療法は，数次の改正をへて，第7次改正でこの本のテーマとなっている連携推進法人が制度化された。その1つ前の第6次改正は2014（平成26）年6月に成立，10月以降に順次施行されたが連携推進法人の基盤となるものが，法制化された。

まず，第6次改正の主な概要を次に示す。

① 病床機能報告制度と地域医療構想の策定（機能分化地域包括ケアによる連携推進）

② 在宅医療の推進（5疾病・5事業および在宅）

③ 特定機能病院の承認の更新制の導入

④ 医師・看護職員確保対策

⑤ 医療機関における勤務環境の改善

⑥ 医療事故に係る調査の仕組み等の整備

⑦ 臨床研究の推進

⑧ 医療法人制度の見直し（認定医療法人制度など）

第6次改正の内容のうち，2014（平成26）年10月から施行されているのが，①の病床機能報告制度，⑤の医療機関の勤務環境改善，⑧の医療法人制度の見直しであり，2015（平成27）年10月から開始されているのが，④の医師・看護職員確保対策として，看護師の届出制度，特定行為に係る看護師の研修制度や⑥の医療事故調査制度である。

　連携推進法人は，この段階では明らかにされていなかったが，連携推進のための地域包括ケアシステムをとりあげてみることにする。

　わが国の高齢化は世界にも類を見ないスピードで進み75歳以上の後期高齢者人口は増加の一途をたどっており，2025年には2179万人と人口の18.1％になると予想されている。また，2055年にはその割合が25％を超えるとの試算もある。また，認知症高齢者の増加が見込まれることから，認知症高齢者の地域での生活を支えるためにも，地域包括ケアシステムの構築は重要であるといえる。

　地域包括ケアシステムとは，今後将来に向け持続可能な社会保障制度の確立を図るため効率的かつ質の高い医療提供体制を構築するとともに，地域における医療および介護のシームレスな提供と総合的な確保を推進するために設計された制度である。同システムは都道府県が策定した地域医療計画に基づき推進される。病床の機能分化（高度急性期・急性期・回復期・慢性期）とその連携，在宅医療・介護の推進が図られる。

　地域包括ケアシステムの目標は，団塊の世代が75歳以上となる2025年を目途に重度な要介護状態となっても住み慣れた地域で自分らしい暮らしを人生の最後まで続けることが出来るよう，医療・介護・予防・住まい・生活支援が一体的に提供されるよう構築することである。具体的には，地域住民が，居住の種別，従来の施設，有料老人ホーム，グループホーム，高齢者住宅，自宅（持家・賃貸）に関わらず，概ね30分以内（中学校通学区域）に生活上の安全・安心・健康を確保するための多様なサービスを24時間365日を通じて利用しながら，病院に依存せずに住み慣れた地域で生活を継続することが可能になっていることが目標となっている。地域包括ケアシステムは多職種連携が進まない限り実現は難しく，今後は人材不足が顕著化しており，なかなか進捗しない現状のなかで，第7次改正医療法のなかで，その基本的な担い手になるべく登場したのが連携推進法人である。

（G-Net　井上輝生）

Ⅳ-2 公的・公益法人（大学法人・地方自治体・済生会など）のＭ・Ｄ

Q2 日赤，済生会や地方自治体，大学法人の病院等は，連携推進法人の参加法人社員になれますか，教えて下さい。

■ポイント

> 4つの法人の病院等は，全て参加法人社員になりえます。ただし，地方自治体病院は，その議会の決議，3法人は，法令の規制による本部機構の決定と連携推進方針が反する可能性があり事実上，参加法人になりえないかも知れませんが非参加法人の社員として，いわゆる「ゆるやかな参加」は可能です。

A 連携推進法人の参加法人は，予算の決定，借入金，重要な資産の処分，事業計画の決定，定款変更，合併，分割，解散等の重要事項を決定するに当たってあらかじめ連携推進法人に意見を求めることを定款に規定していること，連携推進法人は，連携推進評議会から必要な意見を徴すること，さらに連携推進評議会は，連携推進方針に記載している目標に照らし，業務の実施状況について評価を行うなどの義務が課されています。

そのため連携推進方針が，法令による議会決議の修正や本部機構の決定と異なることも考えられ，参加法人社員になることは困難と思われてきましたが，所定の条件により可能となりました。ただし，病床の融通，債務保証，資金の借入れ，参加法人間の在籍出向による受入れを除く，非参加法人・社員には条件が付されずになりえると思われます。

1 制度上のメリット

(1) 参加法人（社員）で，医療従事者の資質向上の研修，それによるシナジー効果により，医療従事者の意識改革が期待できること。

(2) 病院等業務に必要な医薬品・医療機器などの共同的購入により「地域フォーミュラリー」化が期待できること。

(3) 病院等相互間で業務の連携，機能分担により，収入アップとともに業務の効率化が期待できること。

〔例示〕 ① 紹介，逆紹介の活性化

② 業務効率化の知価など，福利厚生の共有によるコスト削減

(4)　連携推進法人を通じて区域内に病院，介護施設などの開設や病床の融通により，参加法人の戦略マップの「弱み」を解消できること。(注)　融資については，本部機構・議会との制約（事実上，不可となり）が加わり，メリットは少ないと思われます。

(5)　創設時のチャータード社員になれれば，区域内に地域住民と密着した連携・提携医療機関などと機能分化の企画立案に参加できること。

(6)　連携推進法人の中核メンバーとして地域住民などにアピールできること。

2　制度上のデメリット

(1)　国，都道府県，市などの参加は，いわゆる参加法人には，原則としてなることが難しく（認定された例：広島県三次市あり），病院単体の社員としての参加しか考えられず，メリットが制限されること。

(2)　連携・提携の方針や推進区域を定款で定め，知事の認可により，参加法人になったとしても一定の制約を受けること。

(3)　連携推進法人は，組織内に設けた医師会などの有識者の評議会の意見を聞かなければならないこと。特に連携・提携について評価を受け活動が制限されること（第1章・Ⅰ－Q4，Ⅵ－Q4参照）。

(4)　参加法人は，次のことで連携推進法人の意見を求めることを定款で規定されており，独自の意思決定がやや制限されること。

　　①　予算の決定・変更　　②　長期借入金
　　③　重要な資産の処分　　④　定款（寄附行為）の変更
　　⑤　合併・分割　　⑥　目的事業の不能・省令による解散

(5)　連携推進法人の参加社員の中核メンバーとして地域住民などにアピールできないこと。

(6)　議会，本部機構の予算決定，事業計画の策定承認により，それらからの制限を受けること。在籍出向は，非参加法人・社員では受入れができないこと。

(7)　非参加法人・社員になる場合，次のことが享受できないこと

　　①　病床再編による病床融通　②　債務保証
　　③　連携推進法人からの資金の貸付　　　　　　　　（G-Net　松田紘一郎）

・*160*

Ⅳ-3　社会福祉法人・一般財団法人のM・D

Q3 連携推進法人の参加法人社員となりうる社会福祉法人と一般財団法人のM・Dについて教えて下さい。

■ポイント

> 社会福祉法人と一般財団法人は創設根拠法令等が異なりますがM・Dはほぼ同じ。さらに本部機構のもとに，その病院等があれば，参加法人・社員となることは困難であり，非参加法人の社員として連携業務に制約があります。

A 社会福祉法人は，社会福祉法31条に掲げる事項を定款に定め，厚生労働省令で定める手続きに従い所轄庁の認可を受けたのち，都道府県知事の設立・許可により，法人格が付与されます。

一般財団法人は，一般社団財団法152条に基づき同法153条の記載事項を定めた定款を作成し，公証人の認証を受けたのち，法務局に設立の登記申請を行うことにより，法人格が付与されます。

社会福祉法人は，公的資金が投入されることから社会福祉法により，都道府県・部局により厳しい指導がなされ，予算会計が厳守され，対外投資は禁じられています。社会福祉法人が連携推進法人に基金を拠出することはできません。

1　制度上のメリット

(1) 参加法人（社員）で，医療従事者の資質向上の研修，それによるシナジー効果により，医療従事者の意識改革が期待できること。

(2) 病院等業務に必要な医薬品・医療機器などの共同的購入により「地域フォーミュラリー」化が期待できること。

(3) 病院等相互間で業務の連携，機能分担により，収入アップとともに業務の効率化が期待できること。

〔例示〕　① 紹介，逆紹介の活性化
　　　　　② キャリアプランの策定による一体化
　　　　　③ 業務効率の知価など，福利厚生の共有によるコスト削減

(4) 創設時のチャータード社員になれれば，区域内に地域住民と密着した連携・提携医療機関などと機能分化の企画立案に参加できること。

2　制度上のデメリット

(1)　連携・提携の方針や推進区域を連携推進法人の連携推進方針と定款・寄附行為で定め，知事の認可により，参加法人は一定の制約を受けること。

(2)　連携推進法人は，組織内に設けた医師会などの有識者の評議会の意見を聞かなければならないこと。特に連携・提携について評価を受けること。

(3)　参加法人は，次のことで連携推進法人の意見を求めることを定款で規定されており，独自の意思決定がやや制限されること（第1章・Ⅰ-Q4参照）。

①　予算の決定・変更

②　長期借入金

③　重要な資産の処分

④　定款（寄附行為）の変更

⑤　合併・分割

⑥　目的事業の不能・省令による解散

(4)　本部機構があれば，その予算決定，事業計画の策定承認により，それらからの制限を受けること。

(5)　社会福祉法人は，社会福祉目的，（一般）財団法人は，公益目的など認定条件にそぐわないこともあり非参加法人・社員になる場合，次のようなことができなくなること。

①　病床再編による病床融通

②　連携推進法人から資金の貸付

③　参加法人間の在籍型出向

（G-Net　松田紘一郎）

Ⅳ-4　社会医療法人のM・D

 Q4 社会医療法人は，公益性の高い医療法人でありますが，連携推進法人
の参加法人としてのM・Dを教えて下さい。

■ポイント

> 社会医療法人は，その創設趣旨からみて地域医療に深くかかわり
> を持つ公益性の高い医療法人でその中核が期待されますが，公益
> 性の高い法人と同じようなM・Dがあります。

A 　平成19（2007）年4月1日に施行された第5次医療法改正で創設さ
れた公益性の高い社会医療法人は，現在（平成29年1月1日）で278
法人となっており，救急医療やへき地医療などの提供を通じて地域医療になく
てはならないポジションを占め，地域医療構想の実現に不可欠なものになって
います。

　連携推進法人の参加法人社員，非参加法人で社員などの構成，しくみは，社
会医療法人を頂点とし，持分あり法人の持分なし法人への移行（認定医療法人
制度の改正などをふくめた）を迫る医療法人制度改革の一環とみることもでき
ます。

1　制度上のメリット

(1)　自法人の全てで統一（ロゴ）標章（シンボルマーク）を掲げることによ
り，他の参加法人とともに，その地域に圧倒的な存在感を示しうること。

(2)　参加法人（社員）で，医療従事者の資質向上の研修，それによるシナ
ジー効果により，医療従事者の意識改革が期待できること。

(3)　病院等業務に必要な医薬品・医療機器などの共同的な購入により「地域
フォーミュラリー」化が継続して期待できること。

(4)　在籍型出向，融資などが受けられること。

(5)　病院等相互間で業務の連携，機能分担により，収入アップとともに業務
の効率化が期待できること。

〔例示〕　①　紹介，逆紹介の活性化
②　キャリアプランの策定による一体化
③　業務効率化の知価など，福利厚生の共有によるコスト削減

(6)　連携推進法人を通じて区域内に病院，介護施設などの開設や病床の融通により，参加法人の戦略マップの「弱み」を解消できること。（注）自治体病院などの参加があれば，融資については本部機構があれば，その制約が加わり，メリットは少なくなると思われます。

(7)　創設時のチャータード社員になれれば，区域内に地域住民と密着した連携提携医療機関などと機能分化の企画立案に参加できること。

2　制度上のデメリット

(1)　連携・提携の方針や推進区域を定款で定め，知事の認可を受けることにより，参加法人は一定の制約を受けること。

(2)　連携推進法人は，重要事項等（定款規定上の）について，組織内に設けた医師会などの有識者の評議会の意見を聞かなければならないこと。特に連携・提携について評価を受けること。

(3)　参加法人は，次のことで連携推進法人の意見を求めることを定款で規定されており，独自の意思決定がやや制限されること（第 1 章・I － Q 4 参照）。

①　予算の決定・変更

②　長期借入金

③　重要な資産の処分

④　定款（寄附行為）の変更

⑤　合併・分割

⑥　目的事業の不能・省令による解散

(4)　非参加法人社員に本部機構（日赤など），議会の承認（自治体など）がある場合，地域医療連携業務の推進に一定の制限が加わる可能性があること。

(5)　基金の拠出，会費等の負担が生じること。

社会医療法人の基本（いわゆる入口）の認定要件（例，夜間休日の救急車搬送受入件数が 3 年平均で年750件以上）維持ができるようなアライアンスをしくみとしてつくること，その了承がえられるかがポイントでしょう。

（G-Net　松田紘一郎）

Ⅳ-5 　持分なし医療法人（基金拠出型）のM・D

Q5 　医療法人・持分なし法人（基金拠出型）のM・D，特に移行時・出資持分のみなし贈与非課税型と課税型にちがいはありますか。教えて下さい。

　■ポイント

> 持分なし医療法人（基金拠出型）は，新設または移行（課税・非課税型）にかかわらず，そのM・Dに原則として，変わりありません。非営利性を犯す重大な違反には，その社員としての地位は堅持できないと思われます。

A 　　医療法人・持分なし法人の基金拠出型は，次のように3タイプに分けられます。

(1)　平成20年4月1日以降の新設（基金拠出型）の医療法人…Aタイプ

(2)　(1)以前の出資持分あり医療法人

　①　非課税要件を充足して持分を放棄した（基金拠出型）医療法人…Bタイプ

　②　非課税要件を充足せず課税されて基金拠出型とした医療法人…Cタイプ

なお，(2)の①と②に該当しない持分あり法人で，そのまま存在している法人（持分あり医療法人）については，この次のQ6で示します。

　A，B，Cタイプの基金拠出型のM・Dは，原則として同じです。

　ただし，(2)の①で，3つの非課税要件（1つ　共通4基準，2つ　適正な組織要件基準，3つ　個別基準）のうち，重大な非営利性違反として，みなし贈与税（相法64条）が課税された場合，参加法人・社員としての地位を堅持することは難しい（私見）と思われます。これは「みなし贈与税の非課税」移行した法人類型（認定医療法人制度もふくむ）にも同じことが言えます。

1　制度上のメリット

(1)　参加法人（社員）で，医療従事者の資質向上の研修，それによるシナジー効果，統一ロゴ（標章）により医療従事者の意識改革が期待できること。

⑵　病院等業務に必要な医薬品・医療機器などの共同的購入により「地域フォーミュラリー」化が期待できること。

⑶　病院等相互間で業務の連携，機能分担により，次のような収入アップとともに業務の効率化が期待できること。

〔例示〕　①　紹介，逆紹介の活性化

　　　　②　キャリアプランの策定による一体化

　　　　③　業務効率化の知価など，福利厚生の共有によるコスト削減

⑷　在籍型出向，連携推進法人からの融資などが受けられること。

⑸　連携推進法人を通じて区域内に病院など，介護施設などを開設や病床の融通により，参加法人の戦略マップの「弱み」を解消できること。(注) 自治体病院などの参加があれば，融資については，本部機構・議会との制約が加わり，メリットは少なくなると思われます。

⑹　創設時のチャータード社員になれれば，区域内に地域住民と密着した連携提携医療機関などと機能分化の企画立案に参加できること。

2　制度上のデメリット

⑴　連携・提携の方針や推進区域を連携推進法人の連携推進方針と定款・寄附行為で定め，知事の認可により，参加法人は一定の制約を受けること。

⑵　連携推進法人は，組織内に設けた評議会は，医師会などの有識者を選定し意見を聞かなければならない。特に連携・提携について評価を受けることにより業務活動に制約がでること。

⑶　参加法人は，次のことで連携推進法人の意見を求めることを定款で規定されており，独自の意思決定がやや制限されること（第1章・Ⅰ‐Q4参照）。

　①　予算の決定・変更

　②　長期借入金

　③　重要な資産の処分

　④　定款（寄附行為）の変更

　⑤　合併・分割

　⑥　目的事業の不能・省令による解散

⑷　基金の拠出，会費等の負担が生じること。　　　　　　　　　(G-Net　松田紘一郎)

Ⅳ-6　持分あり医療法人のM・D

Q6　連携推進法人の参加法人社員となりうる「持分あり医療法人」のM・D，それにからむ制度上の制約などについて教えて下さい。

■ポイント

> 持分あり医療法人は，「当分の間」存続するとされた経過措置医療法人で，非営利性の解釈変更により，非営利を順守する限り，参加法人社員になりえ，それを犯すとその資格を失います。

A　持分あり医療法人は，43,203法人（平成19年3月末日現在），全医療法人（医療法人社団43,627法人，このほか財団が400法人，計44,027法人）の98.1％を占めていました。平成28年3月末日では，持分あり法人は40,601法人（全法人51,577法人）の78.7％になっています。持分ありからの移行法人は513法人で，うち移行認定制度による認定件数は61法人です。

　持分あり医療法人は「非営利」の解釈変更により，非営利を順守する限り，連携推進法人の参加社員になりえます（第3章・Ⅰ-Q4参照）。

　このように出資社員の退社により，剰余金の分配が行われます（法的には支払義務あり）と，医療法令上は，「配当」になり，非営利違反で退社せざるをえなくなります。そうならないよう合法的な持分なし法人への移行，つまり改正・緩和された「認定医療法人制度」を活用するか，その他の手続きをとられるべきです。

1　制度上のメリット

(1)　参加法人（社員）で，医療従事者の資質向上の研修，それによるシナジー効果により，医療従事者の意識改革が期待できること。

(2)　病院等業務に必要な医薬品・医療機器等の共同的購入により「地域フォーミュラリー」化が期待できること。

(3)　病院等相互間で業務の連携，機能分担により，収入アップとともに業務の効率化が期待できること。

〔例示〕　①　紹介，逆紹介の活性化

　　　　　②　在籍型出向による人手不足の部分的解消

　　　　　③　業務効率化の知価など，福利厚生の共有によるコスト削減

⑷　連携推進法人を通じて区域内に病院等の開設や病床の融通により，参加
　法人の戦略マップの「弱み」を解消できること。

⑸　創設時のチャータード社員になれれば，区域内に地域住民と密着した連
　携提携医療機関などと機能分化の企画立案に参加できること。

⑹　共通標章などの活用により，地域にアピールできること。

2　制度上のデメリット

⑴　連携提携の方針や推進区域を連携推進法人の連携推進方針と定款で定め，
　知事の認可により，参加法人は一定の制約を受けること。

⑵　連携推進法人は，組織内に設けた医師会などの有識者の評議会の意見を
　聞かなければならないこと。特に連携・提携について評価を受けること。

⑶　参加法人は，次のことで連携推進法人の意見を求めることを定款で規定
　されることになり，独自の意思決定がやや制限されること（第 1 章・Ⅰ-
　Q 4 参照）。

　　①　予算の決定・変更

　　②　長期借入金

　　③　重要な資産の処分

　　④　定款（寄附行為）の変更

　　⑤　合併・分割

　　⑥　目的事業の不能・省令による解散

⑷　「出資」社員の払戻請求により，資金繰りがつまり経営危機，または M
　S 法人などを通じた営利法人の関与が疑われることもありうること。また，
　払戻しを実施すると「配当」になり，非営利の不順守により参加法人の地
　位を失う（退社）こと。

⑸　同族経営・固有の経営方針が制限コストの負担があること。

⑹　以上により，冒頭に述べた制度論的に持分なし法人への移行が強いられ
　ること。

（G-Net　松田紘一郎）

関連企業等の関わり方

この章は，この本の特異とも思われる特徴を示すものであります。

連携推進法人は，規模の大小を問わず，その創設はわが国にとって初めてのことであり，参加法人等へのメリットを享受させつつ，地域医療構想による地域住民のための質の高い（QOL）地域包括ケアの基本的な担い手となることが期待されています。

そしてそのグループ間で徹底的な合理化とともに限りない提供サービスの質の向上が期待され，他のアライアンス・グループとの比較競合にさらされ，連携推進評議会による業務評価まで行われ，結果が公表されます。

この章では，医療介護界に長年の実績と高度の知見を持って JPBM 医業経営部会の研究会に参加している，それぞれの５つの法人（会社）等から，ノウハウ・知見を Q&A 方式で各５〜８，計36の Q&A で次のように公開していただきます。

 Ⅰ 医業経営コンサルタント法人の関わり方（Q&A 8つ） ㈱グロスネット
 Ⅱ 税理士，社労士の関わり方（Q&A 7つ） 税理士，社労士
 Ⅲ 金融・信託銀行の関わり方（Q&A 5つ） 三井住友信託銀行
 Ⅳ 建設会社の関わり方（Q&A 8つ） 鹿島建設 営業本部医療福祉推進部
 Ⅴ 監査法人の関わり方（Q&A 8つ） 清陽監査法人

連携推進法人（参加法人等もふくむ）のさまざまな局面で，これらの法人（会社）のノウハウが公開され，活用されることを期待しています。

なお，それぞれの法人・企業等の連絡先，執筆者等はQの末尾と巻末にも記載してあります。

I　医業経営コンサルタント法人の関わり方

I-1　**創設支援業務**

Q1 200床の救急指定・社会医療法人で開放型認定の病院ですが，わが法人が主体となるような連携推進法人の創りかたを教えて下さい。

■ポイント

> 連携推進法人設立前の一般社団法人設立検討段階から，事務局を提供したりして主体的に協議をすすめることが重要。少なくとも一般社団法人設立時には設立時社員として参画し，主体性を発揮するべきです。

A 連携推進法人設立までの流れは，概ね①連携推進法人設立に向けた協議，②設立のための準備会，③一般社団法人設立認可，④連携推進法人の認定の4段階を経ることとなります。一般社団法人設立に際しては，連携推進法人設立に向けた協議の結果が定款として取りまとめられ，この段階で当該連携推進法人の大枠が定められることとなります。すなわち，連携推進法人において主体となるには，一般社団設立の段階までには事務局機能を果たすこと等が必要です。

　一般社団法人設立までの①連携推進法人設立に向けた協議，②設立のための準備会の2段階における実施内容ついてさらに詳しく説明。連携推進法人設立に向けた協議においては，関係者の初期的な話し合いから始まり，情報収集，定期会合・課題の抽出，連携推進室事務局の設置を行い，次のステップとして勉強会・講師の招聘，コンサルタント契約，以下計画提示の検討，共通理念の検討，本部機構承認，県主務課との協議開始と続きます。準備会の段階では，準備会の結成・予算計画の了承，機能分担等の協議・公認会計士等の選定，地域医療・責任の協議から理念化，以下方針・定款・役員・社員の構成，参加法人の補充，社員権付与の有無検討，引き続き県主務課と協議といったより具体的な設立準備を実施する段階となります。こうした組織化の実務手順をスムーズに進めるにあたっては，「認定登録　医業経営コンサルタント」支援を求めることも考えられます。

　「認定登録　医業経営コンサルタント」は（公社）日本医業経営コンサルタント協会（以下「コンサル協会」といいます）によって認定登録された医療・介護・福祉に関する職業専門家であり，コンサル協会はこの資質の向上を図る

等の目的で承認された公益法人です。コンサル協会では，医業経営コンサルタントの紹介制度があり，ホームページ（http://www.jahmc.or.jp/）から相談を依頼できます。なお，5 人以上の医業経営コンサルタントが所属し，一定の要件を備えた法人は，「医業経営コンサルタント法人」として認定されております。

組織化の実務手順

Ⅰ．協議	Ⅱ．準備会	Ⅲ．法人認可	Ⅳ．認定
地域有力病院の話し合い 情報収集、定期会合・課題抽出、連携推進室設置 勉強会・講師の招聘、コンサルタント契約、以下計画提示の検討、共通理念の検討、本部機構承認、県主務課と協議	準備会の結成・予算計画の了承 機能分担などの協議・公認会計士の選定 定款・役員・社員の構成、参加法人の補充、社員権付与の有無検討、県主務課と協議 地域医療・責任の協議から理念化、以下方針・	参加法人等の停止条件付の契約 連携推進法人化のための一般社団法人の認可 県主務課の了承 定款策定、協議会、地域貢献の具現化、要件整備、 要件整備・共通標章検討、以下共通理念・方針・	参加法人の定款変更、推進法人の定款の認定 本部事務局の正式設置、引き続き要件整備、以下地域社会に対する責任宣言書の確定 連携推進法人の認定、記者会見・公表

　連携推進法人は，一般社団法人の認可を受け，認定要件を整備して連携推進法人の認定を受けますが，ⅠからⅡ（あるいはⅢ）まで，事務局の機能を法人のいずれかが受け持つことになり，その事務機能を持たれることをお薦めします。コンサルタントや公認会計士の選定等による支援を受けつつ，法人のガバナンスを構築，諸則を整備運用し，経理の基礎を確立，技術的能力を高めていかれるべきです。

　ここに職業会計人や医業経営コンサルタントなどに大きなビジネスチャンスがあることを理解されるべきでありましょう。

（G-Net　今村　顕）

参加法人の課題是正の支援

Q2 Q1の急性期病院と連携しています。120床の療養型病院法人（医療60床と介護60床）ですが，参加法人となるためのポイントを教えて下さい。

■ポイント

> 自院（法人）の内部・外部環境のPPMやSWOT分析により，自院のその地域におけるポジショニングを確立し，中長期経営戦略を備え，地域医療連携に積極的に貢献して参加法人社員となることが重要です。

A すでに急性期病院と連携しており，さらに連携推進法人に参加するとのこと。参加法人になるにあたっては，場当たり的な対応ではなく，中長期的な視野で戦略的アプローチをとることが重要となります。例えば，医業経営の戦略策定のプロセスは次の図のように示されます。

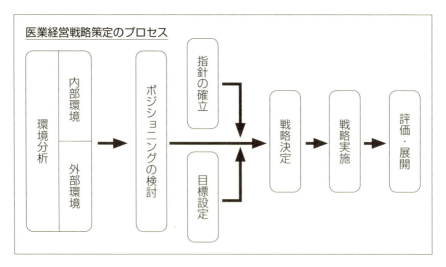

医業経営の戦略策定のプロセスでは，経営の現状について裏づけをもって認識することからはじまります。詳しくはQ3でも説明しますが，まず環境分析を行い，機会（チャンス）や課題の明確化を行います。これらをもとに自院のポジショニングを図り，目指すべき目標に対する確たる戦略を策定していくこととなります。ポイントは，まず，地域にさらなるニーズがあるのかどうか，

そして当該法人が参加法人となることが，当法人にとっても，連携推進法人全体にとってもシナジー効果が発揮されることとなるのかどうかということになります。

　戦略の展開については PPM（Product Portfolio Management）分析によるフレームワークが参考となります。PPM 分析では，その地域医療市場に関して，シェア（占有率）と成長率の切り口で分析を行います。それぞれのマトリクスは①花形サービス，②金のなる木，③問題児，④負け犬と表現され，戦略展開のヒントとなります。一般的な事業の盛衰の流れは"問題児"→"花形サービス"→"金のなる木"→"負け犬"といった流れとなります。参加法人となることで生み出されるサービスが"負け犬"とならないことを見極めることが重要となります。

PPM（Product Portfolio Management）分析

成長率 シェア		相対的マーケットシェア	
		高	低
市場 成長率	高	花形サービス	問題児
	低	金のなる木	負け犬

　貴法人が，この連携推進法人のグループ中で"負け犬"とならないためには，SWOT 分析も必要です。特に"弱い（weakness）"部門，例えば特定の診療科や併設の施設，あるいは附帯業務をグループ内の参加法人に譲ったりして縮小し，"強い（strength）"部門を強化しつつ"花形サービス"を見極めて，つくり上げていくことです（第1章・Ⅱ-Q3参照）。

　このような戦略的発想，まず自法人の Win（ウイン）を確立できるようなグループ編成も大事でありましょう（第1章・Ⅱ-Q2参照）。共通することは，地域医療ニーズをくみ取りながら，医療と医業の「質の向上と効率化」（VFM: Value for Money）を徹底していくことにつきます。

（G-Net　今村　顕）

I-3　強さ，弱さの補充・拡充支援

Q3 開設45年（２年前建てかえ）の医療法人（持分あり療養型病院）ですが，やっと利益を出す状態。急性期の医療法人と連携推進法人を検討，当方を見直す分析の方法を教えて下さい。

■ポイント

> まず当法人の現状把握・分析を行い，検討すべき課題の整理からはじめることをお薦めします。地域医療における自院のポジションや現状分析の有効な手法のひとつとして SWOT 分析が挙げられます。

A SWOT 分析は，現在の経営環境に関して，内部環境分析によって明らかになった項目を Strength：強み，Weakness：弱みに，外部環境分析によって明らかになった項目を Opportunity：機会，Treat：脅威のフレームワークに分類し分析することで，検討すべき経営課題を明確化し，戦略を策定するための手法の一つです。

SWOT 分析における分析のフレームワーク

内部環境分析	＜ Strength：強み＞ 他法人と比較して，当法人が優れている点。	＜ Weakness：弱み＞ 当法人の要改善点，内部で抱える問題点。
外部環境分析	＜ Opportunity：機会＞ 当法人にとって有利となりうる，社会環境の変化	＜ Treat：脅威＞ 当法人にとって不利となりうる，社会環境の変化

　例えば，当法人が次のように分析されるとします。"開設45年であること"→地元での知名度高：強み。"２年前建てかえが終わっていること"→設備が充実している：強み，→償却費負担が重い：弱み。"持分あり"→将来，持分払戻し・放棄の問題が生じる恐れがあり，かつ承継問題がある：弱み。"急性期との連携 "→先方法人との診療科のマッチングがよく，連携のノウハウがあり効果が得られている：機会。"療養型病院 "→近隣療養型病院も先方病院と連携を検討しており，患者をとられる恐れがある。：脅威・・・等。

　当法人の見直しについて，この分析結果をもとにクロス分析表に整理することで，外部環境（機会・脅威）に対して，もっとも強みが活かされるのはどこなのかあるいは，外部環境（機会・脅威）に応じて，強み・弱みをどう変化させていくべきなのかについて検討することとなります。具体的には，①積極的攻勢（機会と強みを最大限に活かす），②差別化戦略（強みを活かして脅威を克服する），③弱点克服・転換（機会を活かして弱みを克服する），④業務改善・撤退（脅威を避けて弱みは強化する）といったかたちで各経営課題項目が分類されることとなります。当法人の例では，知名度の高さや充実した設備をさらに連携に活かすとともに，他病院との差別化を図る戦略を策定するや，承継問題について，これまで培ってきた知名度を落とすことなく承継および持分なし法人への移行（平成29年10月からの認定医療法人制度などによる）を行う等の見直しが必要となってくると思われます。

SWOT 分析による経営課題の明確化

内部　　＼　　外部		外部環境分析	
		＜O：機会＞	＜T：脅威＞
内部環境分析	＜S：強み＞	積極的攻勢	差別化戦略
	＜W：弱み＞	弱点克服・転換	業務改善・撤退

　これによりベンチマーキング（院内の部署，競合病院）などの手法により，あるべきレベルとのギャップが認識でき，達成可能な目標設定もできるはずです。

　このように自法人を客観的・冷静に分析するには，知識と経験を持った医業経営コンサルタント法人に委嘱されるべきと思われます。

（G-Net　今村　顕）

⎯I-4⎯ 個人医師（個人病院）の連携推進法人への関わり方

Q4 個人医師（個人病院）が連携推進法人へ参加できるそうですが，どのような関わり方になるのか教えて下さい。

■ポイント

> 個人医師（個人病院）と連携推進法人の関わり方は社員として参加になります。そのためには病院経営と私的部分およびその他事業との明確な区分け，特に「配当」によるキャッシュ・アウトができないような経理的しくみが求められます。

A まず初めに連携推進法人の参加法人は，法人であることが前提条件であり，個人医師（個人病院）は参加法人にはなることはできません。しかしながら，そのプレイヤーとしてのポジションに着目して連携推進法人の社員として参加することは認められ，社員として，その連携推進法人の運営に加わることは可能です。

連携推進法人に社員として個人医師が関わる場合には，非営利の会計の面で配慮が必要になります。

個人医師が「社員」として連携推進法人として加わる場合には，事業としの病院経営と私的な部分およびその他の事業とを分ける必要があります。個人が事業を行っていくうえで私的な営利部分と，非営利の医療事業の部分を明確に分けることは，一般には困難でありますが，病院経営以外への資金支出には注意が必要になります。社員（個人）から連携推進法人への「貸付」はできても「借入」をすることはできないこととされています。これは私的部分との区分けが困難であることから，連携推進法人の資金を病院経営以外へ支出を抑制する狙いがあると思われます。

また連携推進法人に社員として参加する個人医師が病院経営の他に不動産事業（5棟10室以上）を行っている場合を想定した場合，次の点を注意する必要があります。

最も大きな注意点は，会計的に非営利・病院経営と営利・不動産事業を完全に分けることです。そのため個人病院から生じた利益を私的な部分に充てることだけでなく不動産事業に充てることもできません。よって病院経営で得た利

益は,「特定預金」として病院経営以外には使えないような処理が必要です。

経理処理は, 次のようになります。

開始時	（病院事業会計） 200	（資　　産）	200
	（負　　債） 120	（病院事業会計）	200
	（純　資　産） 80		
受入時	（資　　産） 200	（病院事業会計）	200
	（病院事業会計） 200	（負　　債）	120
		（純　資　産）	80

負債は資産の「ひも付き」のものに限られるとともに次の仕訳が必要です。

（特定預金）　　×××　　　　（現金預金）　　×××

この結果, 病院事業会計は借方が多くなるはずで, それが仕訳で示しました「純資産」になります。

また所得税の確定申告書を行う上で,「事業所得」と「不動産所得」の2つの貸借対照表を作成して管理を行っていくことが重要で, 病院事業所得の貸借対照表のイメージは次のようになります。

（病院事業会計）　　貸借対照表　　（平成〇〇年12月31日現在）

資産の部		負債の部	
科　目	12月31（期末）	科　目	12月31（期末）
現　金		買掛金	
特定預金	×××	借入金	
（普通預金）			
		純資産の部	
土地		純資産	
		青色申告特別控除前の所得金額	
合　計		合　計	

なお, 経営者である医師は,「給与報酬規程」とつくり, 他の勤務医師と比例するように相当の報酬を受けることは可能と思われますが, 必要経費にはならないので注意が必要です。

（G-Net　中村泰三）

I-5 　連携推進法人の行事等の支援

 Q5 連携推進法人の定款による法的な年間行事について医業経営コンサルタントとして支援する場合の関わり方について教えてください。

■ポイント

> コンサル契約等により参画するケースでは，関係者との調整を図りつつ，無理のない年間スケジュールの策定支援および会議の法的手続きについて確認し，決議が無効とならないように確実に実施すべきです。

A 　医業経営コンサルタントとして，連携推進法人の年間行事（会議）へのかかわり方として，次のようなパターンによる支援が考えられます。

① 　連携推進法人の理事または監事に就任し，理事会（社員総会）に出席
② 　連携推進法人の社員として入社し，社員総会（理事会）に出席
③ 　連携推進法人とコンサル契約を締結し支援，オブザーバー出席
④ 　参加法人等とコンサル契約を締結して，オブザーバー出席や社員総会へ代理出席（理事は，個人的な資質や能力に着目して選任されていることから代理人による議決権行使不可）

　ただし，法70条の3第12号（施行規則39条の8）の規定で定める「社員総会の決議に不当な影響を及ぼすおそれがある者」に該当（以下の表参照）する場合は，理事ならびに監事，または社員となることはできません。

＜不当な影響を及ぼすおそれがある者＞ 　　　　　　記号：×社員・役員不可，○可能

区分		営利目的（事業）※	役員（個人事業主）			職員
			本人	配偶者	三親等内親族	
ア	当該一般社団と利害関係を有する	団体	×	×	×	×
イ		個人				○
ウ	参加法人と利害関係を有する	団体		○	○	×
エ		個人				○
オ	ア～エに掲げる者に類するもの					

　　※実質的に利益の分配を行っている場合もふくむ

　コンサル契約を締結した場合は，原案等作成や関係者間の調整等について連携推進法人を支援することとなりますが，以下の表にその内容等を示します。

会議等	法人事務局等・コンサルタント支援業務
	原案作成・関係者間の調整等
共　通	1　年間スケジュール <決算関係>監事監査，公認会計士等監査，理事会，社員総会および評議会の時期調整 <予算関係>理事会（必要に応じて評議会，社員総会）の時期調整
	2　招集通知 ・法定要件を具備した招集通知の作成および発送
	3　議案・報告事項 ・理事会および社員総会の議案 ・評議会で意見を得るべき事項
	4　想定問答集・対応マニュアル ・議案説明資料や代表理事等の報告の質疑対応資料 ・その他，可決・否決，修正動議等の対応のしかた
	5　議事進行シナリオ ・開会挨拶，議長選出，定足数確認，報告事項報告，決議事項審議，決議，閉会挨拶など
	6　議事録 ・理事会議事録，社員総会議事録および評議会議事録
決算関係	<共通>2～6
監事監査（公認会計士等監査）	・連携推進法人が事業年度終了後2か月以内に事業報告書等を作成し，監事等に提出
理事会	（議案）事業報告書等に関する件
社員総会	（議案）貸借対照表及び損益計算書に関する件
予算関係	<共通>2～6
理事会	（議案）事業計画および収支予算に関する件
理事会報告	<共通>2～6
代表理事	（報告）自己の職務の執行状況報告
業務執行理事	同上
評議会	・意見聴取 参加法人の重要事項に関する件，評価結果

　ただし，あくまで原案作成等の支援であるため，最終的な判断は代表理事等がそれぞれの責任において確認して対応（例：議案，招集通知発送）することになります（第2章・Ⅲ－Q5参照）。

（G-Net　原子修司）

I-6　連携推進法人の諸則整備支援

Q6 連携推進法人固有の諸則の体系と整備する上でのポイント，その適切な運営について教えて下さい。

■ポイント

> 諸則の体系化はプロジェクトチームを結成して，必要な諸則の洗い出し，体系表を作成し全体を把握。所定の手続きにより，承認を経て，周知施行。施行した諸則は適宜見直しを図ること。

A 連携推進法人は，参加法人社員および非参加法人社員を構成員とした法人であり，それぞれが独立した法人等が社員となっています。連携推進法人創設の際には，適正（適法）な法人運営ができるように統一的なルールを定める必要があります。しかし，それぞれが独自のルールで法人等を運営しているため，客観的に全体を見れる第三者の専門家（例：医業経営コンサルタント）の協力を得ながら共通の諸則を策定した方が，社員間でも納得を得やすいと思われます。連携推進法人固有の諸則は（第2章・Ⅲ-Q1参照），次のように体系付けて整備していくこととなります。

地域医療連携推進法人〇〇アライアンス
諸則体系表（例）

20××年4月1日現在

何次＼部門	社員総会		理事会 （理事・監事）	職員				連携推進 評議会
	参加法人 社員	非参加法 人社員		本部	経理	〇〇	〇〇	
法令・定款	定款							
第1次文書 （規則）	社員総会運営規則		理事会運営規則	就業規則				評議会規則
第2次文書 （規程）	組織規程・外部監査対応規程・××××規程							
	会費等規程 基金拠出規程		役員報酬規程 役員退職金規程	給与規程 退職金規程				
第3次文書 （細則）	定款施行細則							
第4次文書 （通知・要領）	（省略）							

　諸則の策定については，決まった手順はありませんが，一般的に次のような
スケジュールで進めていくこととなります。

Step 1　プロジェクトチーム結成

　連携推進法人の職員および参加法人社員等から人材を集めプロジェクトチー
ムを結成します。必要に応じて外部の専門家（例：医業経営コンサルタント）
に協力を要請します。

Step 2　情報収集

　連携推進法人の運営に必要な諸則の洗い出しをしていきます。また，連携推
進法人の社会的責任（SR）（Ⅰ章・Ⅱ-Q2参照）に関する情報等も併せて収集
し，諸則に反映させていきます。また，コンサルタントが参画する場合は，関
連情報の提供や諸則等の例示をうけ，それをたたき台に連携推進法人の実態
（運営方針）に合わせて，修正していくこととなると思われます。

Step 3　原案策定

　原案を策定し，関連部署等に確認をします。定款や第1次文書（規則）等の
重要な諸則については代表理事の事前承認や公認会計士等の外部監査が義務化
されますので，公認会計士等を選定し，その確認も必要となるでしょう（第3
章・Ⅴ-Q1参照）。

Step 4　承認

　経営会議，理事会または社員総会において諸則について審議し，承認します。
承認機関は，法令等で定めているもの（例：定款は社員総会）以外は，法人の
自治であるため，運営方針等に合わせて，承認機関を設定することとなります。

Step 5　施行・周知

　事務局は，Step4で承認された諸則を周知し，必要に応じて配布します。ま
た管理文書として改定履歴を適正に管理する必要があります。特に社員に関す
る諸則については，周知徹底させるために説明会を開催した方がいいでしょう。

Step 6　見直し

　施行後，定期的に見直しを図り，法令等の改正や実態に合わなくなってきた
場合等に改定（定款や重要な規程等については社員総会や理事会等で承認）。
　また必要に応じて，Step1プロジェクトチームを結成し改定します。

（G-Net　原子修司）

I-7 　理事会・社員総会・連携推進評議会の運営支援

Q7 　理事会，社員総会および評議会のつくりかた，その適正な運営，特に評議会の「評価」についてのかかわりかたを教えて下さい。

> ■ポイント
>
> 適正な会議の運営のために理事会運営規則，社員総会運営規則および評議会運営規則を策定し，手続等に瑕疵がないようにすること。適切な目標設定ができるような評価・公表のしくみ構築。

A

1　つくりかた

　　連携推進法人は，理事会，社員総会および連携推進評議会（以下「会議」という）の設置が義務付けられており，その構成は以下のとおりです。

会議	構成員	定数
理事会※1	**（理事）** 少なくとも１人は，診療に関する学識経験者の団体の代表者その他省令で定めるもの	理事３名以上
社員総会※2	**（社員）** 参加法人および施行規則39条の２で定めるもの	参加法人２法人以上
連携推進評議会※3	**（評議員）** 医療または介護を受ける立場にある者，診療に関する学識経験者の団体その他の関係団体，学識経験を有する者その他の関係者	任意

※1　第1章・Ⅴ-Q1参照　　※2　第1章・Ⅴ-Q2，Ⅵ-Q2参照
※3　第1章・Ⅴ-Q3，Ⅵ-Q4参照

2　運営規則の策定

　それぞれの会議の主な役割は以下のとおりです。

会議	主な役割
理事会	**（法人の業務執行の意思決定機関）** 一般社団財団法90条２項，４項および５項ほか，決議。
社員総会	**（法人の最高意思決定機関）** 一般社団財団法に規定する事項および定款に定めた事項に限り，決議。
連携推進評議会	**（評価・意見具申）** 参加法人へ意見を述べる連携推進法人に対して必要な意見を述べる，連携推進法人の業務の実施状況に関して評価を行い，必要に応じて意見を述べる

　会議は，所定の手続きを経て決議することとなりますが，手続き等に瑕疵が

あった場合は，決議が無効ともなりえます。一般社団財団法265条（社員総会等の決議の不存在又は無効の確認の訴え），同法266条（社員総会等の決議の取消の訴え）により，社員総会の決議が無効ともなりえます。

　また，一般社団財団法で理事会の権限等が規定されており，同法90条4項で理事に委任できない事項が明示されています。これらに該当する事項について理事会の決議なしに理事が業務執行をした場合，法令違反となり，その結果，損害が発生した場合は，理事の損害賠償責任の対象ともなりえます。しかし，同法で規定する「その他重要な業務執行の決定」といった場合，その基準が明確ではないため，判断に迷うケースもあるでしょう。各理事に判断（決議の必要有無）を委ねた場合，個人差があるため適正な法人運営を欠く可能性もあります。したがって，理事会の適正な運営を図るために「理事会運営規程」を策定し，（決議事項等）に「その他重要な業務」の具体的項目を明示するなど，統一的なルールを定める（理事会決議・適宜見直し）べきと考えます。

理事会運営規程の例（項目のみ）

> （目的）（構成）（関係者の出席）（会議の種類）（招集権者）（招集手続）（議長）（決議方法）（決議事項等）（報告事項）（議事録）（改廃）

　（注）　「社員総会運営規程」，「連携推進評議会規程」も同様。

3　評価への対応

　連携推進評議会の評価は，連携推進方針に基づく目標の達成度等について定性的評価または定量的評価を行うこととなります。

　目標は地域医療の連携推進に資することが前提ですが，評価・公表があることから法人が達成しやすい目標設定とする可能性があります。しかし，制度の趣旨を考えると，たとえ一部未達成となったとしてもその後の対応・努力によって，結果として地域医療にさらに貢献できる（過大ではない）目標を設定すべきと思われます。したがって，○×だけではない適正な評価方法による評価結果・公表のためのしくみづくりが不可欠です。

　これらは実務に精通している専門家（医業経営コンサルタント等）の支援が必要と思われます。また方針・目標設定をする際には，連携推進評議会に意見を求めておくことが望ましいでしょう（第1章・Ⅴ-Q6参照）。(G-Net　原子修司)

⎯ I-8 ⎯　内部監査室の創設・運営支援

Q8　連携推進法人の参加法人社員になる予定の社会医療法人ですが，外部監査を受けるため，内部監査室について，その創りかた，適切な運営をするにはどうしたらよいですか。

■ポイント
> 一定規模の社会医療法人は，外部監査が義務化，業務監査主体の監事監査と会計監査主体の外部監査を受け，厚生局の調査，保健所の監査等があるはず。内部監査室の設置は必須機関ではないが，それらへの適切な対応のため必要となるはずで，内部に人材がいない場合，委託契約も考えるべきでしょう。

A　社会医療法人（大規模の医療法人をふくむ）は，平成29年4月2日から開始する会計年度から公認会計士または監査法人監査（以下，この項で「外部監査」という）が，義務付けられ，3月末日決算法人では，2018（平成30）年4月1日から，2019（平成31）年3月31日の会計期が，法定の外部監査の第1期になります。

　いきなり外部監査を実施して「適正意見」を得るにはかなり困難なことで，当該外部監査人より対象期の前の会計期から短期調査または任意監査を受け，課題・修正すべき事項を明らかにして適正化してそれに望むべきです（第3章・Ⅴ参照）。

　一方，視点を変えますと，社会医療法人（大規模法人をふくむ）は，一般的に次のような監査・調査を受け，これから受けるはずです。

　　・外部監査…公認会計士または監査法人　　内部統制の充実を前提に会計監
　　　　　　　　　　　　　　　　　　　　　　査
　　・監事監査…監査　　法令順守を主とした業務監査
　　・診療報酬監査…地方厚生局・保健所などの調査，監査
　社会医療法人等は，それらが毎期繰り返されることを認識して組織として適切に対応する必要があります。

　内部監査室は，そのような要請から法令上の必置機関ではないのですが，設置が必要と思われており，その準備をしている社会医療法人等もあります。

　そこでの人材・構成員は，次の要件を具備すべきです。

イ　法人内，病院等の事務部門と利害関係のない人がいること：兼職禁止

ロ　医療法令・会計，特に「経理的基礎・技術水準」（第1章・Ⅶ−Q4参照）がわかる人がいること。

ハ　診療報酬（医事課）請求，監査等がわかる人がいること。

ニ　連携推進法人の参加法人社員としてしくみ，なすべきことがわかる人がいること。

　広く社会医療法人等をみて，このような人材が職員として勤務している例は極めて少なく，医業経営コンサルタント法人である弊社（㈱グロスネット）に相談，委託要請が寄せられている現況です。

　この解決策の1つとして，第1章・Ⅲ−Q4連携推進法人等の関連組織図で示しましたが，理事長直属の内部監査室を委託外注でつくることが考えられ，その概ねの手順を次に示します。

Step1〔現　状〕…当該法人の事務系人材チェック，必要性吟味

Step2〔選　定〕…前述イ〜ニができる専門コンサルタントの選定

Step3〔提　示〕…理念・組織化プラン・行動プラン，過去の実績等の提示を当該専門コンサルタントに求める

Step4〔契　約〕…短期（2年）から中期（4年）をふくむ内容の委嘱契約

Step5〔実　施〕…内部監査の実施

Step6〔報　告〕…実施した結果の改善課題に基づく見直し

理事長の特命で特定の事件等の調査等をする場合は，別契約となりましょう。

　なお，連携推進法人は，その認定の日をふくむ会計年度から外部監査が義務化されますので，ここで示した準備などの期間で慎重に計画をつくり，認定年度を計り，その前から外部監査の準備を導入すべきです（第3章・Ⅴ−Q1参照）。

　大規模な連携推進法人は，それとともに，ここに示した内部監査室が必要になると思われます。

（G-Net　岡田雅子）

Ⅱ　税理士法人・社労士の関わり方

Ⅱ-1　**連携推進法人への税理士の関わり方**

Q1 税理士はどのような形（理事・監事・評議会委員・顧問税理士）で連携推進法人に関わることができますか？

■ポイント

> 連携推進法人は非営利性や独立性に留意した経営の透明性が求められているため，専門性を保持した税理士が関与することで，法人の適正な運営を期待できます。

A 税理士が連携推進法人に関わる場合，①理事・監事といった役員となること，②評議会委員となること，③連携推進法人の顧問税理士となることが考えられ，以下，それぞれについて個別に説明します。

(1)　税理士が理事として関わる場合

　連携推進法人の理事は，理事会の構成員として連携推進法人の意思決定に基づく業務執行の権限を有することになります。したがって，法令・定款・社員総会等の決議を遵守し忠実に職務を行う義務や善管注意義務，社員総会等における説明・報告義務，法人に著しい損害を及ぼすおそれがある事実を発見した場合における監事への報告義務などがあります。税理士が理事となることで，連携推進法人の業務執行にあたり，非営利性や独立性に留意した事業運営が可能となり，また，経営判断等の妥当性を確認する上でもその専門的知識を活かすことが期待できます。

(2)　税理士が監事として関わる場合

　医療法人の監事と同様に業務・財務監査を行い，毎会計年度において監査報告書を作成する必要があります。このため，監事には法人の業務・財務監査以外にも善管注意義務や理事会への出席義務，法人の業務または財産に関して不正行為又は法令・定款等に違反する事実がある場合の理事会等への報告義務，社員総会等への説明・報告義務といった権限と責任が付与されています。税理士が監事となることで，適法性の観点から専門的知識を持って理事の職務執行を監査することにより，連携推進法人の経営の透明性を確保し，地域において社会的信頼に応える良質な経営を行うことが期待できます。

(3)　税理士が評議会委員として関わる場合

　評議会の役割・権限として，連携推進法人内部に設置される連携推進業務の

評価を行い，かつ参加法人の重要事項（予算の決定や事業計画決定の変更，定款変更など）について意見を述べることが規定されています（法70条の3第1項17号）。また，その構成員である評議会委員は，医療介護や診療に対し学識と専門的能力を持つ者と予算・事業計画に対し専門的能力を持つ者で構成されることが要求されています。したがって，評議会が連携推進法人の遵守状況の評価を行う機関であることや参加法人に対しても重要事項の決定について意見を付す必要性を考慮すると，税理士が評議会委員になることで，専門的知識を持って評議会委員としての役割を果たすことが期待できます。

(4)　税理士が連携推進法人に関わることによるメリット

いずれの場合も専門性を保持した税理士が関与することで，連携推進法人において，専門性と透明性を確保した事業運営の実現を期待することができます。連携推進法人には会計監査が義務付けられ，外部の視点からも非営利性や独立性がチェックされることから，そのような監査にも対応できるよう，事前に対応策を取れるという側面からも税理士が連携推進法人に関わることは大きな意味を持つことになると思われます。

(5)　参加法人の顧問税理士と連携推進法人の役員等との兼任

参加法人の顧問税理士の場合，独立性の観点から，連携推進法人の理事・監事・評議会委員としての関与は難しいと思われますが，連携推進法人自体の顧問税理士として関与することは特に問題はないと思われます。

(6)　社員（参加法人・非参加法人）に関わる税理士に期待できること

連携推進法人制度は，これまでの各病医院等の垣根を越えた病床数の融通，医薬品等の共同購入，医師等の配置換え，共同研修の実施，医療機器等の共同利用などが可能になり，地域に良質かつ適切な医療が効率的に提供できることが期待されています。連携推進法人自体の法制度ばかりに着目しがちですが，参加法人においても重要事項を決定する際には連携推進法人に意見を聞く必要があることや社員（参加法人・非参加法人）自体にも非営利性や独立性が求められていること等を考慮すると，連携推進法人自体のみならず，連携推進法人に参画する社員（参加法人・非参加法人）におかれても，専門性の高い税理士に助言を求めることは今後の病医院等の運営上も非常に有用であると言えます。

（税理士法人照国総合事務所　内野絵里子）

Ⅱ-2　参加法人となる病医院等の税務上の検討課題

Q2 連携推進法人制度の創設により，参加法人社員となる場合の病医院等やMS法人が検討しないといけないことはありますか？

■ポイント

> 安定して地域医療を提供する観点からも連携推進法人への参画を含め，自身の経営する病医院等の事業承継など（法人成り，持分移行の手続き等）やMS法人の在り方を再度検討することが必要でしょう。

A 連携推進法人は地域に良質かつ適切な医療が効率的に提供できることが求められています。病医院等の形態は各々の自主性に委ねられておりますが，事業承継や納税等により病医院等の経営が揺らぐことなく，安定して地域医療を提供する面からも連携推進法人への参画を含め，自身の病医院等の事業承継やMS法人の在り方を再度検討することが非常に重要になってくると思われます。以下，税務上の課題等を個別に示します。

⑴　連携推進法人による病院等の開設について

連携推進法人は病院等の開設又は介護事業等に係る施設・事業所の開設・管理もできます。諸般の事情により連携推進区域内において医業継続が困難な病医院等があった場合，地域医療に必要不可欠な病医院等であると連携推進法人が判断すれば，連携推進法人が買収するという選択肢も可能性としてあるでしょう。その場合，買収価額の算出が必要となりますが，その算出方法は基本的には時価純資産価額をベースに個別事情を総合的に勘案し算出することになると思われます。（買収価額の算出にあたっては，病医院ごとの個別事情により一律に算出が困難であるため，具体的には顧問税理士等にご相談ください）。なお，買収にあたっては将来において潜在的に損失を被るリスク（未払い労働債務や医療事故等）についても考慮して，その具体的対応策を契約書上においても明確にする必要があります。

⑵　医療法人の場合

持分あり医療法人については従前より出資持分払戻請求や出資持分に対する相続税負担などが固有のリスク要因としてあげられており，実務上の大きな課題となっています。こうした（持分あり）医療法人における病医院の後継者問

題・相続問題は，医業継続にとって非常に大きな障害リスクとなり得ますので，連携推進法人への参加を機に持分のない医療法人への移行を検討することも有益です。移行方法としては，社会医療法人，特定医療法人，基金拠出型医療法人又はその他の持分なし医療法人への移行が考えられます。平成29年度税制改正により，認定医療法人制度の移行認定期間が3年間延長され，税制上の要件（役員数，役員の親族要件等）も緩和されました。地域医療の担い手として継続・安定的な医療ができるよう認定医療法人制度の活用も視野にいれてもいいでしょう。

(3)　MS法人における留意点

連携推進法人制度においては，参加法人に対しても非営利性の遵守が要求されます。したがって，参加法人とMS法人との取引において実質的な「配当」（過大役員報酬や高額の地代家賃の支払いなど）にあたると判断される場合，非営利の不遵守により参加法人たる地位を失う可能性があるため，必要に応じて取引の是正が必要な場合もあると思われます。既に本稿にて述べられている通り（第2章・Ⅱ-Q6参照），連携推進法人は連携推進区域内において介護事業等を行う株式会社を100％子会社として傘下におくことができます（施行規則39の6）。例えば，連携推進区域内における介護事業者において事業継続が困難な場合，地域医療に必要不可欠な介護事業所であると連携推進法人が判断すれば，連携推進区域内の連携推進法人が買収するということも考えられるでしょう。医療法人のMS法人として介護事業等を行っている場合も同様です。この場合，株式会社ですので，配当も可能ですが，配当金は全て連携推進法人に帰属し，連携推進業務に活用されることになります。MS法人の場合，介護事業と介護事業以外の業務を行っていることも考えられますが，介護事業部分を切り離して介護事業部分について区域内の連携推進法人の100％子会社となることも考えられるでしょう。この場合の買収価額等の算出は，上記(1)と同様となると思われます。

(4)　個人経営の病医院の場合

営利を目的としない病院等を開設する個人も非参加法人社員として連携推進法人に参画できます（施行規則39条の2）。なお，それら個人が病院再編による病床融通等のメリットを享受するには，法人成りの手続きの上，参加法人となる必要があるでしょう（第3章・Ⅰ-Q4参照）。(税理士法人照国総合事務所　内野絵里子)

Ⅱ-3　参加法人の税制優遇等

Q3 連携推進法人の参加法人になることによる税制上の優遇や経理上留意すべきことがありますか？

■ポイント

> 現時点では連携推進法人自体には税制優遇措置はありませんが，法人税法上の要件を満たせば，法人税等が課税されないなど，既存制度における優遇措置が適用される場合もあります。

A 連携推進法人においては，その認可と存続の要件として非営利性の遵守が求められています。また，社員（参加法人・非参加法人）においても非営利性が要求されています。したがって，非営利性を確保する観点から，資金の使途や取引の内容等について「実質的な剰余金の配当」（過大役員報酬や高額な地代家賃の支払など）とならないよう注意を払う必要があります。個人で病医院を経営している場合は事業所得（病医院の部分）と他の所得等（不動産事業部分等）を別会計で区分した上，事業所得部分について非営利性を確保することが必要となります。以下，税制優遇等の個別課題を示します。

(1)　現時点における税制上の優遇措置

連携推進法人に対する独自の優遇措置については，厚労省が下記の見解を述べています（平成29年4月20日付け厚労省医制局医療経営支援課事務連絡）。この見解によれば　①　連携推進法人は一般社団法人であり，法人税等は普通法人と同様の課税。　②　ただし，連携推進法人の認定要件に非営利性が求められていることから，法人税法上の要件を満たすことで，『非営利型一般社団法人』となることが可能。　③　また，公益社団法人となることも可能。とされており，現状で連携推進法人を対象とした特別の税制優遇措置は認められないものの，要件を満たすことで優遇措置のある非営利型一般社団法人・公益社団法人となることは可能になります。

(2)　連携推進法人の課税形態

上記事務連絡のとおり，連携推進法人自体には法人税等における税制上の優遇措置が予定されておらず，原則的には連携推進法人は一般社団法人として普通法人と同様の課税がなされることになります。また，租特法が定める公益法人等に財産を寄付した場合の譲渡所得非課税（租特法40条）や公益法人等に相

続財産を寄付した場合の相続税非課税（租特法70条）といった税制上の優遇についても，同様の取扱いになります。

　ただし，連携推進法人は地域において良質かつ適切な医療を効率的に提供するという目的のために創設された新たな法人制度であり，連携推進法人としての認可と存続の要件として非営利性や独立性等といった要素が求められていることから，将来的には公益法人などと同等の税制優遇措置が論議されていくよう，今後の動向に期待したいところです。

(3)　現時点での取扱い

　上記事情を踏まえた現時点における原則的な税制の取扱いとは以下のとおりとなっています。

①　参加法人に対する課税

　これまでと同様の課税（法人税）

②　（参加法人でない）社員に対する課税

　これまでと同様の課税（法人税・所得税）

③　連携推進法人（一般社団法人）に対する課税と経理処理

・普通法人と同様の課税

・益金となるもの（代表例）　入会金，年会費

・損金となるもの（代表例）

　運営費：人件費，事務所賃借料，外部監査費用，顧問報酬等

　事業費：研修費，調査費，広告費等

・経理規程や会費等規程に基づき，事業報告書等を作成することになります。

④　連携推進法人に資産の譲渡を行った場合

　譲渡側：通常の譲渡所得税の対象

⑤　連携推進法人に相続財産を寄付した場合

　寄付した者：寄付した相続財産も相続税の課税価格に含まれる

　なお，連携推進法人の会計処理は，病医院等を直接運営していない限り，医療法人における法人本部をイメージしていただくと分かりやすいと思います。

（税理士法人照国総合事務所　内野絵里子）

Ⅱ-4　出向による配置転換等

Q4 連携推進法人内で，参加法人等で診療科（病床）の再編や医療従事者が不足している病院等に対して，医師・看護師等を派遣したい。そのための具体的な要件や運用上の留意点を教えて下さい。

■ポイント

> 在籍型出向に係る労基法等の責任の適用は，三者間（出向先，出向元および職員）の取り決めで定めた権限と責任に応じてそれぞれが使用者としての責任を負う。就業規則や出向協定等を整備し，派遣法や職安法等に抵触しないよう適正に運用すること。

A

1　在籍型出向

　　労働者の派遣は，図1のとおりとなりますが，医療関係業務（医師，看護師等）は，派遣法施行令2条により原則として禁止されています。

　しかし在籍型出向は，図2のとおり，職員が出向元事業主との雇用契約を維持しつつ，出向先事業主と雇用契約を締結（二重の雇用関係）し，さらに出向元事業主と出向先事業主が出向契約を締結し，当該職員（以下「出向者」という）が出向先にて勤務する形態であり派遣法には抵触しないため，自法人の職員を他法人で勤務（その逆も）させることが可能となります。

図1　労働者派遣（注：医療関係業務は禁止）

図2　在籍型出向

　ただし，出向については，労契法14条で次のように規定されており，出向命令権を濫用した場合には，その命令は無効となることが明記されています。

> （出向）
> 第14条　使用者が労働者に出向を命ずることができる場合において，当該出向
> 　　　　の命令が，その必要性，対象労働者の選定に係る事情その他の事情に照らして，
> 　　　　その権利を濫用したものと認められる場合には，当該命令は，無効とする。

　まずは，出向を命ずることができる場合として，出向命令時において何らか
の根拠が必要であり，以下のいずれかを満たすことが必要と考えられます。

①　入職時に将来出向があることの（包括的な）合意

②　労働協約または就業規則の規定

③　法規範性を有する労使慣行

④　出向命令に対する本人の同意

　したがって，職員が出向命令に応じる義務がある労働契約となっているか，
就業規則等を確認・整備しておくべきでしょう。

　在籍型出向は，形態としては労働者供給に類似しており，「業として行われ
る」ことは職安法44条（労働者供給事業の禁止）により規制の対象となります。

　しかし，出向の目的を次に示す「就業規則（出向規定）の例示」の(1)～(4)と
して適正に運用した場合は，出向が行為として形式的に繰り返し行われたとし
ても社会通念上業として行われていると判断し得るものは少ないと考えられて
います。

就業規則（出向規定）の例示

> （出向）
> **第〇条**　当法人は，次の各号に掲げる事由のいずれかに該当するときは，職員
> 　　　　を関係法人または団体（以下「出向先」という。）においてその労務に従事さ
> 　　　　せること（以下「出向」という。）を命ずることができる。
> 　(1)　職員を離職させるのではなく，出向先において雇用機会を確保するため
> 　(2)　経営指導，技術指導の実施のため
> 　(3)　職業能力開発の一環として行うため
> 　(4)　法人グループ内（地域医療連携推進法人を含む）の人事交流の一環とし
> 　　　　て行うため
> 　2　当法人は前項の場合において，出向先および当該職員との三者間の協定
> 　　　　を締結し，一定期間，当該職員との雇用契約関係を維持したまま，当該職

> 員と出向先との間にも雇用契約を締結させるものとする。

　実務上は，就業規則（出向規定）例のように，出向についての規定を明記し，包括的同意を得ることとなると思われます。ただし，就業規則が法的規範としての性質を有するものとして，拘束力を生ずるためには，その適用を受ける職員に周知（容易に知り得る状態）させる等，所定の手続きがとられていなければなりません。

　また，出向の必要性，対象労働者の選定に係る事情その他の事情も考慮しなければ，出向命令は，権利濫用となり無効となることに留意すべきでしょう。その他の事情については，育児介護休業法26条（労働者の配置に関する配慮）において，「就業場所の変更により，子の養育・家族の介護を行うことが困難となる場合には，その状況に配慮しなければならない」もふくまれており，職員のワークライフバランスについても考えていく必要があります。

2　出向協定

　出向者は出向元および出向先と二重の雇用関係を持つことから，労基法や就業規則等の適用に関しては，出向元および出向先において定めた権利・義務に基づいてそれぞれ使用者責任が生じることとなります。

　出向協定（以下「協定」という）については，出向元および出向先だけではなく，出向者を入れた三者間で締結するのが望ましいといえます。

　出向者の労働条件について不利益変更とならないように配慮しつつ，①出向の目的，②身分，③出向先の範囲，④出向先での職務，⑤出向期間，⑥出向中の労働条件（賃金等），⑦他法人への再出向の可否および⑧復帰後の労働条件などを明記することになります。

　特に賃金の支給に関しては，不利益変更とならないように配慮する必要（不利益変更の場合は本人同意）があり，一般的に出向先支払分が現契約の賃金に満たない場合はその差額を出向元が負担して支払うこととなります。

　時間外労働に関しては，1カ月60時間を超えて時間外労働した場合の割増賃金について，大企業であれば50％以上の率で計算した割増賃金が必要となります。したがって，出向元が大企業で，出向先が適用免除（猶予）されている中

小企業（割増25％以上）である場合は，その適用はどうなるかが，問題となります。出向は，前述したとおり二重の雇用関係にあるため，労働者数のカウントとしては両者（出向先・出向元）に参入することとなります。賃金関係の支払いは一般的に出向元となるため，割増50％以上で算出すると思われますが，それらについても協定に盛り込んでおくべきでしょう。

　また，当該出向者が労基法41条2号で定める管理監督者に該当するかどうかで，時間外労働の賃金が変わります。例えば，出向元では管理監督者であったが，出向先では管理監督者とならない場合があります。

　労働時間に関しては出向先で判断することとなるため，時間外労働の割増賃金が発生することとなります。逆の場合は，発生しないこととなり，出向者の賃金総額が減少することも考えられるため，何らからの手当を支給して補填する必要もでてきます。その際のポイントとして，出向中のみ発生する手当であることが明確になるように例えば出向手当とし，出向終了後はその手当の支給はなくなることを説明しておくべきでしょう。

　出向手当（金額）の考え方として，非管理監督者の場合は，時間外労働分が何時間分含まれているかを明示，管理監督者であれば，その処遇に見合った手当として支給することになります。当然，管理監督者は名目だけではなく，実態で判断されますので留意して下さい。

3　雇用調整助成金の活用

　在籍型出向によって労働者の雇用維持を図る場合に国の支援として，出向元事業主が当該出向者に支払う賃金（負担額）の3分の2（大企業は2分の1）を助成金として支給できる「雇用調整助成金」があります。

　雇用調整を目的とせずに業務提携や人事交流のために行われるものはその対象外となりますが，例えば診療科（病床）の再編による病院等の建て替えの期間に雇用を維持するために他法人へ在籍出向させる場合等に活用できるかと思われます。ただし，その他の基準等を充足する必要もあり，支給申請手続きは煩雑であるため行政や専門家（社会保険労務士）に相談しながら進めるといいでしょう。

（G-Net　原子修司）

　参加法人間の研修・出向の時間外の取扱い

　参加法人等で人事交流のために共同研修を勤務時間外に開催する場合
や複数法人間に出向する場合の時間外労働（割増）賃金の支払義務や，
その取扱いについての留意点を教えて下さい。

　　　■ポイント

> 時間外・休日に行われる研修は，業務上か非業務上（実態）によ
> り，賃金の支払義務の有無が決定。兼務出向した場合の労働時間
> は全て通算し，法定労働時間を超えた場合，割増発生。いずれも
> 就業規則等を整備し，明確なルールを決めておくこと。

Ⓐ　**1　時間外の共同研修**

　　連携推進法人では参加法人等の間において人事交流や共同研修の実
施（第2章・Ⅱ–Q2参照）が積極的に行われると思われますが，勤務時間外
や休日に研修が開催される場合は，当該研修が業務上の研修か，任意の自由参
加による研修かによって賃金の取扱いが変わります。業務上の研修であれば，
業務命令で参加するため，研修費および交通費等もふくめて法人負担となり，
時間外労働（割増）賃金も発生することとなります。自由参加であれば，労働
時間ではないため，時間外労働（割増）賃金は発生しません。ただし，自由参
加といいながら，欠席したら不利益に取り扱われる（例：人事考課で減点）等，
実際は強制参加であるような場合（実態で判断）は労働時間となることもあり
えます。さらに，使用者の指示によって業務に必要な学習等を行っていた時間
も労働時間に該当しますので留意して下さい。また，自由参加でも福利厚生と
して法人が研修費等を一部補助するといった取扱いもあるかと思いますので，
「研修・学会等参加規程」（仮）を作成して，その手続き等についてもルールを
明確にしておくべきでしょう。

　あらかじめ決まっている業務上の研修であれば，変形労働時間制（右頁表参
照）を活用して，研修日は研修時間もふくめたシフトを組み，別の日の所定労
働時間を短縮すれば（期間平均1週40時間），時間外労働は発生しません。た
だし，設定時間より超過した場合（例：所定労働時間6時間と設定した日は，
6時間を超えたとき）は当然時間外が発生しますので，留意して下さい。

　変形労働時間制を導入するためには，所定の手続き等が必要であり，権利濫

用とならないために適正な運用（変形労働時間制開始前に勤務割表で明示，対象期間の途中に時間変更は不可等）が求められます。

表　変形労働時間制

変形労働時間制・種類	導入・必須規定等	対象期間
1カ月単位	労使協定又は就業規則等	1カ月以内
フレックスタイム制	就業規則等及び労使協定	1カ月以内
1年単位	労使協定	1カ月超1年以内

2　兼務出向の時間外労働

出向元，出向先等でそれぞれ労働（兼務出向）した場合ですが，労働時間については，労基法38条1項（時間計算）で以下のように規定されています。

> 労働時間は，事業場を異にする場合においても，労働時間に関する規定の適用については，通算する。

例えばA法人で4時間労働して，B法人で5時間労働した場合は，A（4時間）＋B（5時間）＝9時間労働となり，B法人において1時間の時間外労働が発生し，時間外（割増）賃金を支払うこととなります。それでは，A法人で4時間労働し，さらに所定外として1時間労働をした場合（計5時間）は時間外（割増無）1時間分をAが支給し，その後B法人で3時間を超えた場合に割増（25％）が発生することとなりますが，割増（25％）はだれが支払うかという疑問が生じます（実務上はA法人が割増も支払）。また，法定労働時間は1日8時間，週40時間であるため，週の計算により割増が発生することもあるため，あらかじめ参加法人間でルールを定めておくべきでしょう。

連携推進法人は，それぞれ独立した法人等が参加し，それぞれの労働条件等に基づいて勤務しているスタッフが共同研修や出向等により人事交流を行うため，就業規則等の整備をふくめ適正な労務管理を図るべきでしょう。

また，「新たな医療の在り方を踏まえた医師・看護師等の働き方ビジョン検討会」において報告書が公表（平成29年4月6日）されており，「連携推進法人制度を活用して，同一法人内の医療機関が共同で，こうした取組み（柔軟な働き方等）を進め，労務管理，マネジメント人材の育成等を進めるべきである」としており，連携推進法人制度活用による働き方改革が期待されています。

（G-Net　原子修司）

Ⅱ-6 参加法人間の合併・事業譲渡の労務

Q6 参加法人の持分あり医療法人（病院）ですが，将来，参加法人の社会医療法人への事業譲渡または合併を検討，人事交流の一環として医師や看護師等を相互に出向させています。その場合の人事労務の留意点を教えて下さい。

■ポイント

①合併は，全ての権利義務が承継されるため，職員の個別同意不要。法人で就業規則が2制度となる可能性あり。合併前に両法人の就業規則等の整合を図るとスムーズ。②事業譲渡は譲渡契約によるため，労働条件等引継ぎ事項を整理。転籍は個別同意必要。

A

1 合併の場合

合併される医療法人（以下「A法人」という）の権利義務関係は合併する社会医療法人（以下「B法人」という）に全て承継（以下「包括承継」という）されます。労働協約や就業規則（賃金，退職金等）をふくめ，労働契約も包括承継されるため職員の個別同意は不要です。したがって，A法人の職員はB法人と合併後もA法人の就業規則，B法人の職員はB法人の就業規則の適用となり，2制度が併存する形となります。

A法人職員適用の就業規則をB法人と統一させようとした場合に，B法人が全て労働条件が上であるならば，問題ありませんが，A法人が有利な規定もある場合は，不利益変更に該当するため簡単に変更することはできません。A法人およびB法人それぞれ上位の労働条件に引き上げた就業規則への改定は，B法人の職員の労働条件の引き上げにもつながるため，その選択は現実的ではないと思われます。

不利益変更の場合は，個別同意（本人の自由意思に基づく同意）を得ればいいが，「同意しなければ職を失うという不安からやむを得ず同意したと後で判定される可能性」や「同意しない」場合も想定でき，合併後の対応はトラブルになりやすいです。実務的には，合併前に就業規則等についてA法人とB法人との整合を取るように整備していくのが望ましいでしょう。

労働契約法9条において，「使用者は，労働者と合意することなく，就業規則を変更することにより，労働者の不利益に労働契約の内容である労働条件を

変更することはできない。」とされており，労働契約の変更については「合意
の原則」に従うこととし，一方的に就業規則を（不利益）変更することができ
ないことを規定しています。

　ただし，労働契約法10条により，要件を満たした場合の就業規則変更によっ
て生じる法的効果について明示しており，その要件は，使用者が就業規則の変
更により労働条件を変更する場合において，以下に示すaかつbの要件を満た
せば，当該変更後の就業規則が適用※されることとなります。

a 変更後の 就業規則 を労働者 に周知	かつ	b　就業規則の変更が，①〜⑤に照らして合理的かどうか
		①労働者の受ける不利益の程度
		②労働条件の変更の必要性
		③変更後の就業規則の内容の相当性
		④労働組合等との交渉の状況
		⑤その他の就業規則の変更に係る事情

※労働契約において，職員および使用者が就業規則の変更によっては変更されない労働条件
　として合意していた部分（就業規則で定める基準に達しない部分を除く）について変更す
　る場合は，個別の同意が必要。

　なお，賃金等の重要な労働条件の不利益変更については，「高度の必要性」
が求められているため，要件充足や職員への説明会等が必須であり，専門家
（社労士等）の支援が不可欠だと思われます。

　労務関連以外の留意点として，持分あり医療法人と持分なし医療法人との合
併は，課税上のリスクがあるため，A法人は，前述した就業規則等の整備をし
つつ，持分なし医療法人へ移行して，（非課税の）適格合併を目指すべきで
しょう。持分なし医療法人に移行する場合についても，支援実績のある税理士
や医業経営コンサルタント法人等の支援を受けるとよいでしょう。

2　事業譲渡の場合

　合併のように包括承継されるわけではなく，労働条件等をふくめ譲渡契約の
内容によることとなります。労働契約の譲渡については，民法625条1項に
「使用者は，労働者の承諾を得なければ，その権利を第三者に譲り渡すことが
できない。」と規定されています。したがって，在籍型出向のように就業規則

（出向規定）による包括的な同意では足りず，本人の同意が必要となります。

　在籍出向している職員は事業譲渡前に転籍出向に切り替えることも考えられますが，在籍出向と違い，出向元との雇用契約を終了し，出向先で新たに雇用契約を締結することとなります。この場合，「継続勤務」をどう考えるかということになります。在籍型出向は，出向元および出向先両者と雇用契約を締結しているため，年次有給休暇は在籍出向中の期間も通算して日数を付与することになります。

　その他，退職金については在籍出向期間は両法人の取決めに従って負担し，出向元または出向先で全額支給して精算，その期間は出向先では通算しない等も考えられ，後でトラブルとならないように転籍前に労働条件等の引継ぎについて検討し，出向者に明示しておくといいでしょう。

　労務関連以外の留意点として，一般的に病床過剰地域であれば，病床削減の可能性もありえます。連携推進法人の趣旨（地域医療構想の達成を推進するために必要等）からすると問題ないと思われますが，行政等の事前協議は確実に行う必要があるでしょう。

（G-Net　原子修司）

Column 4　地域フォーミュラリー

　フォーミュラリーとはアメリカで生まれたもので，疾患の診断，予防，治療や健康増進に対して，医師を始めとする薬剤師・他の医療従事者による臨床的な判断を表すために必要，継続的にアップデートされる薬のリストと関連情報と定義されている。それから転じて，院内フォーミュラリーとは，わが国では医療機関における患者に対して最も有効で経済的な医薬品の使用における方針であると定義される。

　わが国の病院では，医療報酬，特に薬価の継続的な引下げにより対応戦術の一環として病院内にフォーミュラリーによる医薬品適正使用の薬事医員会を結成。「スイッチOTC」つまり医療用医薬品の有効成分が転用されたもので，医療用としての使用実績などを踏まえ，イ．副作用の発生状況　ロ．海外での使用状況などからみて，一般用医薬品として適切であると考えられるものを採用。

　つまり，製薬企業が，「効能・効果」，「用法用量」，「使用上の注意」，「包装」などを改めて見直した上で，開発（後発医薬品）・申請を行い，薬事・食品衛生審議会における審議を経て，承認されたものをふくめて薬価の経済的メリットを追求しつつ薬効や副作用などをふくめて検討し採用している。特定機能病院・聖マリアンナ医科大学病院の院内フォーミュラリーを地域医療ネットワーク（強化・拡充されると連携推進法人）に展開している例が有名である。最近，にわかに注目されたのが，藤田保健衛生大学病院を中核とする連携推進法人　尾三会（びさんかい）が，この地域フォーミュラリーを参加法人22法人ほかで展開（第1章・Ⅱ-Q4参照）するのではないか，マスコミやホームページ情報から推測してその導入は必須と思われる。

　医療法第6次改正で示された地域医療構想に基づくシームレスな地域医療の展開は，地域住民のその地域でのQOL（Quality of Life）の実現を目指すものであり，その理念を基礎とした地域フォーミュラリーによる「低価格と良質な薬物治療の実施」は，参加法人の経営体質を強化するものであり，歓迎されるものと思われる（第1章・Ⅱ-Q4，第2章・Ⅱ-Q3参照）。

（G-Net　松田紘一郎）

Ⅱ-7　労務監査

 連携推進法人や参加法人等に対して労務監査は必要でしょうか。また
その場合，どのような視点で監査をするのでしょうか，教えて下さい。

■ポイント

> 労務監査は任意監査であるため必ずしも受ける必要はない。ただ
> し，医療連携において組織の活性化は不可欠であり，人事労務面
> の諸課題を明らかにし，勤務環境の改善を図ることが望ましい。

Ⓐ 　公認会計士等の監査（3章・Ⅴ-Q1参照）が義務化されているの
に対して，社労士等の労務監査は任意監査という位置づけになります。
　労務監査は，「経営労務監査」や「人事労務監査」といわれ，次の3つで構
成されており，中心は①労務コンプライアンス審査となります。
　① 　労務コンプライアンス審査
　　就業規則など法人内で定めている諸則や実際の勤務環境が，労働関係諸
　法令，社会保険関係諸法令等に違反していないかを審査
　② 　人材ポートフォリオ審査
　　人材の配置，人件費，労働時間などが，法人の効率的な業務遂行にあた
　り，適正かどうか審査
　③ 　職員意識調査
　　職員の労働条件や人間関係などに対する満足度を調査

　近年，国等が指定管理者制度を導入する際の民間業者の選定に際して，経営
労務監査のうち①労務コンプライアンス審査を導入している例（社労士会が受
託）もあります。目的は入札段階で不適切な業者を排除し，公共サービスの質
の確保といった視点であるため，法令違反の有無の審査が中心となります。
　一方，任意に受ける専門家（社労士等）の労務監査であれば，問題点の指摘
および改善支援を受けることにより適正な法人運営に寄与することができると
思われます。
　右頁に労務コンプライアンス審査の主要法令チェックリスト（a労働基準法
関係，b労働安全衛生法関係，c男女雇用機会均等法関係，d育児・介護休業
法関係，e労働者派遣法関係，f労災保険・雇用保険関係，g健康保険・厚生

年金保険関係）の一部を例示します。

主要法令チェックリスト（例）

a. 労働基準法関係

項目	関係法令 関連通達	チェック項目	違反の 有無	判断 資料等
労働条件 の明示	法15条 1 項	1　労働契約の締結に際し，労働者に労働条件を明示しているか。		
	法15条 1 項	2　以下の労働条件を書面により，労働者に明示しているか。		
	則 5 条 1 項 *平 24.10.26 基発1026 第 2 号	①労働契約の期間に関する事項		
		②期間の定めのある労働契約の更新の有無及び更新の判断基準		
		③就業の場所及び従事すべき業務に関する事項		
		④始業及び終業の時刻，所定労働時間を超える労働の有無，休憩時間，休日，休暇並びに労働者を 2 組以上に分けて就業させる場合における就業時間転換に関する事項		
		⑤賃金の決定，計算及び支払いの方法，賃金の締切り及び支払いの時期並びに昇給に関する事項		
		⑥退職に関する事項（解雇の事由を含む。）		
	パート法 6 条	3　パートタイム労働者を雇い入れたときは，上記に加えて速やかに「昇給の有無」，「退職手当の有無」，「賞与の有無」，「相談窓口」を文書の交付等により明示しているか。		
賃金の 支払い	法24条 1 項 *昭 63.3.14 基発 150号・ 婦発47号	1　端数処理は適切であるか。		
		①1 か月における時間外労働，休日労働，深夜業の各々の端数時間を30分単位で四捨五入		
		②1 時間当たりの賃金額，割増賃金額を 1 円単位で四捨五入		
		③1 カ月の賃金支払額を100円単位で四捨五入		
		④1 カ月の賃金支払額の1,000円未満の端数を翌月に繰り越し		
		2　法定控除以外のものを賃金から控除する場合は，協定を結んでいるか。		
		(省略)		

出典「労務コンプライアンス審査の実践 p56（一部改）」社会保険労務士総合研究機構。

（G-Net　原子修司）

Ⅲ 金融・信託銀行の関わり

Ⅲ-1 連携推進法人の財源

Q1 連携推進法人の財源および「金融機関」からの「借入れ」を検討する際の留意事項について教えてください

■ポイント

> 連携推進法人の財源については，人件費や家賃等の一般管理費を充足する長期安定的な収入と，病院の設備更新等の多額の費用を手当てするための資金調達手段とに分けて考えていく必要があります。
> 借入を検討するにあたり，財務諸表の健全性の確保等，金融機関による与信審査に備えた体制整備を行っておく必要があります。

A
1 連携推進法人の資金調達

　　連携推進法人の運営にあたっては，人件費や家賃等の一般管理費が必要であることは勿論，医療連携推進業務を遂行するための財源が必要となります。財源は，社員からの会費等の長期安定的な収入をベースとすることが望ましいですが，病院の設備更新等の多額の費用が必要な場合には，以下のような手法を活用していくことが検討されます（第1章・Ⅳ-Q4，Q5参照）。

財源区分	項目	備考
外部調達	借入れ	金融機関からの調達がメインシナリオとなりますが，プロジェクトファイナンス方式も検討されます。
外部調達	基金の募集	投資収益を生み出すものではないので事実上募集先は参加法人や親密先に限られます。
外部調達	寄付金の募集	地域社会への貢献，協調が重要な要素となります。
外部調達	補助金の獲得	条件，金額等はその時々の制度によります。
内部調達	社員からの事業費等の徴収	社員に対する費用対効果についての納得性の高い説明が必要となります。
内部調達	保有財産の売却	保有不動産の売却や証券化が選択肢となりますが，設立間もない連携推進法人には，余分な財産がないことが想定されます。
内部調達	剰余金の積み立て	社員からの会費のみで短期に剰余金を積み上げることは困難と考えられます。

2　借入検討時の留意事項

　医療連携推進業務の遂行のため連携推進法人が金融機関へ借入を要請する場合，金融機関においては，以下のような与信審査が行われます。

借入れの資金使途及び事業計画の合理性・妥当性の審査
当該連携推進法人の財務諸表の健全性の審査（ＢＳ，ＰＬ等）
借入れに際して担保に供することが出来る資産や保証の審査

　したがって，連携推進法人においては，合理性・妥当性の高い事業計画（中期経営計画）の策定や金融機関の与信審査に備えた財務諸表の健全性の確保が求められます。

　しかしながら，設立間もない連携推進法人は医療連携推進業務の事業実績も乏しく，財務基盤もまだまだ脆弱であることが想定されます。そこで，連携推進法人においては，金融機関を単なる資金の出し手としてのみ捉えるのではなく，「地域医療の発展に向けた経営の助言者」としても積極的に活用し，実効性の高い事業計画策定の協力主体の１つとして位置付けていく必要があります。また，金融機関においても，こうした要請に真摯に応えていく姿勢，提案力が求められます。何らかの手段による連携推進法人の信用力の補完については，あくまで事業計画の審査を前提とした必要な範囲での補助的な検討事項とすることが妥当と考えられます。

　なお，連携推進法人の策定する事業計画の成否は参加法人の病院経営の巧拙に大きく依拠し，また，連携推進法人から参加法人へ資金が貸出されることも想定されるため，金融機関においては，資金使途の確認は勿論として，参加法人も含めた幅広い範囲での与信審査が行われていくことが考えられます。

（三井住友信託銀行）

Ⅲ-2 　連携推進法人による資金調達のメリット

Q2　連携推進法人による資金調達のメリットを教えてください。

■ポイント

> 参加法人の専門人材を連携推進法人へ結集して金融機関との交渉に当たることや，連携推進法人を資金調達ビークルのように活用して参加法人へ資金を還流することにより，参加法人が単独で行うよりも有利な条件で資金を調達できる可能性があります。ただし，実績や信用力の面で，設立間もない連携推進法人がこのような機能を担って行くことは困難であり，一足飛びではなく，段階的な機能の拡充を検討していくことが妥当と考えられます。

A

1　有利な条件での資金調達

　　連携推進法人は，参加法人への資金の貸付け，債務の保証及び基金の引受け（個別の法令等による制限あり）を行うことが出来ます。そこで，連携推進法人を資金調達ビークルのように活用して参加法人へ資金を還流することにより，参加法人が単独で行うよりも有利な条件で資金を調達出来る可能性があります。

　しかしながら，実績や信用力の面で，設立間もない連携推進法人がいきなり上記のような機能を担って行くことは困難であると考えられます。そこで，例えば，一足飛びではない次のような3段階のステップで連携推進法人の機能拡充を図っていくことも検討されます。

　第1段階としては，連携推進法人が，金融機関から資金を借入れ，参加法人の病院不動産や診療報酬債権等のキャッシュフローを生み出す優良資産を買い取ります。そして，連携推進法人は，病院不動産の賃料や診療報酬や社員からの会費を原資として借入金を返済し，同時に，金融機関の知見も活用しながら参加法人も含めた経営効率化・コスト削減に努め，内部留保を積み立て健全な財務基盤を形成していきます。

　この中に「地域フォーミュラリー」による医薬品調達の効率化も当然ふくまれると思います（ Column 4 を参照・201頁）。

　その上で，第2段階として，医療連携推進業務に資する新たな情報インフラ設備の導入や病院の新設・改修等の積極投資を行いますが，この際の資金調達では，第1段階で形成した健全な財務基盤により，個々の参加法人が行うより

も有利な条件での借入れが出来る可能性があります（個々の事業について，金融機関を助言者として活用していく視点も重要です）。なお，金融機関による事業の評価によっては，プロジェクトファイナンスのスキームを構築していくことも検討されます。

　第3段階では，長期安定的な医療連携推進業務の遂行により連携推進法人自体が信用力を獲得し，参加法人の債務保証等を行っていきます。また，保有不動産の売却や証券化による資金調達，これを原資とした参加法人への資金貸出しの機能も期待されます。

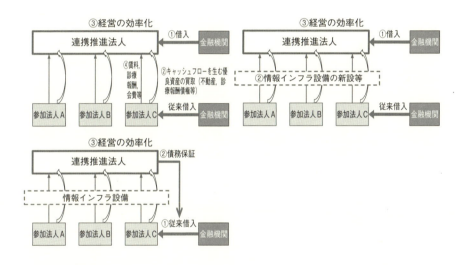

2　人材の結集

　長期安定的な事業計画の策定や金融機関との交渉には一定のノウハウを持ち合わせた人材が求められます。連携推進法人へ参加法人の専門的な人材を結集することにより，人材の最有効活用を行うことができます。

3　経営の効率化（参加法人の所有と経営の分離等）

　連携推進法人へ，参加法人の資金調達の機能や病院不動産をはじめとする資産を集約することによって，経営の効率化を実現していくことが期待されます。

（三井住友信託銀行）

〔Ⅲ-3〕 **連携推進法人による借入れ後の経営環境の変化**

Q3 連携推進法人による金融機関からの借入れ後，経営環境が悪化した場合の影響等について教えてください。

■ポイント

> 連携推進法人を取り巻く経営環境が悪化したからといって，金融機関はすぐさま貸金の引き上げを行う訳ではありません。連携推進法人，参加法人，金融機関が一体となって，さまざまに知恵を出し合い，経営の再建に取り組んで行くこととなります。
> なお，仮に，連携推進法人の100％子会社や参加法人が破綻した場合，連携推進法人の信用力が劣化しますが，劣化の程度は当該子会社や参加法人の規模，連携推進法人との取引状況等により千差万別です。

A

1 経営の再建に向けた取組み

　企業の経営が悪化した場合，一般的には，当該企業を中心としたグループ全体での，資金繰りの改善，コスト削減，資産売却といった処方箋対応を行うと同時に，新規事業の創出や既存事業・販売単価の見直しといった収益力強化策を検討します。連携推進法人の経営改善についても，金融機関の支援のもとで，同様の対応が採られるものと想定されますが，参加法人と連携推進法人は出資関係にないことから，改善策の影響がどの程度の範囲に及ぶのかは個別の施策毎に効果を見極めて行く必要があります。

2 連携推進法人の100％子会社や参加法人が破綻した場合

　連携推進法人の100％子会社や参加法人が破綻した場合，連携推進法人の信用力が劣化します。ただし，劣化の程度は当該子会社や参加法人の規模，連携推進法人との取引状況等により千差万別であり，特に，参加法人の破綻による影響については，グループ内取引が一切ないような場合には，当該参加法人からの会費がなくなる程度となることも考えられます。ただし，この場合にも，連携推進法人グループとしてのイメージダウンは避けられません。

3 連携推進法人・参加法人の監査報告書の監査意見

　連携推進法人および一定規模以上の医療法人および社会医療法人は，財務諸

表の適正性について，公認会計士または監査法人（以下，監査人）による監査を受けなければならず，監査人は，監査報告書において，「無限定適正意見」，「限定付適正意見」，「不適正意見」，「意見不表明」のうちの何れかの監査意見を表明する責任があります。

このうち，「不適正意見」，「意見不表明」の付された財務諸表は，内容の適正性に疑義があることから，金融機関の与信審査に影響を与えます。当該意見の付された連携推進法人・参加法人においては，金融機関への融資申込みの際，監査人からの適正意見の取得を求められ，それが不能な場合には，他に信用性を補完する積極的な理由のない限り，融資を謝絶される事態も想定されます。また，金融機関以外との取引においても，不利な条件での取引を求められることなどが考えられます（第 3 章・Ⅴ - Q 8 参照）。

（三井住友信託銀行）

Ⅲ-4 「債券」の発行

Q4 連携推進法人が「医療機関債」・「社会医療法人債」を発行できるのか教えてください。

■ポイント

> 連携推進法人の法人格は一般社団法人であり，医療機関債の発行主体とされる医療法人ではありません。従って，連携推進法人は医療機関債を発行できません。
> また，社会医療法人債についても，発行主体が社会医療法人であるため，連携推進法人は社会医療法人債を発行できません。

1　医療機関債

　医療機関債については，厚生労働省が取り纏めた「「医療機関債」発行等のガイドライン」に定義やルール，留意点等が明示されています。

　同ガイドラインの定義によると，医療機関債とは，医療機関を開設する医療法人（法39条の医療法人をいう）が，民法上の消費貸借として行う金銭の借入れに際し，金銭を借り入れたことを称する目的で作成する証拠証券をいい，金融商品取引法上の有価証券には該当しません。

　連携推進法人の法人格は，医療法人ではなく一般社団法人であることから，同ガイドラインの定義によると，医療機関債を発行できません。

　ただし，病院を経営する一般社団法人（医療法人ではないが，医療機関ではある）が，知事の認可を得て，同ガイドラインに従って6億円余の「病院債」を発行した事例があります（当然公認会計士等の監査を受けたもの）。連携推進法人の業務内容によっては，都道府県担当部局との協議により，病院債類似の取り扱いが認容される可能性があります。

　一般社団法人も含め，どのような法人格でも発行できる債券としては，いわゆる擬似私募債が検討の選択肢となりますが，購入者が50名未満でなければならないことや，募集総額が最低募集金額の50倍以内でなければならないこと，適格機関投資家による購入が不可であることなど制約も多く，課題が少なくありません。

2　社会医療法人債

　社会医療法人債とは，医療法に明記された債券であり，同法54条の2におい
て，「社会医療法人が行う割当てにより発生する当該社会医療法人を債務者と
する金銭債権」と定義されています。

　なお，社会医療法人債は，金融商品取引法2条3項の「特別の法律により法人
が発行する債券」に位置付けられる有価証券であり，公募発行することも可能
です。このため，医療機関債と異なり，社会医療法人債の発行者は，金融商品
取引法上の開示等について，社債に準じた対応が必要となります。資金調達の
手段として，金融機関からの借入と社会医療法人債を比較した場合，現状の低
金利の環境においては，開示のための外部監査等のコスト負担が重要な判断要
素となります。

　連携推進法人の法人格は，社会医療法人ではなく一般社団法人であることか
ら，医療法の定めによると，社会医療法人債を発行できません。

（三井住友信託銀行）

Ⅲ-5　金融機関と連携推進法人との連携

Q5　金融機関と連携推進法人との連携について教えてください。

■ポイント

> 連携推進法人と金融機関との連携については，資金調達のみではなく，連携推進区域における金融機関の店舗網や，業態毎の特徴を活かしたさまざまな連携モデルが考えられます。
> 例えば，連携推進区域の店舗網を活用した寄付金の募集や貸付金の小口化商品の販売，連携推進法人グループの経営の高度化に向けた企業の紹介（ビジネスマッチング），連携推進法人グループで働く方の福利厚生の充実，認知症患者の財産管理支援などが考えられます。

A　**1　金融機関の店舗網を活用した連携推進法人の資金調達の支援**

　連携推進区域に店舗を構える金融機関においては，連携推進法人への寄付申込み用紙の店頭備置きや，連携推進法人への貸付金を小口化した金融商品の窓口販売などが考えられます。

　なお，金融機関のうち，信託銀行については，相続関連業務を通じて，連携推進法人への遺贈を含めた遺言を保管・執行する寄付仲介機能を発揮することも期待されます。

2　経営の高度化に向けた企業の紹介（ビジネスマッチング）

　金融機関は，その取引顧客基盤の中から，連携推進法人グループの経営課題の解決に資する商品・サービス・ノウハウを持った企業をご紹介することができます。

3　連携推進法人グループで働く方の福利厚生の充実

　一部の金融機関においては，連携推進法人グループ共通の社内預金制度の構築や，専用の積立商品の導入等，働く方の福利厚生充実に向けたご相談にも対応することができます。

4　認知症患者の財産管理支援

　認知症高齢者は462万人いるといわれ，高齢者の4人に1人の割合となって

います（2012年時点）。認知症を発症し，意思判断能力がなくなった場合，預金の引き出し・不動産の売却等ができなくなり，事実上，財産が凍結され，本人や，面倒を見ている親族にとって大きな障害となります。また，特殊詐欺のような犯罪に巻き込まれるリスクも高くなります。

　財産の凍結や犯罪被害を防ぐためには，認知症が発症する前（意思判断能力が健常なうち）から，任意成年後見制度や信託を活用した財産管理の準備をしておくことが重要です（認知症発症後は法定後見制度を活用して行くこととなります）。

　そこで，連携推進法人がハブとなって，参加法人の患者情報を活用し，認知症の虞のある患者（予備軍）の情報を早期に家族と専門家（弁護士等）・金融機関とが共有できる体制を構築していくことで，地域の高齢者の財産の凍結，犯罪被害を防止していく連携策も検討されます。

（三井住友信託銀行）

Ⅳ　建設会社の関わり方

Ⅳ-1　計画準備中の連携推進法人の参加予定法人にマトマリがないケース

Q1 計画中の連携推進法人に，診療科や医療機能などまとまりがありません。参加病院全体のしっかりしたコンセプトや統一感が必要と考えていますが，何か良い方策を教えて下さい。

■ポイント

> 参加準備病院を3つ程に絞り，その地域医療で必要とされるニーズを明確化。自法人がどう貢献できるか，win-win を明確化。社団法人設立準備，ブランドイメージを検討の上，欠ける医療機能を広げられるべきでしょう（win の拡充）。

A 　地域医療連携推進法人を構成するメリットの1つは，法人のブランドイメージを構築しやすいということです。1つの病院では作りにくかった地域における医療提供領域などのイメージを複数病院が連携することで実現できるようになりました。例えばその地域の循環器系疾患の急性期から回復期，更には在宅医療までの一連の領域を，複数病院が連携することでカバーするなど医療機能の明確な情報発信が可能となります。当初想定していた参加準備病院だけでは十分な機能が果たせない場合には，参加病院の拡大が検討されなければなりません。地域医療連携推進法人には一貫した連携方針の下，地域内で急性期から在宅医療に至るまで切れ目なく質の高い医療を提供することが期待されています。システムとしても望ましいことですが，患者にとっても非常にメリットが大きく，安心して病院を選ぶことができるでしょう。このように，地域の人々が安心してその病院を選べるという信頼こそが，法人のブランドイメージとなります。

　医療そのもの以外で，こうしたブランドイメージを「見える化」するのに役立つのは，病院の建物です。ここでいう「建物」とは，外観や内装など，建物のデザインだけでなく，受付システムや院内の動線システムなど，医療提供のシステムや運営方法まで含めた建物の計画全体を意味します。これらのハードとソフトが包括的な「ホスピタルアイデンティティ」となって，ブランドイメージを高めることが期待できます。

　ハードとソフトを融合させ法人のブランドイメージを形成することは，医療以外の部分でも可能です。連携する病院が共通したデザインコンセプトをもっ

た地域住民交流スペースやエントランスホールを設け，地域住民によるアート作品を展示したり，地域住民や患者，家族の憩いのスペースとして利用していただく。「点」としてのそれぞれの病院が，「見える化」された共通のイメージを通して「線」としてつながり，そこに地域の人々の参加を積極的に促すことで「面」としての広がりを持たせることができるのです。

　法人の一貫したブランドイメージを表現するデザイン戦略として，ここではユニバーサルデザインを取り上げてみます。

　ユニバーサルデザイン（Universal Design；以下 UD）とは，利用者の身体能力や置かれている状況にかかわらず，「使いやすく」「わかりやすい」建築・情報・サービスを創造するという考え方です。社会の急激な高齢化を背景に，その重要性が大きくなっています。

　UD の考え方は，単に段差をなくしたり，誘導ブロックを設置したりして，どこでも同じようなデザインにすることを意味するものではありません。カーペットとビニールシートなど，柔らかい素材と硬い素材を組み合わせることで，足裏で感じる感覚の違いで通路の方向を示すことができます。また，壁と床の色のコントラストを強め

個性的なユニバーサルデザインの例
（西葛西・井上眼科病院）

ることで，弱視の方でも見分けやすく，安全性を高めることができます。

　UD のこのような特性を上手に利用し，法人全体で一貫性のあるデザインを採用してはいかがでしょうか。例えば，統一されたわかりやすいサインシステムや什器備品を法人全体で採用するのです。急性期病院から退院し，自宅近くの病院に通院することになった患者さんにも，サインのシステムをすぐに理解してもらうことができるでしょう。

　法人のシンボルやサインと合わせて，個性的な UD を工夫することによって，安全性を高めながら，法人独自のホスピタリティを表現することができます。ぜひ試みていただくことをお勧めします。　　　（鹿島建設㈱営業本部医療福祉推進部）

Ⅳ-2 参加法人の施設・設備整備等の発注業務を連携推進法人に統合するケース

Q2 連携推進法人の参加法人それぞれの病院が施設整備を行う場合，発注業務など建築に精通した人材を抱える同法人が建設プロセスを一括して担うことができますか。

■ポイント

参加法人にとって重要な決定となり，連携推進法人のそれぞれは評議会の意見を聴取するはず。先ず，発注業務の統合が評議会の評価に耐えられるか。効率化の定量評価と資金繰りがポイントになる。

A 病院建設のプロセスは，図に示すように，①計画・設計段階，②建物発注・施工段階に分けることができます。病院建設のプロセスでまず強調しておきたいことは，建設の自由度は，プロセスの早期段階ほど大きいということです。

【図　病院建設のプロセス】

計画・設計段階			建物発注・施工段階		維持管理段階
基本構想	基本計画	設　計	建物発注	施　工	維持管理
・自院の位置づけの見極めと施設整備の方向性の整理	・要求性能抽出と優先づけ ・ボリュームスタディと事業採算性の検討	・具体的な運用方法を想定した計画の策定 ・各部門ヒアリングでの要望優先づけ	・要求性能に見合った予算づけ ・信頼できる経験豊富な業者選定 ・内容を整理した上での発注	・施工状況の確認 ・適切な監理業務であるか否かのチェック	・予防保全の実施 ・ファシリティマネジメント発想での建物管理と使用・建物管理会社等専門業者の利用

上記②において重要なのは，予算と要求性能のバランスをとることです。良い病院を安価に作りたい——発注者のだれもがそう考えるに違いありませんが，建設費が高騰している現在，設計終了後に見積もりをしてみたら予算を超過していたということは珍しくありません。医療機能上不可欠な部分や患者の療養環境に直接かかわる部分にお金をかけ，バックヤードは廉価にするなど，メリハリをつけて設計する方法もあります。また予算内で収めるために，設計案に対して建設会社から VE 提案※をしてもらう方法もあります。

　※ VE：Value Engineering の略。機能を低下させずコストを縮減する，または同等のコストで機能を向上させるための技術。（例：要求する構造強度は落とさずに，設計見直しにより鉄筋本数を低減する，等）

　もし建物の要求性能と予算が合致しない場合，そのまま建設会社を選定することは避けなければなりません。建設会社の辞退や予算超過の可能性が高くなりますし，建設会社の再選定には，手間やコストが嵩むうえ，発注遅れによる計画遅延のリスクが生じるからです。なんとか予算に収まった場合でも，予算ギリギリで発注すると後で追加費用が発生しやすいので注意が必要です。

　当然のことですが，建物にも原価があるため，豪華なものを安く作る魔法は存在しません。要求性能と建設費のバランスを取り，「予算内で要求建物をどうつくるか」という発想が必要です。設計者や施工者任せにせず，内容と価格が見合った建物とする姿勢が大切です。

　最近の建設物価の高騰により，これまで設計・施工分離が当り前だった領域に，実施設計段階から建設会社が参画する発注方式が導入されていますが，これは予算や事業スケジュールを守るための工夫の表れとも言えます。

　いずれにしても，建築的な専門知識が必要なことから，一病院だけで対応するよりも，連携推進法人全体の中から長けた人材が対応するのが効果的です。

　設計の次工程である施工は建設会社が行いますが，施工時の監理は設計者が行うのが通常です。監理は図面通りに工事がなされているかをチェックする業務です。建設会社が設計を行う場合，監理も建設会社が行うことがあります。設計と施工が同一企業の場合でも，監理だけは設計事務所に任せたり，あるいは「監修」という方法を採用したりすることで，第三者性を確保することもあります。このような業務も，これまでに何棟もの施設を発注し運営まで導いて来た経験が多い程，間違いが少なくなりますが，連携推進法人の中でこのような業務を統括することで，品質及びコストパフォーマンスの高い施設整備がなされるものと期待は高まります。

　全面的な病院建替えは，一般的には数十年に一度の大事業であるため，このプロセスを理解したスタッフが院内にはいないのが通例です。複数病院が参加する連携推進法人がこのような病院建設プロセスの牽引役となって発注業務などを統合して担うことで得られるメリットは大きいと思われますが，これを機能させるためには，評議会に対して資金繰りも含めた定量的，定性的な病院建設の効果を理解してもらう必要があります。

（鹿島建設㈱営業本部医療福祉推進部）

Ⅳ-3　連携推進法人が参加法人の資産を買収し，賃料を受取るケース

Q3 参加法人の病院で土地や建物，医療機器を所有していますが，連携推進法人がこれらの資産を所有して，病院は賃料を払って運営することも可能ですか。

■ポイント

> 地域医療構想に基づく機能別（病院）病床計画に整合すること。
> さらに，連携推進法人制度に整合すること。その上で，連携推進法人の買収資金の明示。知事（行政）とともに評議会の意見聴取もポイント。

A 病院は医療を提供する場ですが，経営の観点から，一種の投資対象でもあり，その建替えサイクルは約30年と言われています※。

※四病院団体協議会・日本医師会の2006年の調査による。国税庁による減価償却期間は39年。

　診療報酬は施設基準により定められていますが，それには病室の面積や廊下の幅といった構造設備の基準も含まれていることがあるため，建物の構造や設備が病院の収益に直接関わる場合があります。せっかく病院を新築したのに，面積や廊下幅に関する基準をクリアできず加算が得られないとか，空気清浄度が不十分なため，高度な医療を提供できないなら，その投資は失敗だったということになるでしょう。逆に必要以上に過大な性能をもつ設備を設けると，維持管理コストが嵩むばかりで，これもよろしくありません。

　施設基準を含む医療制度そのものも変化しますから，建物をそれに合わせていくことが求められます。しかし，一度建てた建物を変更することは一般的には容易なことではありません。ですから，建設時に初めから広さに余裕を持たせたり，フレキシビリティに対応できるようにしておく必要があります。

　しかし，だからと言って無暗に広くて可変性に富んだ建物を計画することもできません。面積や将来を見据えた仕込みは，いずれも建設費に直接響いてくる要素だからです。加えて，設備の仕様や省エネ性能，療養環境としての快適性，職場としての効率性などは，それぞれ求められる性能と設えが異なります。工夫の仕方によって程度の差はありますが，いずれも建設費に大きなインパクトを与えます。

　できる限りよい建物を作りたいとは，だれもが思うことですが，建物への過大な投資が後の経営を圧迫するとはよく聞く話です。ですから，建物への投資は採算性を踏まえたバランスの取れたものでなければなりません。施設整備後に金融機関への返済が厳しくなり，止むを得ず土地や建物を手放し，新たな所有者に賃料を支払って運営している病院の話を耳にすることもあります。近年は建築工事費が高騰していますから，ますます慎重で注意深い投資計画が必要となっていると言えるでしょう。

　以上のような状況を整理し前向きに捉えると，このような病院の運営を十分理解した法人が施設や医療機器を所有し，病院は医療に専念するという方式が考えられます。連携推進法人が所有者となって，施設や医療機器を含む医療環境を担い，参加病院は使用料を支払って医療そのものに専念するということです。そもそも病床の融通や材料の共同購買などを可能としている訳ですから，施設や医療機器の所有が統一されることで，医療機器の共同利用や参加病院全体を見通した整備計画が可能となり，効率的な経営が可能となります。参加病院の中にこのような業務に精通した人材がおられるなら，その方が中心となり，おられなければ専門家を招聘して対応することになります。

　昨今の診療報酬改定や消費増税により，経営が厳しい法人は少なくありません。運営上の連携に止まらず，土地・建物を一旦連携推進法人の所有とすることで，病院の運営資金が得られ，運営強化を進めることも可能となります。最近では高齢社会の到来に伴い，高齢者施設や医療施設等で所有と運営を分離するヘルスケアリートへの期待が高まっていますが，連携推進法人が音頭をとってヘルスケアリート等を活用した新たな資金調達の流れを築くことも可能となります。病院の建替えを機に，施設の所有や維持管理等を第三者に託し，病院は利用料を支払いながら医療に専念できるという訳です。

　以上のような施設の所有と運営の分離は，経済合理的な観点からは受け入れられると思いますが，一番大切なのは病院運営の継続性，地域医療提供体制の継続性なので，これが担保されなければなりません。まずは，参加病院が同意した上で，連携推進法人の買収資金が調達できないと実現しない話ですが，知事など行政の判断と評議会での意見聴取に基づいた慎重な検討が必要です。

（鹿島建設㈱営業本部医療福祉推進部）

Ⅳ-4　参加法人の施設整備に債務保証するケース

Q4 参加法人施設整備の資金調達の際に，単独では融資が難しくても，連携推進法人としての債務保証（評価）により融資が可能となることも考えられますか。

■ポイント

> 連携推進法人の設立による経営効率の向上が期待されますが，借金棒引きされる訳ではないため，慎重な判断が求められます。設立当初の参加法人の経営状況の審査も重要です。

A 　一般的な医療施設の整備のための資金調達には，福祉医療機構や市中銀行からの借り入れ，国・自治体の補助金の活用のほか，リース方式や投資ファンドの活用など，さまざまな方法があり，事業ごとに適切に組み合わせる必要があります。これが連携推進法人の登場で，どのように可能性が拡がるかです。

　質問にもありますように，参加病院が単独では叶わなかった金融機関からの融資が，連携推進法人としての地域における信用力により融資の可能性や融資条件の好転が期待できるかどうかです。

施設整備に関する資金調達の方法

福祉医療機構	銀　行
補　助　金	リース方式
不動産投資ファンド （ヘルスケアリート）	証券化

　連携推進法人に参加する要件に健全な経営状況であるといった審査がなされるかどうか分かりませんが，参加病院が連携しながら地域医療を継続するためには，経営の健全性は重要なファクターだと思います。つまり，連携推進法人に参加している病院だから地域におけるブランド力がある意味で保証されており，それによって融資の条件が有利になるという効果は充分に期待されます。

　福祉医療機構や銀行などの金融機関からの融資の場合，担保保証が必要となります。しかし，既に既存の土地建物を担保に融資を受けている場合，追加融資は簡単ではありません。そこで，プロジェクトファイナンスが使えないか，ということになります。つまり，連携推進法人による運営効率化により安定的な経営が見込めれば，担保が無くても融資が実現するという訳です。プロジェクトファイナンスは，ある特定のプロジェクトに対して行う融資で，その返済

原資を対象となるプロジェクトのキャッシュフローに限定したものをいいます。通常の融資では，返済の可能性を借主（企業等）の信用力や担保などに着目して審査するのに対して，プロジェクトファイナンスでは，特定のプロジェクトのキャッシュフロー（収益）を分析し，そのプロジェクトの資産価値を担保として審査します。

　また，図に示すように当該プロジェクトを運営する別会社（SPCなど）を設けた場合，このSPCに対して融資が実行されるため，プロジェクトの実施母体の親会社は，リスクの過大な負担と巨額借入による財務内容の悪化を回避できるというメリットが生まれます。一方で，金融機関等の貸し手は，そのプロジェクト自体が健全で魅力があれば，実施母体の信用力に関わりなく融資を実行できることになります。よって，連携推進法人がこのSPCの機能を担うことができれば，今までにない資金調達が実現することになりますが，現時点では難しいと考えられます。他の参加病院の意向は勿論の事，行政及び評議会での意見徴収が必須となりますが，この建設投資が連携推進法人の各参加病院にとって直接的，間接的な経営上のメリットがないと納得が得られないのではないかと思われます。また，将来的な経営統合などの強固な連携を目指した第一ステップとしての連携推進法人でしたら，複数病院の運営・資産管理など広範囲かつ高度な経営も夢ではないかもしれません。

SPCを活用したプロジェクトファイナンスのスキーム

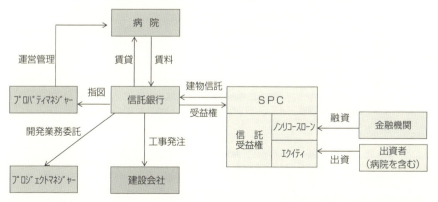

（鹿島建設㈱営業本部医療福祉推進部）

Ⅳ-5　病床過剰圏において参加法人病院間で病床融通するケース

Q5 病床過剰地域においても，連携推進法人の参加法人病院間での病床の
やり取りが可能とのことですが，具体的にどんなことが考えられます
か。

■ポイント

> 参加法人間の病床の融通は可能。しかし，地域医療構想にある機
> 能別の病床のあり方が検討されるはずです。一般には，回復期リ
> ハビリ病床への転換が歓迎。

A 　最初に考えられるのが，病院の機能，病床機能の再編による病床の
やり取りです。効率的な医療提供を行うためには，病院ごとに得意な
医療分野を集約させるのです。例えば，複数の参加病院がそれぞれ神経系，眼
科系，消化器系，呼吸器系，循環器系，筋骨格系，内分泌系，腎・尿路系，血
液系，新生児系，小児系，外傷系，皮膚系，婦人科系，精神系など広範囲の疾
病を対象とするのではなく，強い領域，関連性の高い領域に絞って再編・集約
させることが重要です。図はある地域に立地する病院の MDC 分類別の患者数
を示していますが，連携推進法人の効果を最大限発揮するためには，医療ス
タッフの再配置も念頭に置いたこの辺りの議論をしっかり行うことが大切です。

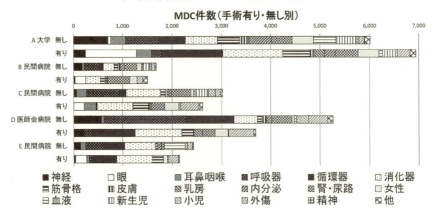

医療圏内病院の MDC 分類別患者数

このような医療機能についてのあり方を踏まえた上で，次に整えなければな

らないのは施設です。大掛かりな設備投資が発生するのは経営上好ましくありませんが，役割に応じた施設の最適配置と法人全体を俯瞰した建替え計画に発展するケースもあります。このような病院の施設整備を考える際，常に課題となるのが土地問題です。患者の来院行動からみて適切な場所であるかという立地の問題と，建替えを行う空間余地があるかというスペースの問題です。連携推進法人制度を上手く活用することにより，これらの課題をより合理的かつスムーズに解決できる可能性が高まります。

　そこで，施設の最適配置による患者の利便性向上と医療提供体制の強化の可能性について考えてみます。

　病院の立地は，地域の人口分布と，道路や鉄道，河川などの状況によるアクセスのしやすさが決め手になります。通院の利便性が求められる身近な病院，専門的な医療を提供する病院，長期の療養を専門とする病院など，提供する医療によって，判断基準が異なります。しかし，現実には，各病院の患者・診療特性に相応しくない場所に立地している場合も少なくありません。

　連携推進法人の場合，ある程度ロングスパンで，かつ理想を追求する前提で考えるとするならば，連携する病院の特性に合わせて，それぞれの病院の立地を再評価し，再配置することもできると思います。高度急性期・急性期・回復期・慢性期の医療機能を，立地の特性に合わせて再編・再配置し，その際，それぞれの機能に相応しい施設整備を行うことで，効率的な医療提供体制に向けたハードとソフトの再構築を一挙に進めることができます。現に自治体病院を中心とした病院や病床の再編では，複数の病院をまとめて大型の急性期病院を新設し，既存病院は回復期に特化させるなどの対策が進められています。

　一般的には，急性期に対応しなければならない心疾患や脳血管疾患などを扱う循環器の急性期病院では，救急車両のアクセスの良さが重要な立地条件となります。一方，外来患者の多い内科の慢性期疾患や整形外科のリハビリテーションなどでは，高齢者の通院に便利な立地が求められます。このような患者特性と参加病院間の病床機能の再編・病床融通の結果，外来患者が通院しやすい立地にこれに対応する医療機能を集約し，救急車両のアクセスの良さが求められる医療機能を参加病院間で再編・集約することが考えられます。つまり，立地特性に合致した疾病を前提とした医療提供体制を参加病院間で再構築する

ことも今後は医療提供体制の戦略の一つになってくるのではないかと考えられます。

　病院の立地を考える際，こうした事業性とともに，もう1つ考慮しなければならないことがあります。それは災害リスクです。

　最も代表的なリスクは地震ですが，地域によっては地盤の液状化や水害，火災，津波，火山のリスクも考慮に入れる必要があります。その土地にどのようなリスクがあるかによって，建物に必要となる備えは異なります。連携推進法人の参加病院で例えば，ハザードマップなどから津波や河川の氾濫，地震による液状化などのリスクが想定されるようでしたら，他の参加病院の土地，建物の状況によっては移転や統合などの施設の見直しに発展するケースも考えられます。図に示すような流れで，そうしたリスク評価を専門にしている会社もありますので，新たな用地を選定する際や，計画地で必要となる対策を講ずる際に相談してみるとよいでしょう。

事業性と災害リスクを踏まえた用地選定の例

　さらに効率的な施設配置に向けて，将来の街づくりや都市計画に整合した立地計画を考えておくのも重要です。

　国土交通省では将来の人口減少と超高齢社会に対応するため，これまでに拡大してきた人口集中地区（DID 地区：Densely Inhabited District）を適正規模に縮小して，暮らしやすく経済的な街づくりを推進しており，「コンパクトシティ」を重点施策に掲げています。これは，特に地方都市において，医療・福祉・商業等の生活機能を確保し，高齢者が安心して暮らせるよう，地域公共交通と連携して，コンパクトなまちづくりを進める，都市再生計画です。これを推進するために，多くの市町村が立地適正化計画を策定しています。医療・福祉施設などの都市機能をまちなかに集約できるよう誘導するとともに，人口密度を維持する区域を設定，さらに，これらの拠点を結ぶ公共交通を充実させる計画です。誘導される都市機能の事業者に対しては，税制や金融上の支援，移転・増築等のための容積率の緩和などが準備されています。

国土交通省が推進するコンパクトシティ＋ネットワークのイメージ

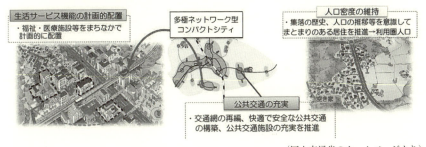

（国土交通省のホームページより）

　医療福祉事業者は，このようなまちづくりの方針を理解し，上手に活用することで，より良い医療提供体制を，より有利な条件で構築することができます。連携推進法人の参加病院の立地と，立地適正化計画で示された都市機能誘導区域や居住誘導区域などを重ねてみることで，将来に向けた病院経営に有利な立地が浮かび上がってくるはずです。これまで都市計画図で都市計画区域と区域外の線引きがあり，さらに都市計画区域には用途地域や容積率や地域地区などが指定されていましたが，さらに立地適正化計画が追加された格好になっています。多くの高齢者が通院して治療する医療提供が中心の病院では，都市機能

誘導区域や居住誘導区域のアクセスの良い立地が好まれると思いますが，救急患者の多い医療を担う病院は，どちらの区域というのではなく，救急患者の来院エリア全体を俯瞰した救急車両のアクセスが最優先されなければなりません。

　このように，マーケティング戦略の観点から，各市町村の将来計画に基づく人口分布と現在の施設分布を照らし合わせ，医療機能の集約や分散といった再編計画を検討することが重要です。

　以上，参加法人病院間で病床融通を検討する場合，医療機能だけではなく，将来の街づくりや災害リスク等を踏まえた立地評価の多面的な判断と，参加病院全体のメリットにつながる企画力が求められます。

（鹿島建設㈱営業本部医療福祉推進部）

Column 5　病床機能報告制度と高齢者施設

　2014（平成26）年に成立した第6次改正医療法により制度化された病床機能報告制度とは，一般病床・療養病床を有する病院・診療所が，その病床において担っている医療機能の現状と今後の方向について，病棟単位で，次の4区分から1つを選択し，その他の具体的な報告事項とあわせて都道府県に報告する仕組みである。
（4つの医療機能）

医療機能の名称	医療機能の内容
（1）高度急性期	急性期の患者に対し，状態の早期安定化に向けて，診療密度が特に高い医療を提供する機能
（2）急性期機能	急性期の患者に対し，状態の早期安定化に向けて，医療を提供する機能
（3）回復期機能	・急性期を経過した患者への在宅復帰に向けた医療やリハビリテーションを提供する機能。 ・特に，急性期を経過した脳血管疾患や大腿骨頚部骨折等の患者に対し，ＡＤＬの向上や在宅復帰を目的としたリハビリテーションを集中的に提供する機能（回復期リハビリテーション機能）。
（4）慢性期機能	・長期にわたり療養が必要な患者を入院させる機能 ・長期にわたり療養が必要な重度の障害者（重度の意識障害者を含む），筋ジストロフィー患者

　その報告制度とは，現状では直接何の関係もないが，主な高齢者施設を表にして示すと次のようになる（主な高齢者居住施設の概要）。

高齢者施設	施設の概要	事業主体			補助金
		医療法人	社会福祉法人	株式会社	
有料老人ホーム・介護型・住宅型・健康型	高齢者を入所させ，食事の提供その他日常生活上必要な便宜を供与することを目的とする施設	○	○	○	×
グループホーム	比較的安定した認知症高齢者を５人〜９人といった少人数で共同生活することにより，自立した生活ができるようにする施設	○	○	○	○
ケアハウス	自炊ができない程度の身体機能の低下がある者に対し，低額な料金で食事の提供その他日常生活上必要な便宜を供与する施設	×	○	△	○
特別養護老人ホーム（特養老）	身体上，精神上著しい障害があるため常時介護を必要とし在宅での介護が困難な要介護高齢者に対し，日常生活の世話，および機能訓練や健康管理を行う施設	×	○	×	○
介護老人保健施設（老健）	入院治療を必要としない要介護高齢者，または家庭内の寝たきり高齢者等に対し，家庭復帰させることを目的とする施設	○	○	×	○
サービス付き高齢者向け住宅（サ高住）	住宅としての居室の広さ，設備，バリアフリーといったハード面，ケア専門家による生活相談サービスの提供，行政が雀録，指導・監督を行うという多くの「安心」を備えた賃貸等の住まい	○	○	○	○

（注）　○印…事業主体として開設（受給）可能　△印…事業主体として条件付で開設可能　×印…事業主体として開設（受給）不可能（できない）

　本書の「序」およびコラムなどで示したように，「2025年問題」は，国家的な課題ともいえる。実は，それで終わりではなく，30年ぐらいの間に超高齢社会が続き，わが国は未だかつてない経験をしていくはずである。認知症高齢者増加。都市への人口集中，過疎化のなか，ついに高知県大川村で「村」を廃止，「村総会」に移行することが報道され，これらが広がっていくことは，充分に考えられる。そのとき病院はどうなっているのか。全く私見ながらここで示した「４つの医療機能」が多様化し，高齢者施設または住宅を病棟の一部もしくは全部に取り入れる，いわゆる「混合施設」化にならざるをえないし，「コミュニティ・ベネフィット」（地域貢献のための支出）が要請されてくると思う。

　そのために，連携推進法人の参加法人などは，その参加によるメリットを充分に生かし（例，地域フォーミュラリー），質を高めつつ，経営基盤を強化しておくべきであることを主張したい。

（G-Net　岡田雅子）

<u>Ⅳ-6</u> 　参加法人病院の全面建替えの際，別の参加法人病院の病床を一部一定期間増床するケース

Q6 連携推進法人の参加法人病院の現地建替えに際し，新病院が建設されるまでの間，同法人参加法人の別病院の病床数をその期間だけ増やして運用することは可能でしょうか。

■ポイント

> 参加法人病院の建替え時に一定期間だけ別の参加病院の病床の一部活用や増床で凌ぐことは，地域医療構想圏内であれば原則として容認。しかし，終わった後の空病床が課題に。

A 　病院の建替えは，新たな場所に移転するか，既存の敷地を利用するかのどちらかになります。移転できる適切な用地が見つかればよいのですが，簡単にはいかない場合が多いのです。

　既存敷地内での建替えの場合は，患者や職員に不便を強いたり，診療制限を避けられなかったりするなど，課題が多くなります。例えば，救急動線・患者動線・近隣動線の確保，工事中の駐車場確保などが挙げられます。そのため，図に示すような配慮が求められます。また，完成させ，移転してからでないと既存施設を壊せないため，敷地内空地に新しい建物を計画しても理想的な病院ができないこともあります。段階的な工程を重ねることで，建設費が嵩む懸念も高まります。

病院「居ながら@建替」のポイント

　そこで，期待されるのが，同一医療圏に分布する同じ連携推進法人に参加の別病院の活用です。連携推進法人化によって，こうした既存敷地内での建替えを解決する選択肢が増えると考えられます。連携推進法人参加の病院間で病床のやり取りが可能になったので，建替え工事の間，病床や診療機能を同法人に属する余力のある病院に受け持ってもらうのです。工事による患者さんへの影響を少なくし，また，診療制限による病院経営への悪影響を抑えることができます。何より，地域の患者さんにご迷惑をかけないため歓迎される手法だと思

われます。さらに，既存施設を解体した後の更地に制限されることなく計画できるので，将来を見据えた理想的な施設計画が可能となります。当然，その間，建て替え中の病院の医療スタッフも分散して勤務することになります。

　図は，A病院の一部建物の建替えに際し，同じ連携推進法人参加のC病院で休床中の病棟を活用するケースですが，建替えが終了した後のC病院利用方法を含め，いかに改修費用を抑えるか等の工夫も求められます。

同じ連携推進法人の別の参加病院を活用した建替えステップ

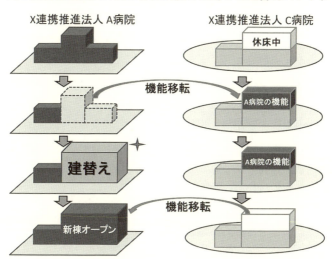

　実際にあったケースですが，現地建替えが大原則の病院の外来機能と入院機能をそれぞれ別の場所に仮移転した事例もあります。外来機能は，設備配管など比較的軽くテナントビルを活用することも考えられますが，病棟や中央診療部門となると改修費用がかさみ容易なことではありません。そこで，別の参加法人病院の休床病棟などを活用するのが得策です。勿論，参加病院全体で医療機能の再編が進めば，一時的な病棟の貸し借りではなく，恒久的で戦略的な全体最適が推進されるものと考えます。

（鹿島建設㈱営業本部医療福祉推進部）

参加法人病院の建物等の維持管理業務を，参加法人間で統合して実施するケース

Q7 参加法人病院運営において施設の維持管理コストの低減が課題になっていますが，連携推進法人で施設の維持管理業務を統合して効率的な運営を行うことができますか。

■ポイント 維持管理コスト低減を統合的に行うことに問題はありませんが，予算処理が必要で，県や評議会の意見を聞くことになりましょう。

A 病院を建設し無事オープンした後は，建物の性能を十分に発揮させないといけません。また，せっかく大きな投資で作ったものですから，できるだけ長く使いたいものです。そのために必要なのが竣工後の維持管理です。運用段階における維持管理を効果的に行うことができれば，エネルギーや修繕・更新にかかるコストを削減することができます。

　まず，建物の効率的な運用とメンテナンスをどのように行うかですが，病院の建設事業を成功裏に収めるためには，計画段階から病院の具体的な運営方法をきちんと踏まえた設計が必要であり，また，建物竣工後は，計画の意図をよく理解したうえで，建物の性能を効率的にコントロールしていくことが必要です。例えば，手術室や集中治療室等における空気清浄度，温湿度，気流・気圧管理は，安全を担保するための重要な要素なので，点検が欠かせません。

　建物を長く使っていると，どうしても補修が必要になってきます。しかし，補修が必要になってからメンテナンスをするのではなく，予防保全を行うことで，より長く初期状態のまま使用することができます。また，長期修繕計画を立て，計画的に修繕を行うことが長持ちの秘訣です。

　ただし，修繕やメンテナンスによっては，当初の計画よりも劣化の進行が早まることがあります。病院建物をよく知る建物管理会社に建物管理やメンテナンス等を委託することも有効です。

　建物や設備をできるだけ長く最適な状態で使用し，最大の効果を発揮させるために，総合的な管理活動を行うことをファシリティマネジメント（facility management；FM）と言います。これは建物がその性能を最大限に発揮することを目指すとともに，経営の観点からも効率化を図ろうとするものです。

　一般的な病院では，電気，空調，給排水衛生設備の日々の運転管理や定期点検が必要です。これらのさまざまなコストをいかに削減するかが求められます。特に病院は，各種建物用途の中でも単位面積当たりのエネルギー消費量が最も大きく，エネルギーコストの削減が課題となっています。また，患者が治療を受けやすく，職員が働きやすい環境を提供するため，空調などの設備をどう制御するかも重要な仕事です。医療技術の進歩に合わせて頻繁に行われる改修や増築への対応も含め，ＦＭの発想は今後ますます重要になってくることでしょう。

　建物には，建設にかかる費用のほか，光熱水費や補修，設備等の更新にかかる費用，清掃費など，さまざまな費用がかかります。このように建設から解体までかかるすべてのコストを合わせたものをライフサイクルコスト（LCC）と言います。実は建設費がLCC全体に占める割合は20％程度にすぎず，エネルギーや維持管理コストのほうがより大きな部分を占めます。したがって，いかにして維持管理を効率化し，LCC全体を最小化していくかという視点が求められます。運営を協力して進める連携推進法人は，このような観点からもメリットがあると考えられます。

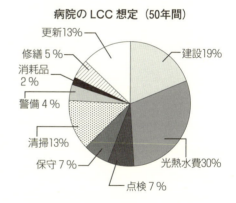

病院のLCC想定（50年間）

更新13％
修繕5％
消耗品2％
警備4％
清掃13％
保守7％
点検7％
光熱水費30％
建設19％

　さらに，連携推進法人制度を活用した業務の効率化対策として，全参加病院の施設維持管理を一元化・包括化することが考えられます。施設管理を担当するスタッフは，一般的には病院ごとに業務を担っています。同法人の複数の病院を束ねて活動することで，より効率的な業務分担や人員配置が可能になります※。これまではそれぞれの病院ごとに対応していた業務について，今まで以上に管理や経営の視点が重視され，その効果も出やすくなります。

　※ただし，高圧受電契約の場合の電気主任技術者のように，施設ごとに必ず有資格者が常駐しなければならない場合もあります。

　例えば，複数の施設で同じ業務を比較することにより効率的な方法を模索す

ることが可能になるでしょう。担当者のスキルアップも期待できます。熱源機器が得意な人，電気設備が得意な人，衛生設備に詳しい人など，今まで別々の組織で業務をこなしていた職員が集まることで，得意分野や技術を活かせるフィールドが拡がります。

　また，単一施設では投資できない群管理システム※やIoTなどの先端技術も，複数の施設に適用することで導入への投資が可能となり，さらに効率的な管理が可能となります。

　　※群管理システム：複数施設の建築設備の稼働状況や部門ごとのエネルギー使
　　　用量などを通信により遠隔で制御・管理可能なしくみ

　図からわかるように，光熱水費はLCCの3割を占めます。病院の経営をトータルで考えると，実は建設費より大きなインパクトをもっていますから，その省エネ化を図ることは大変重要です。

　建物に設けられる各種の設備機器の中には，LEDや節水機器など省エネ性能に優れたものがいろいろ開発されています。まずはこうした機器を選択するだけでも，省エネ化を図ることが可能です。問題は，省エネ性能に優れたものは導入にかかるコストが高いことです。イニシャルコストとランニングコストのバランスをどのように考えるかが最初のポイントになります。

　次に，法人の参加病院全体を束ねて省エネを推進することです。単体の病院だけの活動に比べ，情報量や経験値の幅が広がり，成果が期待できます。

　先に述べた運用上の工夫を重ねても，設備が老朽化したり，機器自体の性能が低かったりすれば，効率化に限界があります。そこで，電気・空調・給排水衛生設備がどのような状況にあるのか，運転状況は適切かなどについて診断・調査を行う必要があります。そのうえで，LCC削減に向けた対策を打ち出すことになります。

　再編された施設管理スタッフは，法人の参加病院の施設全体を調査し，施設の使われ方や維持管理費，減価償却費，耐震性などの調査結果を踏まえ，設備の改修工事の優先順位を決めます。工事計画は，病床やスタッフのやりくりを含めて立案することになります。

　話は変わりますが，医療法施行令では，診療等に著しい影響を与える業務として政令8業務が指定されており，その中に院内清掃が含まれています。警備

業務や建物の維持管理業務については医療法に関わらず外部に委託できますが，感染対策が要となる清掃業務を委託する時には，委託事業者が「省令で定める基準」に適合するか否かを見極めて受託先を選定しなければならないことが，法律により義務づけられています。このことを踏まえ，単に維持管理業務というのではなく，感染管理を含めた医療安全の日常業務に対し，参加病院間でどの業務を統括して運営するか，業務改善の手順をどう考えるか，費用負担の比率など十分議論することが必要です。今まで通り，維持管理コストを参加病院個々で担っていくのではなく，連携推進法人があるルールに則り共通費として参加病院から徴収し，全参加病院の維持管理業務を統合することで，スケールメリットも加わり，これまでに考えられなかった大胆なコスト削減とサービスレベルの向上が図られることが期待されます。

　例えば，表に示すように施設維持管理業務を統合し，役割・業務を再編し強化を図ることもできます。

施設維持管理業務の人材の能力・資格・経験等

職種	役割・業務	資格・経験
施設維持管理業務統括責任者	目標管理，施設維持管理業務全体のマネジメント，教育・品質管理，各種委員会等	・施設維持管理業務マネジメント経験者
建築物等及び建築設備保守管理業務責任者	建築物及び建築設備保守管理業務の統括，教育，シフト作成，出勤調整，品質チェック，エネルギー管理等	・一定規模以上の一般病院等で十分な実務経験を有するもの ・電気主任技術者，エネルギー管理員講習修了者その他関連資格を有するもの
清掃業務責任者	清掃業務の統括，教育，シフト作成，出勤調整，品質チェック等	・一定規模以上の一般病院等で十分な実務経験を有するもの ・病院清掃受託責任者もしくはビルクリーニング技能士の資格を有するもの
保安警備業務責任者	警備業務の統括，警備教育，シフト作成，出勤調整，品質チェック，防災センターにおける監視・受付・緊急対応等	・保安警備業務の十分な知識・経験を有するもの ・防災センター要員講習修了者 ・施設警備業務検定（2級以上）合格者 ・普通救命講習受講者
駐車場等保守管理業務責任者	業務の統括，教育，シフト作成，出勤調整，品質チェック，割引券等の発行，駐車・駐輪料金徴収代行，口座への納入等	・保安警備業務あるいは駐車場等保守管理業務の十分な実務経験または同等の知識・経験を有するもの

　協議の結果，運営の詳細がまとまれば，県や評議会への説明も求められますが，連携推進法人が故の知恵を結集し，参加病院の運営効率を高めていくことは，必ずやブランドイメージの向上にもつながる効果を生み出すものと思われます。

（鹿島建設㈱営業本部医療福祉推進部）

Ⅳ-8 連携推進法人の全参加法人の災害時対応をシステム化するケース

Q8 連携推進法人は，参加法人を含めて平時の連携もさることながら，地震など非常時の体制づくりに連携推進法人を積極的に活用することは可能でしょうか。

■ポイント

> 災害拠点病院にならなくても，災害対応システムをつくり上げることは重要。しかし，それが連携推進業務の一環となるのか，行政や評議会の事前協議が必要か。

A 連携推進法人は，病院の BCP 対策を考えるうえでメリットがあります。BCP（Business Continuity Plan；事業継続計画）とは，災害発生時でも業務への影響を最小に抑えるため，事前に必要な対策を定めておくことにより，災害発生後の業務復旧時間の短縮や発災直後の業務レベルの向上を図る計画のことです。図は，BCP 作成のプロセスを示しますが，医療施設では，災害で発生する新たな医療需要への対応も求められることが特徴です。

しかし，すべての病院が災害医療に対応することは現実的ではありません。むしろ，病院の機能と状況によっては，「避難時の安全確保」を災害対応の目的と割り切ることが現実的で効果的な対策となることもあります。まずは最も重要な基本機能である「患者・スタッフの安全確保・避難」を確保することが先決です。その上で，目標とする機能に応じて順次，必要な対策を積み上げていきながら，バランスよく想定外のことが起こらないようにすることが重要です。

図　BCP 作成プロセス

1. **何を守るか**　「医療提供」の観点から守るべき機能を選定
医療サービス提供の観点から、守るべきものを選定することで、災害時における病院の役割と位置づけを定めます。

2. **どこまで守るか**　「機能」「時間」の観点から目標を設定
災害時にも維持すべき機能、または災害時にこそ拡張すべき機能を決めます。

3. **現状の問題は何か**　「現状」と「目標」のギャップを評価
隣地状況やインフラ分析、建物診断により、施設の現状と想定した目標とのギャップを把握します。

4. **目標を達成するには**　「ヒト」と「モノ」で目標達成
目標達成に必要な手段や対策を明確にし、優先順位を決めた上で実行します。

5. **運用するには**　計画の明文化と実行
医療スタッフや患者さんの流れをどうマネジメントしていくかを考え、災害時行動計画を明文化し、実効に移します。

　連携推進法人では，参加病院の医療機能の分化と役割分担を進めるはずです。その時，災害時における機能と役割分担を明確にしておくことで，効率的なBCPを策定し，無駄のない投資が可能になるでしょう。例えば以下のような機能別に役割分担を想定することが考えられます。機能を果たすためのハード面での仕組みとしては，免震構造，電気設備の二重化，トリアージスペースの確保などが挙げられます。BCPの根拠に基づいた災害時の役割・機能分担による効率的な投資計画を後押しできたらと考えますが，行政や評議会の事前協議は必要でしょう。

病院の機能・役割区分別の災害時対応の考え方の例

区分	災害時対応の考え方
1	災害拠点病院としてできるだけ通常に近い，救急対応や外来対応を含む医療行為を可能にすることを目指し，集中的な投資を行う。
2	入院患者の容体悪化防止を中心に，可能な限りの救急外来や外来診療の受け入れ，制限付き医療提供を目指す。
3	入院患者・スタッフの安全を確保した上で，入院患者の容体悪化防止をメインにし，外来診療はインフラの断絶・復旧状況によって対応。
4	積極的医療行為の中断はやむを得ないこととし，患者やスタッフの避難時の安全確保を目指す。

　実際に災害——例えば大地震——が起きれば，それぞれの病院の被災状況を地域全体で把握することが大切です。建物自体が大きな被害を受け，インフラも遮断された状態で孤立しているにもかかわらず，その状況が知られていなければ，さらに大きな2次災害につながる危険があります。

　連携推進法人は，日頃からの連携と一元的な建物管理により，災害時の建物の被災状況を推定することができますし，どのような支援が必要かも判断しやすいはずです。また，患者としても，仮に移送される場合でも，日頃から連携している病院ならば，安心することができるでしょう。

　最近は建物の被災度を瞬時に判定し自動で報告するシステムなども開発されています。複数の建物の被災状況を迅速に把握することができるので，被災状況の一元管理システムの導入を検討してみてもよいかもしれません。

（鹿島建設㈱営業本部医療福祉推進部）

V　監査法人の関わり方

V-1　外部監査義務化の準備

Q1 連携推進法人の公認会計士等の外部監査の導入時期とその準備のポイントについて教えて下さい。

■ポイント

> 連携推進法人として，事業年度の中途で認定されても，その事業年度（期首）から，公認会計士等の外部監査の対象となります。一般社団法人としての設立・認可の前，つまり準備段階から任意監査（支援）を受けてガバナンス，諸則，経理的技術能力をもたれることが必要でしょう。

A 医療法人の公認会計士等による監査の義務化については，諸々で説明され，次のV-Q2およびQ4で示していますので省略します。

　連携推進法人の外部監査の義務化は，法51条2項および5項の読み替え等により，「平成29年4月2日から」とされ，医療法人のように「4月2日から始まる事業年度」とされていません。

　さらに平成29年4月20日厚生労働省医政局医療経営支援課の発遣した「地域医療連携推進法人制度について（Q&A）」事務連絡の（別添2）地域医療連携推進法人会計基準等について（Q&A）のQ1からQ4に関連のものが示されており，そのまま示します。

【会計年度】

> Q1　3月31日決算日の一般社団法人が，X1年10月1日に地域医療連携推進法人の認定を受けた場合，X1年4月1日からX1年9月30日まででいったん会計年度を区切って決算処理をしなければならないか。
>
> A　当該会計年度において，地域医療連携推進法人の認定の前後の期間を通算して財務諸表を作成する。

【地域医療連携推進法人会計基準の適用】

> Q2　3月31日決算日の一般社団法人が，従来から公益法人会計基準を適用してきたところ，X1年10月1日に地域医療連携推進法人の認定を受けた。この場合，認定を受けた以降の期間（X1年10月1日以降の期間）について地域医療連携推進法人会計基準を適用することになるのか，それとも，認定を受けた会計年度の期

首（X1年4月1日）に遡って地域医療連携推進法人会計基準を適用することになるのか。

　A　地域医療連携推進法人として認定を受けた一般社団法人については，地域医療連携推進法人会計基準（平成29年3月21日厚生労働省令第19号）第1条の規定により，地域医療連携推進法人会計基準の適用が義務付けられるため，地域医療連携推進法人の認定を受けた会計年度の期首（X1年4月1日）から地域医療連携推進法人会計基準を適用することになる。

　地域医療連携推進法人の認定を受けるまでの期間の損益は，内容に応じて，その他業務会計または法人会計に適切に区分経理することになる。なお，地域医療連携推進法人への移行を検討している一般社団法人については，あらかじめ地域医療連携推進法人会計基準の適用を想定して区分経理しておくことが望まれる。

【公認会計士等による監査の対象法人】

　Q3　地域医療連携推進法人はすべて公認会計士等による監査を受けなければならないのか。医療法人のように規模等による基準はないのか。

　A　地域医療連携推進法人は，その財政規模にかかわらず，すべて外部監査の導入が義務付けられる。

【公認会計士等による監査の対象期間】

　Q4　3月31日決算日の一般社団法人が，X1年10月1日に地域医療連携推進法人の認定を受けた場合には，監査の対象となる会計期間はどうなるのか。認定を受けた年度であるX1年4月1日からX2年3月31日までの1年間全体が監査の対象となるのか。

　A　地域医療連携推進法人の認定を受けた年度であるX1年4月1日からX2年3月31日までの1年間全体が監査の対象となる。なお，地域医療連携推進法人へ移行を検討している一般社団法人については，あらかじめ監査を委嘱する公認会計士又は監査法人を選定しておくことが望ましい。

　つまり，事業年度の中途で認定を受けた場合でも，その年度（認定前をふくむ）で，外部監査の対象となりますので，監査法人と，準備段階から協議し任意監査の導入などをして，ガバナンスの確立，諸則の整備（第2章・Ⅲ-Q1参照）とともに第1章・Ⅶ特にQ4（経理的技術水準）を確立しておくべきです。

（清陽監査法人　斉藤　孝）

V-2　外部監査の実施

Q2 連携推進法人の参加法人等の外部監査の義務化の根拠規定と連携推進法人自体の外部監査の義務化の根拠規定，ならびに導入の時期等について教えてください。

■ポイント

参加法人である医療法人等については，法人の規模等により外部監査が義務づけられておりますが，連携推進法人は規模に関係なくすべての法人に公認会計士等の監査が義務付けられました。

A

1　参加法人

　　連携推進法人の参加法人として想定されているのは，病院等の医療機関を開設する医療法人や社会福祉法人等の非営利法人です。参加法人としての医療法人のうち，事業活動の規模その他の事情を勘案して厚生労働省令で定める一定の基準に該当する法人として認定されれば，公認会計士または監査法人（以下「公認会計士等」という）の監査を受けることが，法51条2項および5項により義務付けられました。

（法51条2項に規定する医療法人）の範囲（施行規則33条の2）

①	最終会計年度に係る貸借対照表の負債の部に計上した額の合計額が50億円以上または最終会計年度に係る損益計算書の収益の部に計上した額の合計額が70億円以上である医療法人（社会医療法人を除く）
②	最終会計年度に係る貸借対照表の負債の部に計上した額の合計額が20億円以上または最終会計年度に係る損益計算書の収益の部に計上した額の合計額が10億円以上である社会医療法人
③	社会医療法人債発行法人である社会医療法人

　外部監査が導入される時期は，平成29年4月2日以降開始事業年度ですので，3月決算法人であれば，平成30年4月1日開始事業年度からになります。上記に該当する法人は，毎会計年度終了後2カ月以内に，事業報告書，財産目録，貸借対照表，損益計算書，関係事業者との取引の状況に関する報告書，純資産変動計算書および附属明細表（以下，「事業報告書等」という）を作成し公認会計士等の監査を受けなければならないことになっています。さらに，監事の監査を受けて理事会の承認を受けることになります。

　また，社会福祉法人にあっては，平成28年3月の社会福祉法の改正により，平成29年4月1日に開始する会計年度から一定規模を超える社会福祉法人は，公認会計士等の監査を受けることが義務付けられました。一定規模以上とは，現在のところ，収益30億円又は負債60億円以上とされていますが，順次，適用基準が引き下げられて，適用法人が増加していくことが想定されております。

2　連携推進法人

　法51条2項および5項を読み替えて適用する地域医療連携推進法人（一般社団法人）は，その財政規模にかかわらずすべての法人が公認会計士等による外部監査が義務付けられております（法70条の14）。

　連携推進法人として認定を受けた一般社団法人の決算期が3月31日だとして，前年の10月1日に連携推進法人の認定を受けたときは，認定の前後の期間を通算して，つまり，認定を受けた4月1日から3月31日までの1年間全体が監査の対象となりますので，連携推進会計基準に従って期首からさかのぼって財務諸表を作成し公認会計士等の監査を受ける必要があります。これは，この前のQ1で詳述しており参照して下さい。

　連携推進法人の採用する会計基準は，厚生労働省令19号において「地域医療連携推進法人会計基準」として定められています。また厚生労働省医政局長から「地域医療連携推進法人会計基準適用上の留意事項並びに財産目録，純資産変動計算書及び附属明細表の作成方法に関する適用指針」（医政発0321第5号）が示されていますので，その会計基準等に従って，財産目録，貸借対照表および損益計算書について公認会計士等の監査を受ける必要があります。

（清陽監査法人　斉藤　孝）

V-3　選任・契約

Q3　当医療法人は顧問として公認会計士がおりますが，外部監査の導入，公認会計士または監査法人の選任の基準，契約のしかたを教えて下さい。

■ポイント

> 医療法人から独立した第三者である公認会計士あるいは監査法人を選任して監査契約を締結する必要があり，顧問の公認会計士が外部監査をすることはできません。

A　（会計監査人の選任）

　連携推進法人の会計監査人は，社員総会で選任されます。社員総会に会計監査人の選任解任に関する議案を提出するためには，監事（監事が2人以上いる場合にはその過半数）の同意を得なければなりません。

　監事は，会計監査人が職務上の義務を果たさず，または，職務を怠った場合いはその会計監査人を解任できる権限も持っています。

（会計監査人との契約）

　社員総会において公認会計士あるいは監査法人を会計監査として選任すると，公認会計士等と監査契約を締結することになります。その際には，公認会計士事務所としての品質管理の状況，医療法人関連に対する専門的な知識・実績，監査体制および監査報酬等を総合的に勘案して，「独立性」を前提とした適切な公認会計士事務所と監査契約を締結することが大切です。

① 会計監査人の資格

　監査の委託先である公認会計士等には公認会計士と監査法人があります。

　それぞれの概要は下記のとおりですが，監査の実施の内容，監査報告書の質においてはこの形態を理由とした明確な差異はありません。

② 公認会計士と監査法人の相違

　⑴　公認会計士…他人の求めに応じて報酬を得て，計算書類の監査または証明をすることを業とするもの（約2万9千人）

㈹　監査法人…5 名以上の社員（公認会計士）により設立された法人何千人
　　　もの公認会計士を抱える大規模法人から 5 名程度の小規模法
　　　人まで約220法人があります。

　　現在，公認会計士協会のホームページでは，「上場会社監査事務所登録制度」
に基づく監査事務所に関連する情報が開示されています。監査委託先の選定に
当たっては，このような情報も活用できるものと思われます。

（会計監査人の任期）

　　会計監査人の任期は，選任後 1 年以内に終了する事業年度のうち，最終のも
のに関する定時社員総会の終結の時までです。その定時社員総会において別段
の決議がなされなかったときは，当該定時社員総会において再任されたものと
みなされます。

（会計監査人の資格）

　　監査の委託先には公認会計士と監査法人があり，それぞれの概要は上記のと
おりですが，監査の実施の内容，監査報告書の質においてはこの形態を理由と
した差異はありません。

　　なお，医療法人が顧問契約した公認会計士がいるからといって，会計監査人
とはなれませんし兼務もできません。法人から独立した第三者である公認会計
士あるいは監査法人を選任する必要があります。

（清陽監査法人　斉藤　孝）

V-4　参加法人の外部監査

Q4　医療法人が法令により外部監査を受けるのは初めてと思います。その
ポイント，監査の実施計画を導入初年度に限定して教えて下さい。

■ポイント

> 監査は監査計画から，監査の実施，監査意見の表明に至るまで1
> 年間を通して実施されます。また，外部監査導入初年度は，期首
> 残高の確定も必要になります。

A　監査人は一般に公正妥当と認められる監査の基準に準拠して監査を
実施しますが，監査の実施は1年間を通して概ね以下のような流れで
行われます。

　例えば，外部監査導入初年度が平成30年4月1日からだとすると，平成30年
3月31日時点で，銀行残高及び重要な債権債務の確認，棚卸資産の棚卸立会，
実査等を行って期首の残高に繋がるようにしておくと良いでしょう。

1　予備調査と改善解消（導入初年度の前日まで）

　監査人はまず，医療法人が公認会計士としての責任が果たせる状況にあるか
どうかをチェックするために，監査に対する協力体制があるか，監査に対応可
能な内部統制が構築されているかどうかを調査します。監査は試査を基に行わ
れるため，内部統制の整備状況は重要な要素になります。また，予備調査で検
出された会計処理等の改善事項については，導入初年度の期首の前日までに法
人が対応し，問題点を解消しておく必要があります。

2　監査計画の立案（6月～7月）

　医療法人のおかれている経営環境，管理組織のレベル，内部統制の整備・運
用状況，診療等の特色などを分析して，誤りの可能性多いところや恣意性の入
りやすい箇所を検討します。この誤りの多い可能性が起きやすいところをリス
クと呼び，そのリスクに焦点を当てて監査することによって，より効率的な監
査を実施することができます。それが，リスクアプローチと呼ばれる監査手法
で，監査計画立案において最も重要な手続きです。監査計画は監査の実施に伴
い必要に応じ随時見直される場合があります。

3　監査手続の実施（8月〜翌年3月）

　立案した監査計画に基づいて，具体的な監査手続を行います。監査チームは，医療法人の規模や経営の状況によりますが，4〜5名程度の公認会計士等で編成されます。「診療報酬収入」から「現預金」等の勘定科目ごとに担当者が決められ，現金預金等の実査，医薬品在庫の棚卸立会，預金・借入金等の金融機関への確認，取引先に対する債権債務の確認，勘定分析等の監査手続を効率的に行い，監査証拠を積み上げていきます。

4　監査意見の形成（翌年の5月）

　各担当者が，その勘定科目に誤りがないとの心証を得るまで手続きを実施し，その業務の過程を監査調書にして現場の責任者に報告します。現場責任者（主査）はそれらの報告をまとめて相互の関連性や整合性を見ながら，全体としての正しさを検討します。その結果を監査責任者（業務執行社員）に報告し，監査責任者が最終的に監査チームとしての意見を形成します。

5　審査（翌年の5月）

　監査チームの結論を，その監査に携わっていない別の公認会計士が客観的な視点でチェックします。これを「審査」と呼び，審査を経て意見を表明することが義務づけられています。審査担当者は，監査責任者から監査意見形成の過程の説明を受け，監査調書を査閲し，その判断が適切かどうかを客観的に判断します。検討事項について審査が通らない場合は，監査チームは，医療法人等に決算内容の訂正を求めていくことになります。

6　監査報告書の提出

　これらの過程を経て，公認会計士監査の監査報告書が作られます。「監査報告書」は監査責任者が自署，押印をして，医療法人の理事会宛に提出します。医療法人は事業報告書等にこの「監査報告書」を付けて，自らが作成した事業報告書等が間違いないことを証明します。

（清陽監査法人　斉藤　孝）

V-5 監事監査，内部監査

Q5 医療法人には監事がおり，外部監査が導入されますと，どのような関係になり，また，内部統制の充実整備が前提のはずで，内部監査部門は必要ありませんか。

■ポイント

> 監事は，理事の業務執行状況や財産状況を監査する内部の監督機関であり，理事長のコントロール下にある内部監査部門とは立場が異なります。また，それ以外に法人から独立した立場で会計監査を目的とした会計監査人もおり，それぞれ全く違った立場ではありますが，連携して監査に当たることが，効率，有益であると考えられています。

A

1 監事監査

　　　監事は，医療法人に必ず1名以上置かなければいけない役員で，業務監査や財産の状況の監査が求められています。

・業務監査…理事長等の業務等の適切性・合理性や適法性の観点から監査

・会計監査…財産の状況について監査

監事は，上記のような業務を遂行するために，法人の現状・実態を把握することが何よりも必要になります。また，監事は理事会に出席したうえで，必要があるときは意見を述べなければなりません。

2 内部監査

　内部監査部門とは，業務が予定した法人の方針に準拠して，適切かつ効率的に遂行されているかどうかを，理事長自らが組織的に点検する制度です。法律等で求められている組織ではないため，その業務や方法は任意で決められます。したがって，内部監査部門は理事長直属で，しかも他のライン部門やスタッフから独立している事が望ましいと考えられています。内部牽制組織が弱かったり，誤りや不正が発見できない組織にあっては，それを補い強化する部門として活用することも考えられます。内部監査部門は，経営の自己点検機能を強化する有効な制度であることから，法人内に人材が不足しているようであれば，内部監査部門の一部の機能を外部に委託し活用することも考えられます。

3　外部監査

　公認会計士等の外部監査は，医療法人から独立した公認会計士等が，法人の作成した計算書類等が会計基準等に準拠して適正に作成されているか否かについて意見を表明することです。

4　相互連携の必要性

　上記三者の監査は，法律的な位置づけも目的も全く異なりますが，それぞれが監査を実施するうえで協議をしたり，相互にコミュニケーションを必要とする連携関係にあります。

　監事監査での監査意見は主に適法性，合規性，準拠性等の視点によるものですが，医療法人がこれらの視点をクリアしているという事は，そのこと自体が会計監査人が内部統制を有効であると評価する上での必須事項となります。

　また，内部監査部門では，監査法人等が監査で指摘した改善事項等をテーマとして取り上げ，改善の状況を確認したりすることも考えられます。事業所が複数あるところでは，順位付けをして内部統制が全社的に有効に機能していることも確認しておくことも大切です。

　その際，監査法人や監事と協議しながら，監査対象や監査テーマについて，足りないところを補い合いながら効率的に実施することが必要です。

　監事監査や内部監査が有効に機能し，内部統制の有効性が高まれば，会計監査人監査との関係性においても連携が密になり，会計監査人監査の手続きがリスクアプローチにより合理化することが可能になりますので，有効性と効率性が同時に追求できることになります。

（清陽監査法人　斉藤　孝）

V-6　外部監査の実際の仕方，対応

Q6 公認会計士等により監査を受けるのは初めての経験で，とまどっており不安。一般的な監査のしかた，担当者の対応を教えて下さい

■ポイント

> リスクアプローチに基づく監査においては，内部統制が有効に機能していることが前提であり，監査の実施は試査で行われます。

外部監査は，1年間を通して実施されますが，監査の年間スケジュールについてはV-Q4を参照して下さい。

　公認会計士等による財務諸表監査は，精査（全ての取引をチェック）するのではなく，試査（サンプリングチェック）が基本的な手法ですので，「内部統制」の有効性の確立が不可欠となります。すなわち，監査人は十分かつ適切な監査証拠を入手するに当たっては，財務諸表における重要な虚偽表示のリスクを暫定的に評価し，リスクに対応した監査手続を，原則として試査に基づき実施しなければならないとされています（実施基準1　基本原則4）。法人の内部統制が有効に機能していることを前提に，監査はすべての証拠を入手し精査するのではなく，試査という手法によって進めることが可能となるのです。

1　監査手法としてのリスクアプローチ

　監査を効率的，効果的に進めるための手法であり，監査の人員や時間に限りがあることから，すべての項目に対して総括的に監査を行うのではなく，経済環境，法人の特性などを勘案して，財務諸表の重要な虚偽記載に繋がるリスクのある項目に対して重点的，効果的に監査を行う一つの概念として考え出されたのがリスクアプローチという手法です。

2　試査

　試査とは，特定の監査手続の実施に際して母集団からその一部の項目を抽出して，それに対して監査手続(確認や証憑突合など)を実施することであり，監査人は，原則として試査に基づき十分かつ適切な監査証拠を入手することになります。すなわち，監査人は，母集団からサンプルを抽出し，それに対して

実施した監査手続の結果から母集団全体の一定の特性を推定して，母集団の結論を形成するというサンプリングによる試査を中心に手続を実施します。

3　試査と内部統制の関係

被監査会社の内部統制が良好であれば，会計処理業務の同質性が確保され，抽出されたサンプルは母集団を代表することになるとともに，会計記録の正確性や信頼性が確保されることにより，不正・誤謬の発生する蓋然性が低下することになるため，試査による監査を実施することが可能となります。

4　外部監査への対応

監査を受ける法人の対応としては，重要な虚偽表示リスクを抑えるような一定の水準の内部統制を構築し，一定水準の文書化を行うことによって監査の効率化に寄与する必要があります。

個々の業務プロセスの内部統制の構築に当たっては，外部の専門家の助けを借りることを含め，法人内で十分に検討することが望まれます。また，会計士対応は，通常は経理部の方が担当して，会計士の要求する資料の提出や説明を行う必要があります。効率よく監査を実施するためには，事前の資料の準備や説明資料の整理等を行う必要があります。

また，会計士からの改善要求があれば，法人内の関連部署を調整し改善要求にこたえる必要が出てくるかもしれません。その際に，法人内に適切な人材がいない場合は，外部の専門家を活用することも考えられます。

（清陽監査法人　斉藤　孝）

V-7　会計処理監査のしかた，課題

Q7　医療は人の生命，健康に直接係る非営利の業務で，規制や法制が多数存在しており，株式会社を対象とする企業会計の基準と異なるものが認められており，どのような課題があるか教えて下さい。

■ポイント

> 医療法人は公益性の高い法人であり，営利を目的とした民間企業とは違う組織特性がありますが，経営の透明性，決算書の開示による説明責任を果たすことが求められています。

A　医療は，非営利性を保ちつつも，きわめて公益性の高い業種です。それゆえ，非営利性および公益性の達成のために医療法人に対しては医療法の規定や行政指導によってさまざまな規制が加えられています。他方，規模の大きい医療法人等は経営状態を公表し経営の透明性を確保していく責務（説明責任）が求められています

　医療法人は病院，診療所，介護老人保健施設等の限られた範囲に業務が制限されるとともに，剰余金の配当が禁止されているなど，株式会社等の民間企業とは組織特性が大きく異なる法人であることを考慮しなければならず，必ずしも株式会社等の企業が適用する会計基準または開示レベルが求められているわけではありません。非営利法人という，その組織特性によって非営利法人固有の会計基準が適用される場合を除き，一部の企業会計の基準を適用して財務諸表を作成することが，非営利法人の財政状態や運営状況を把握するに当たってより有用な情報となりえる場合があるからです。

　特に，医療法の改正により法定の監査対象となる医療法人は，その規模も大きく，より多くの利害関係者も存在することから，社会福祉法人等の公益法人において適用されている一部の企業会計の基準を同様に適用して計算書類を作成することが，計算書類の利用者にとってより有用な情報となり得るものと思われます。

　しかしながら，厚生労働省令により制定された医療法人会計基準及びその運用指針においては，公益法人，社会福祉法人等において適用されている企業会計の基準について，以下のような簡便的な会計処理の採用が容認されています。

　(1)　リース取引開始日が，前々会計年度末日の負債総額が200億円未満である会計

年度である，所有権移転外ファイナンスリース取引について，賃貸借処理を行うことができること（運用指針 9 項）

(2)　前々会計年度末日の負債総額が200億円未満の医療法人においては，法人税法における貸倒引当金の繰入限度相当額が取立不能見込額を明らかに下回っている場合を除き，その繰入とち相当額を貸倒引当金に計上することができる（運用指針12項）。

(3)　退職給付引当金の計上は，退職給付に係る会計基準に基づいて行うものであるが，前々会計年度末日の負債総額が200億円未満の医療法人については，簡便法を適用することができること（運用指針12項）。

上記のように，厚生労働省令による医療法人会計基準は，公益法人，社会福祉法人等の非営利法人における会計基準とは異なる緩やかな取扱いを容認しています。

なお，地域医療連携推進法人会計基準および適用指針は，上記のような簡便的な会計処理の取扱いを設けていません。

また，平等に医療サービスを提供するという観点から，患者の支払い能力によって治療を拒否できないといった現実的問題があります。信用調査を行ってから取引を開始する民間企業と違い，不良債権が積みあがってしまう要因があります。この場合には，債権管理を厳格に実施して回収不能額に応じて会計的手当である貸倒引当金を計上するという事になります。

また，注記事項として「継続事業の前提に関する注記」があります。継続企業の前提とは，医療法人が将来にわたって医療事業活動を継続できるという前提に重要な疑義を生じさせるような事象があり，それが解消されない場合には，医療法人の貸借対照表等の利用者に対して注意喚起すべく，継続企業の前提に関する注記が必要になります。ただし，医療は地域医療を担う公益・公共の責務があり財政状態だけでは，事業継続を判断できない面があります。注記の記載にあたっては，メインバンクや行政の支援の仕組み等も考慮に入れて総合的かつ慎重に判断する必要があります。

（清陽監査法人　斉藤　孝）

V-8 監査報告

Q8 外部監査の結果，監査報告書が作成されるはずですが，監査意見の形成はどのようになされますか。最終段階で「否定的意見」等通知されるのですか。

■ポイント

> 会計監査の意見表明は，監査報告書により行われます。監査意見の種類により無限定意見，限定意見，否定的意見，意見不表明の4種類の意見が表明されます。

A 　平成27年9月の医療法の改正により地域医療連携推進法人制度が創設され，その規模等に関わらず，認定を受けた会計年度より公認会計士または監査法人による監査を受けることが義務付けられました（V-Q1参照）。

　この改正を受けて日本公認会計士協会より，「地域医療連携推進法人の計算書類に関する監査上の取扱い及び監査報告書の文例」（公開草案）が平成29年6月8日に公表されました。それによれば，地域医療連携推進法人が適用すべき地域医療連携推進法人会計基準および運用指針は，会計基準において追加開示の明示的な規定を定めており，また，医療法人会計基準で認められているような簡便的な会計処理は設けられておらず，その他の会計処理や表示においても，社会福祉法人等の非営利法人における会計基準と大きく異なる緩やかな取扱いも存在しないことから，財務報告の枠組みとしては適正表示の要件を満たしているとの考えが示されました。

　しかし，他方で，地域医療連携推進法人は同じ医療法の規制を受ける医療法人と同様の取扱いとする考え方も理解できることから，財務報告の枠組みとしては適正表示の要件を満たしているものの，地域医療連携推進法人に関する法令制定の趣旨を踏まえ医療法施行規則において準拠性の意見が求められていることから，監査意見の表明においては，準拠性の意見を表明することと整理されることになりました。

　上記，公開草案に従い，地域医療連携推進法人において法定監査を実施する場合の監査報告書の文例を示します。

医療法第70条の14に基づく法定監査の監査報告書文例

独立監査人の監査報告書

平成×年×月×日

地域医療連携推進法人○○○○
理事会御中

　　　　　　　　　　　　　　　　○○監査法人
　　　　　　　　　　　　　　　　　指定社員
　　　　　　　　　　　　　　　　　業務執行社員　　公認会計士

　　　　　　　　　　　　　　　　　指定社員
　　　　　　　　　　　　　　　　　業務執行社員　　公認会計士

　当監査法人は，医療法第70条の14において読み替えて準用する同法第51条第5項の規定に基づき，地域医療連携推進法人○○○○の平成×年×月×日から平成×年×月×日までの第×会計年度の貸借対照表，損益計算書，重要な会計方針及びその他の注記並びに財産目録（以下「計算書類」という。）について監査を行った。

計算書類に対する理事者の責任
　理事者の責任は，平成29年厚生労働省令第19号（平成29年3月21日）において定められた地域医療連携推進法人会計基準及びこれに関連する医政局通知等に準拠して計算書類を作成することにある。これには，不正又は誤謬による重要な虚偽表示のない計算書類を作成するために理事者が必要と判断した内部統制を整備及び運用することが含まれる。

監査人の責任
　当監査法人の責任は，当監査法人が実施した監査に基づいて，独立の立場から計算書類に対する意見を表明することにある。当監査法人は，我が国において一般に公正妥当と認められる監査の基準に準拠して監査を行った。監査の基準は，当監査法人に計算書類に重要な虚偽表示がないかどうかについて合理的な保証を得るために，監査計画を策定し，これに基づき監査を実施することを求めている。
　監査においては，計算書類の金額及び開示について監査証拠を入手するため

の手続が実施される。監査手続は，監査人の判断により，不正又は誤謬による計算書類の重要な虚偽表示のリスクの評価に基づいて選択及び適用される。監査の目的は，内部統制の有効性について意見表明するためのものではないが，当監査法人は，リスク評価の実施に際して，状況に応じた適切な監査手続を立案するために，計算書類の作成に関連する内部統制を検討する。また，監査には，理事者が採用した会計方針及びその適用方法並びに理事者によって行われた見積りの評価も含め計算書類の表示を検討することが含まれる。

当監査法人は，意見表明の基礎となる十分かつ適切な監査証拠を入手したと判断している。

監査意見

当監査法人は，上記の地域医療連携推進法人〇〇〇〇の計算書類が，すべての重要な点において平成29年厚生労働省令第19号（平成29年3月21日）において定められた地域医療連携推進法人会計基準及びこれに関連する医政局通知等に準拠して作成されているものと認める。

利害関係

地域医療連携推進法人〇〇〇〇と当監査法人又は業務執行社員との間には，公認会計士法の規定により記載すべき利害関係はない。

以　上

＜監査報告書の構成＞

(1)　法令等に定める財務諸表および監査対象

財産目録，貸借対照表および損益計算書について公認会計士等の監査を受けなければならないこととされています。

(2)　監査報告書の宛先

施行規則33条の2の6において，理事および監事に対して監査報告を行うことになっています。

(3)　監査意見の文例

①無限定意見：通常の監査意見であり，発見された不適切な事項があっても，正しく修正することにより無限定意見を受けることができます。

文例：医療法第51条第 5 項に基づく計算書類に対する法定監査である場合の文例

　　「当監査法人は，上記の地域医療連携推進法人○○○の計算書類が，すべての重要な点において平成29年厚生労働省令第19号（平成29年 3 月21日）において定められた地域医療連携推進法人会計基準及びこれに関連する医政局通知等に準拠して作成されているものと認める。」

②除外事項付意見

　イ　限定意見：一部に不適切な事項はあるが，計算書類全体に対してそれ
　　　　　　　　　ほど重要性がないと考えられる場合に表明される意見です。

　　文例：重要な虚偽表示による限定意見の文例

　　（限定意見の根拠）

　　　　「地域医療連携推進法人○○○は，……について，……ではなく，……により計上している。同上において定められた地域医療連携推進法人会計基準及びこれに関連する医政局通知等に準拠していれば……を計上することが必要である。この結果，……は，○○百万円過大（過少）に表示されている。」

　　（限定意見）

　　　　「当監査法人は，上記の地域医療連携推進法人○○の計算書類が，「限定意見の根拠」に記載した事項の計算書類に及ぼす影響を除き，すべての重要な点において同上において定められた地域医療連携推進法人会計基準及びこれに関連する医政局通知等に準拠して作成されているものと認める。」

　ロ　否定的意見：不適切な事項が発見され，それが計算書類全体に重要な
　　　　　　　　　　影響を与える場合には，否定的意見の根拠を示して計算
　　　　　　　　　　書類が会計基準に従って作成されていない旨の意見が表
　　　　　　　　　　明されます。

　　（否定的意見の根拠）

　　　　「地域医療連携推進法人○○○は，……について，……ではなく，……により計上している。同上において定められた地域医療連携推進法人会計基準及びこれに関連する医政局通知等に準拠していれば……

を計上することが必要である。この結果，……は，○○百万円過大
（過少）に表示されている。」

（否定的意見）

　「当監査法人は，上記の地域医療連携推進法人○○の計算書類が，
「否定的意見の根拠」に記載した事項の計算書類に及ぼす影響の重要
性に鑑み，同上において定められた地域医療連携推進法人会計基準及
びこれに関連する医政局通知等に準拠して作成されていないものと認
める。」

ハ　意見不表明：重要な監査手続きが実施できず，結果として十分な監査
　　　　　　　　証拠が入手できない場合で，その影響が計算書類に対す
　　　　　　　　る意見表明できないほどに重要と判断した場合には表明
　　　　　　　　される意見です。

（意見不表明の根拠）

　「当監査法人は，……（意見表明の基礎となる十分かつ適切な監査証
拠を入手できなかった理由を記載する）……，他の監査手続によって
も十分かつ適切な監査証拠を入手することができなかった。
したがって，当監査法人は，……に関連する項目に関して，何らかの修
正が必要かどうかについて判断することができなかった。

（意見不表明）

　「当監査法人は，上記の地域医療連携推進法人○○の計算書類が，
「意見不表明の根拠」に記載した事項の計算書類に及ぼす可能性のあ
る影響の重要性に鑑み，監査意見の基礎を与える十分かつ適切な監査
証拠を入手することができなかったため，計算書類に対して意見を表
明しない。

（清陽監査法人　斉藤孝）

手続等

　巻頭の「序」でも申しあげましたが，この書は連携推進法人のつくり方や，運営などを分かりやすくQ＆Aにした実務書であります。

　そのため，この章は連携推進法人の主要な手続き等として次の５つの大項目を選んで示しました。

Ⅰ　定款例　　　　　（平成29年２月17日　　医政支発0217第１号）
Ⅱ　認定申請手続　　（平成29年２月17日　　医政支発0217第16号）
Ⅲ　会計の運用指針　（平成29年３月21日　　医政発0321第５号）
Ⅳ　監査報告書文例　（日本公認会計士協会による公開草案（平成29年６月８日））
Ⅴ　事業報告書等　　（平成29年２月17日　　医政支発0217第３号）

　これ以前の章で既に記述されている部分もあるかと思いますが，ここでは第１章の「扉」で示しました法令を参照にしつつ，私見などを加えないで記載してあります。

　都道府県医療審議会の意見を（あらかじめ）聴きながら主管課で，この手続きの審査が行われる場合，ここに示した書類等のほか，さまざまな書類の提出要請がなされうることもご了承下さい。

　なお，巻末にJPBM（企画），執筆者代表，執筆した法人等の紹介を示してありますので，個別のお問い合せ等は，JPBM医業経営部会，またはその執筆者の企業等へお願いします。

I　定款例

医政支発0217第1号
平成29年 2 月17日

各都道府県医政主管部（局）長　殿

厚生労働省医政局医療経営支援課長
（公 印 省 略）

地域医療連携推進法人の定款例について

　平成27年9月28日に公布された「医療法の一部を改正する法律」（平成27年法律第74号）により医療法（昭和23年法律第205号。以下「法」という。）が改正され，地域医療連携推進法人制度については，本年4月2日から施行することとされたところである。

　これに伴い，法第70条の2に規定する医療連携推進認定を受けようとする一般社団法人の定款例について別添のとおり定めたので，御了知の上，適正なる実施を期されたい。

別 添

地域医療連携推進法人（一般社団法人）の定款例	備考
一般社団法人○○会定款 第1章　名称及び事務所	・本法人は，医療法第70条の3に基づく医療連携推進認定を受けた後も引き続き，一般社団法人及び一般財団法人に関する法律（以下「法人法」という。）に定める一般社団法人の要件等を満たす必要があること。（ただし，同法の規定のうち，医療法第70条の16の規定により適用除外となっている一般社団法人の名称使用の規定等を除く。）したがって，法人の状況によっては，本定款例に規定のない事項についても，法人法に基づいて定める必要があり得ること。
（名称） 第1条　本法人は，一般社団法人○○○○と称する。	・医療法の規定により定款に定めなければならない事項（以下「必須記載事項」という。）である。 ・都道府県知事より医療連携推進認定を受けた場合，定款例中の「一般社団法人」の表記については，医療法第70条の5第2項の規定により，「地域医療連携推進法人」へ定款変更したものとみなされるものであること。
（事務所） 第2条　本法人は，主たる事務所を○○県○○郡（市）○○町（村）○○番地に置く。	・必須記載事項 ・従たる事務所の所在地を以下のとおり記載することも可能

第2章　目的及び事業

（目的）
第3条　本法人は，医療連携推進方針に基づき，○○に
　関する医療連携推進業務を行い，地域医療構想の達成
　及び地域包括ケアシステムの構築に資することを目的
　とする。

・必須記載事項

（医療連携推進区域）
第4条　本法人の医療連携推進区域は，○○県○○市，
　○○市，○○町とする。

・必須記載事項

（医療連携推進業務）
第5条　本法人は，第3条の目的を達成するため，次の
　事業を行う。
　(1)　医療従事者の資質向上に関する共同研修
　(2)　医薬品・医療機器の共同購入の調整，その他の物
　　資の共同購入
　(3)　参加法人に対する資金の貸付け，債務の保証，基
　　金を引き受ける者の募集
　(4)　医療連携推進方針に沿った連携を推進するための
　　○○事業

・医療法第70条の2第2項第2
　号に基づき医療連携推進方針
　に記載した，病院等の機能分
　担や業務連携に関する事項を
　掲げること。

<例1＞
第6条　本法人は，医療連携推進方針に沿った連携を推
　進するため，前条に掲げる事業のほか，○○に関する
　事業を行う。

・①医療法第70条の2第4項に
　基づき医療連携推進方針に記
　載した，病院等と介護施設等

との業務連携，②同法第70条の8第2項に基づく出資，③同条第3項同条第3項に基づく病院等又は介護施設等の運営に関する事項等を掲げること。

<例2>

第6条　本法人は，医療連携推進方針に沿った連携を推進するため，前条に掲げる事業のほか，医療連携推進業務と関連する○○の事業を行う法人の株式または持分を保有することにより，当該法人の事業活動を支配・管理する事業を行う。

・医療法第70条の8第2項に基づく出資を行う場合の記載

第7条　本法人の開設する病院（診療所，介護老人保健施設，第一種社会福祉事業を行う施設及び事業所）の名称及び開設場所は，次のとおりとする。
- (1)　○○病院
　　　　○○県○○郡（市）○○町（村）○○番地
- (2)　○○診療所
　　　　○○県○○郡（市）○○町（村）○○番地
- (3)　○○園
　　　　○○県○○郡（市）○○町（村）○○番地

2　本法人が○○市（町，村）から指定管理者として指定を受けて管理する病院（診療所，介護老人保健施設）の名称及び開設場所は，次のとおりとする。
- (1)　○○病院
　　　　○○県○○郡（市）○○町（村）○○番地
- (2)　○○診療所
　　　　○○県○○郡（市）○○町（村）○○番地
- (3)　○○園
　　　　○○県○○郡（市）○○町（村）○○番地

・必須記載事項
・医療法第70条の8第3項に基づき，本法人が直接開設する病院等（指定管理者として管理する病院等を含む。）又は介護事業施設等の名称及び開設場所を記載すること。

第3章　基金

<例1>

第8条　本法人は，基金を引き受ける者の募集をすることができる。

・基金の募集を行う場合には定款に記載が必要（法人法第

2　拠出された基金は，基金の拠出者と合意した期日まで返還しない。

3　基金の返還の手続については，返還する基金の総額について定時社員総会の決議を経るものとするほか，基金の返還を行う場所及び方法その他の必要な事項を理事会において別に定めるものとする。

<例2＞
第8条　本法人は，基金を引き受ける者の募集をすることができる。

2　拠出された基金は，この法人が解散するまで返還しない。

3　基金の返還の手続については，一般社団法人及び一般財団法人に関する法律第236条の規定に従い，基金の返還を行う場所及び方法その他の必要な事項を清算人において別に定めるものとする。

131条)

第4章　社員

・「社員」は社団法人の存立の基礎となる構成員であり，社員総会での議決権を有し，定款で定めるところにより法人に経費を支払う義務を負う（法人法第27条，第48条）。

・この定款例では，法人法及び医療法上の用語である「社員」，「退社」等を用いているが，各法人の実情に応じて「会員」，「退会」などとすることも可能。この場合，「法律上の名称」と定款で使用する名称がどのような関係にあるかを定款上明確にする必要がある。

（法人の構成員）
第9条　本法人は，本法人の医療連携推進方針に賛同する以下の法人等であって，次条の規定により，本法人

・必須記載事項

の社員となった者をもって構成する。
 (1)　本法人の医療連携推進区域において，病院，診療
　　所本法人の医療連携推進区域において，病院，診療
　　所又は介護老人保健施設を開設する法人
 (2)　本法人の医療連携推進区域において，介護事業又
　　は地域包括ケアシステムの構築に資する事業に係る
　　施設又は事業所を開設又は管理する法人

　　　　　　　　　　　　　　　　　　・介護事業だけでなく，薬局，
　　　　　　　　　　　　　　　　　　　見守り等の生活支援事業等を
　　　　　　　　　　　　　　　　　　　実施する営利を目的としない
　　　　　　　　　　　　　　　　　　　法人も含まれる。

 (3)　本法人の医療連携推進区域において，病院，診療
　　所又は介護老人保健施設を開設する個人
 (4)　本法人の医療連携推進区域において，介護事業又
　　は地域包括ケアシステムの構築に資する事業に係る
　　施設又は事業所を開設又は管理する個人

　　　　　　　　　　　　　　　　　　・介護事業だけでなく，薬局，
　　　　　　　　　　　　　　　　　　　見守り等の生活支援事業等を
　　　　　　　　　　　　　　　　　　　実施する営利を目的としない
　　　　　　　　　　　　　　　　　　　個人も含まれる。

 (5)　(1)又は(2)の法人のうち，法第70条第1項の参加法
　　人になることを希望しない法人
 (6)　本法人の医療連携推進区域において，医療従事者
　　を養成する機関を開設する者
 (7)　本法人の医療連携推進区域において，医療に関す
　　る業務を行う地方公共団体その他医療連携推進業務
　　に関する業務を行う者

（社員の資格の取得）
第10条　本法人の社員になろうとする者は，理事会の定
　めるところにより申込みをし，その承認を得なければ
　ならない。
2　本法人は，社員名簿を備え置き，社員の変更がある
　ごとに必要な変更を加えなければならない。

　　　　　　　　　　　　　　　　　　・必須記載事項
　　　　　　　　　　　　　　　　　　・例えば，社員総会の承認を得
　　　　　　　　　　　　　　　　　　　ることとすることも可能

第11条　以下の者については，社員としない。
 (1)　本法人と利害関係を有する営利を目的とする団体
　　の役員又は職員若しくは当該役員の配偶者若しくは
　　三親等以内の親族
 (2)　本法人と利害関係を有する営利事業を営む個人又
　　は当該個人の配偶者若しくは三親等以内の親族
 (3)　本法人の参加法人と利害関係を有する営利を目的
　　とする団体の役員又は職員

　　　　　　　　　　　　　　　　　　・必須記載事項

⑷　本法人の参加法人と利害関係を有する営利事業を営む個人 ⑸　前各号に掲げる者に類するもの	
（経費の負担） 第12条　本法人の事業活動に経常的に生じる費用に充てるため，社員になった時及び毎年，社員は，社員総会において別に定める額を支払う義務を負う。	・経費の負担を生じさせる場合には定款に規定が必要（法人法第27条（経費の負担）） ・事業活動に経常的に生じる費用とは，本法人の本部運営に当たって発生する事務的経費等であり，医療連携推進業務に要する費用については，財源を別途確保する必要がある。
第13条　第９条の⑴又は⑵の参加法人が，次に掲げる事項を決定するに当たっては，あらかじめ，本法人に意見を求めなければならない。 ⑴　予算の決定又は変更 ⑵　借入金（当該会計年度内の収入をもって償還する一時の借入金を除く。）の借入れ ⑶　重要な資産の処分 ⑷　事業計画の決定又は変更 ⑸　定款又は寄附行為の変更 ⑹　合併又は分割 ⑺　目的たる事業の成功の不能による解散	・必須記載事項 ・医療法第70条の３第１項第17号 ・意見を求める事項については，すべてを具体的に明記すること。（左欄⑴〜⑺に掲げる事項は医療法第70条の３第１項第17号に掲げるものであり，すべて意見を求める事項としなければならない。）
（任意退社） 第14条　社員は，社員総会において別に定める退社届を提出することにより，任意にいつでも退社することができる。	・退社の手続を定める場合には定款で規定が必要（法人法第28条（任意退社））
（除名） 第15条　社員が次のいずれかに該当するに至ったときは，社員総会の決議によって当該社員を除名することがで	・法人法第30条（除名），第49条２項（社員総会の特別決議）

きる。
(1)　この定款その他の規則に違反したとき。
(2)　本法人の名誉を傷つけ，又は目的に反する行為をしたとき。
(3)　その他除名すべき正当な事由があるとき。その他除名すべき正当な事由があるとき。

（社員資格の喪失）
第16条　前2条の場合のほか，社員は，次のいずれかに該当するに至ったときは，その資格を喪失する。
(1)　第12条の支払義務を2年以上履行しなかったとき。
(2)　総社員が同意したとき。
(3)　当該社員が死亡し，又は解散したとき。

・必須記載事項

第5章　社員総会

・法人法及び医療法の名称とは異なる通称名や略称を定款に使用する場合には，「法律上の名称」と定款で使用する名称がどのような関係にあるかを定款上明確にすることが必要
・社員総会は法人法に規定する事項及び定款で定めた事項に限り決議することができる（法人法第35条第2項）。法人法の規定により社員総会の決議を必要とする事項について，社員総会以外の機関が決定することができることを内容とする定款の定めは効力を有せず（法人法第35条第4項），社員総会以外の機関がその決定を覆すこととなるような定款の定めを設けることもできない。

（構成）

第17条　社員総会は，全ての社員をもって構成する。	
（権限）	
第18条　条社員総会は，次の事項について決議する。	
(1)　社員の除．	
(2)　理事及び監事の選任又は解任	
(3)　理事及び監事の報酬等の額	
(4)　貸借対照表及び損益計算書の承認	
(5)　定款の変更	
(6)　解散及び残余財産の処分	
(7)　基本財産の処分又は担保に供することに係る承認	
(8)　その他社員総会で決議するものとして法令又はこの定款で定められた事項	
（開催）	
第19条　社員総会は，定時社員総会として毎年度〇月に１回開催するほか，必要がある場合に開催する。	・定時社員総会は年に１回，毎事業年度終了後一定の時期に招集しなければならない（法人法第36条第１項）ため，開催時期を定めておくことが望ましい。他方，臨時社員総会は，いつでも招集することができる（法人法第36条第２項）。
（招集）	
第20条　社員総会は，法令に別段の定めがある場合を除き，理事会の決議に基づき代表理事が招集する。会の招集）	・法人法第36条，第38条（社員総
2　総社員の議決権の10分の１以上の議決権を有する社員は，代表理事に対し，社員総会の目的である事項及びが招集の理由を示して，社員総会の招集を請求することができる。	・総社員の議決権の10分の１以上必要とされるが，定款で５分の１以下の割合を定めることも可能（法人法第37条第１項）
（議長）	
第21条　社員総会の議長は，	・議長は社員総会の秩序を維持

<例1>当該社員総会において社員の中から選出する。
<例2>代表理事がこれに当たる。

し，議事を整理し，また，命令に従わない者その他当該社員総会の秩序を乱す者を退場させることができる強い権限を有する（法人法54条）ため，その選出方法についても定めておくことが通例

（議決権）
第22条　社員総会における議決権は，
<例1>社員１名につき１個とする。
<例2>社員○○につき○個，社員○○につき○個とする。

・定款で別段の定めをした場合を除き，社員は各１個の議決権を有する。また，<例2>については，社員の議決権に関する定款の定めが，①医療連携推進目的に照らし，不当に差別的な取扱いをしないものであること，②社員が当該一般社団法人に対して提供した金銭その他の財産の価額に応じて異なる取扱いをしないものであることのいずれも満たす場合のみ可能（医療法第70条の３第１項第10号）

（決議）
第23条　社員総会の決議は，総社員の議決権の過半数を有する社員が出席し，出席した当該社員の議決権の過半数をもって行う。
2　前項の規定にかかわらず，次の決議は，総社員の半数以上であって，総社員の議決権の３分の２以上に当たる多数をもって行う。
　⑴　社員の除名
　⑵　監事の解任
　⑶　定款の変更
　⑷　その他法令で定められた事項
3　第１項の規定にかかわらず，解散の決議は，総社員の４分の３以上に当たる多数をもって行う。

・法人法第49条（社員総会の決議）

・総社員の議決権の３分の２以上が必要とされているが，定款によりこれを上回る割合を定めることも可能（法人法第49条第２項）

・解散については総社員の４分の３以上の賛成がなければ決

議ができない（医療法第70条
の15において準用する同法第
55条第2項）が，定款により
別段の定めをすることも可能

（議事録）
第24条　社員総会の議事については，法令で定めるとこ
　ろにより，議事録を作成する。
2　議長及び出席した理事は，前項の議事録に記名押印
　する。

・法人法第57条（議事録）
・法人法では，議決権の代理行
　使（第50条），書面による議
　決権の行使（第51条），電磁
　的方法による議決権の行使
　（第52条），社員総会の決議の
　省略（第58条），社員総会へ
　の報告の省略（第59条）等が
　定められており，その手続に
　ついて定款に規定しておくこ
　とも可能

第6章　役員

・「役員に関する規定」は必須
　記載事項

（役員の設置）
第25条　本法人に，次の役員を置く。
　(1)　理事○名以上○名以内
　(2)　監事○名以内
2　理事のうち1名を代表理事とする。

・法人法の名称と異なる通称名
　や略称を定款に使用する場合
　（例えば，代表理事を「理事長」
　と表記するような場合）には，
　「法律上の名称」と定款で使
　用する名称がどのような関係
　にあるのかを定款上明確にす
　る必要がある。
・理事は3名以上，監事は1名
　以上置かなければならない
　（医療法第70条の3第1項第
　13号）。
・理事会は，理事の中から代表
　理事を選定しなければならな
　い（法人法第90条第3項）。

（役員の選任）

第26条　理事及び監事は，社員総会の決議によって選任する。

2　理事及び監事を選任するに当たって，それに含まれる各役員の親族等の数は，役員の総数の3分の1を超えてはならない。

3　代表理事は，理事会の決議によって理事の中から選任する。

4　理事又は監事のうち，その定数の5分の1を超える者が欠けたときは，1月以内に補充しなければならない。

・各役員の親族等とは，次に掲げる者とする。

　① 役員のいずれか1人

　② ①に掲げる者の配偶者及び三親等以内の親族

　③ ①に掲げる者と婚姻の届出をしていないが事実上婚姻関係と同様の事情にある者

　④ ①に掲げる者の使用人及び使用人以外の者で当該役員から受ける金銭その他の財産によって生計を維持しているもの

　⑤ ③又は④に掲げる者の親族でこれらの者と生計を一にしているもの

・代表理事の選定及び解職は，認定都道府県知事の認可を受けなければならない（医療法第70条の19第1項）。

第27条　以下の者については，役員としない。

　(1) 本法人と利害関係を有する営利を目的とする団体の役員又は職員若しくは当該役員の配偶者若しくは三親等以内の親族

　(2) 本法人と利害関係を有する営利事業を営む個人又は当該個人の配偶者若しくは三親等以内の親族

　(3) 本法人の参加法人と利害関係を有する営利を目的とする団体の役員又は職員

　(4) 本法人の参加法人と利害関係を有する営利事業を営む個人

　(5) 前各号に掲げる者に類するもの

・必須記載事項

（役員の職務及び権限）

第28条　理事は，理事会を構成し，法令及びこの定款で

・理事は理事会において一定の

定めるところにより，職務を執行する。

2　代表理事は，法令及びこの定款で定めるところにより，本法人を代表し，その業務を執行する。

3　代表理事は，

＜例1＞毎事業年度に3箇月に1回以上，自己の職務の執行の状況を理事会に報告しなければならない。

＜例2＞毎事業年度に4箇月を超える間隔で2回以上，自己の職務の執行の状況を理事会に報告しなければならない。

取引について重要な事実を開示し，その承認を受けなければならない（法人法第84条，第92条）。

・法人法上，代表理事は，3箇月に1回以上，自己の職務の執行の状況を理事会に報告しなければならない。この報告は現実に開催された理事会において行わなければならず，報告の省略をすることはできない（法人法第98条第2項）。なお，報告の頻度については，定款で毎事業年度に4箇月を超える間隔で2回以上とすることも可能（法人法第91条第2項）

4　監事は，理事の職務の執行を監査し，法令で定めるところにより，監査報告を作成する。また，監事は，いつでも，理事及び使用人に対して事業の報告を求め，本法人の業務及び財産の状況の調査をすることができる。

・法人法第99条第1項，第2項（監事の権限）

（役員の任期）

第29条　理事の任期は，選任後2年以内に終了する事業年度のうち最終のものに関する定時社員総会の終結の時までとする。ただし，再任を妨げない。

2　監事の任期は2年とする。ただし，再任を妨げない。

3　補欠として選任された役員の任期は，前任者の任期の満了する時までとする。

・理事の任期は定款又は社員総会の決議によって短縮することが可能（法人法第66条）

・監事の任期は2年を超えることができない（医療法第70条の12において準用する同法第46条の5第9項）。

4　理事又は監事は，第25条に定める定数に足りなくなるときは，任期の満了又は辞任により退任した後も，新たに選任された者が就任するまで，なお理事又は監事としての権利義務を有する。

・法人法第75条第1項（役員に欠員を生じた場合の措置）

（役員の解任） 第30条　役員は，社員総会の決議によって解任することができる。	・法人法第70条第1項（解任） ・監事を解任する場合は特別決議が必要（法人法第49条第2項）
（役員の報酬等） ＜例1＞ 第31条　理事及び監事に対して，＜例：社員総会において定める総額の範囲内で，社員総会において別に定める報酬等の支給の基準に従って算定した額を＞報酬等として支給することができる。 ＜例2＞ 第31条　理事及び監事は，無報酬とする。ただし，常勤の理事及び監事に対しては，＜例：社員総会において定める総額の範囲内で，社員総会において別に定める報酬等の支給の基準に従って算定した額を＞報酬等として支給することができる。	・理事及び監事の報酬について，定款でその額を定めていないときは，社員総会の決議によって定める必要がある（法人法第89条，第105条第1項）。 ・法人法では，代表理事に欠員が生じた場合の措置（第79条），理事の職務執行状況の報告（第91条第2項）等が定められており，その手続について定款に規定しておくことも可能
第7章　理事会	・「理事会に関する規定」は必須記載事項
（構成） 第32条　本法人に理事会を置く。 2　理事会は，全ての理事をもって構成する。	・医療法第70条の3第1項第15号
（権限） 第33条　理事会は，次の職務を行う。 　(1)　本法人の業務執行の決定 　(2)　理事の職務の執行の監督 　(3)　代表理事の選定及び解職	・法人法第90条第2項

第34条　代表理事の選定及び解職は，認定都道府県知事の認可をもって，その効力を生じる。	・医療法第70条の19第1項
（招集） 第35条　理事会は各理事が招集する。 2　代表理事が欠けたとき又は代表理事に事故があるときは，各理事が理事会を招集する。	・原則として，各理事が理事会を招集するが，理事会を招集する理事を定款又は理事会で定めることも可能（法人法第93条第1項）
（決議） 第36条　理事会の決議は，決議について特別の利害関係を有する理事を除く理事の過半数が出席し，その過半数をもって行う。 2　前項の規定にかかわらず，一般社団法人及び一般財団法人に関する法律第96条の要件を満たしたときは，理事会の決議があったものとみなす。	・過半数を上回る割合を定款で定めることも可能（法人法第95条第1項） ・特別の利害を有する理事が，議決に加わることはできない（法人法第95条第2項）。 ・理事会については，代理人による議決権の行使，書面による議決権の行使は認められない。 ・可否同数の場合に，議長に2票を与えることになるような定款の定めをすることは不可 ・理事が理事会の決議の目的である事項について提案をした場合において，当該提案につき理事（当該事項について議決に加わることができるものに限る。）の全員が書面又は電磁的記録により同意の意思表示をしたとき（監事が当該提案について異議を述べたときを除く。）は，当該提案を可決する旨の理事会の決議があったものとみなす旨を定款に定めることができる法人法

第96条）。

（議事録）
第37条　理事会の議事については，法令で定めるところにより，議事録を作成する。
2　出席した理事及び監事は，前項の議事録に記名押印する。

・定款で，記名押印する者を，当該理事会に出席した代表理事及び監事とすることも可能（法人法第95条第3項）

第8章　地域医療連携推進評議会

（構成）
第38条　本法人に地域医療連携推進評議会を置く。
2　地域医療連携推進評議会は，医療又は介護を受ける立場にある者，診療に関する学識経験者の団体その他の関係団体，学識経験を有する者その他の関係者をもって構成する。
3　地域医療連携推進評議会の定員は，〇人以内とする。
4　地域医療連携推進評議会の構成員は，社員総会において，第2項に掲げる者の中から選任する。

・必須記載事項

・例えば，理事会において選任することも可能

（権限）
第39条　地域医療連携推進評議会は，本法人が第13条の意見を述べるに当たり，本法人に対し，必要な意見を述べることができる。
2　地域医療連携推進評議会は，参加法人が開設する病院等の機能分担及び業務連携の目標に照らし，本法人の業務の実施の状況について評価を行い，必要があると認めるときは，社員総会及び理事会において意見を述べることができる。
3　本法人は，前項の意見を尊重するものとする。

・必須記載事項

（開催）
第40条　地域医療連携推進評議会は，毎年度〇月に1回開催するほか，必要がある場合に開催する。

・前条第1項及び第2項の意見を述べるために，あらかじめ開催時期や招集方法を定めておくことが望ましい。

（招集）

第41条　地域医療連携推進評議会は，理事会の決議に基づき代表理事が招集する。

2　地域医療連携推進評議会の構成員は，代表理事に対し，地域医療連携推進評議会の目的である事項及び招集の理由を示して，地域医療連携推進評議会の招集を請求することができる。

第9章　資産及び会計

・「資産及び会計に関する規定」は必須記載事項

第42条　本法人の資産は次のとおりとする。

(1)　設立当時の財産

(2)　設立後寄附された金品

(3)　事業に伴う収入

(4)　その他の収入

2　本法人の設立当時の財産目録は，主たる事務所において備え置くものとする。

第43条　本法人の資産のうち，次に掲げる財産を基本財産とする。

(1)　・・・

(2)　・・・

(3)　・・・

2　基本財産は処分し，又は担保に供してはならない。た基本財産は処分し，又は担保に供してはならない。ただし，特別の理由のある場合には，理事会及び社員総会の承認を得て，処分し，又は担保に供することができる。

（事業年度）

第44条　本法人の事業年度は，毎年4月1日に始まり翌年3月31日に終わる。

・必須記載事項

・定款に別段の定めをすることも可能（医療法第70条の14において準用する同法第53条）

（事業計画及び収支予算）

第45条　この法人の事業計画書，収支予算書については，毎事業年度の開始の日の前日までに，代表理事が作成し，＜例１：理事会の承認，例２：理事会の決議を経て，社員総会の承認＞を受けなければならない。これを変更する場合も，同様とする。

2　前項の書類については，主たる事務所（及び従たる事務所）に，当該事業年度が終了するまでの間備え置くものとする。

（事業報告及び決算）

第46条　本法人は，毎会計年度終了後２箇月以内に，事業報告書，財産目録，貸借対照表，損益計算書，関係事業者との取引の状況に関する報告書，資金調達の支援及び出資の状況に関する報告書，純資産変動計算書及び附属明細表（以下「事業報告書等」という。）を作成しなければならない。

2　本法人は，前項の貸借対照表及び損益計算書を作成した時から10年間，当該貸借対照表及び損益計算書を保存しなければならない。

3　本法人は，事業報告書等について，監事の監査を受けなければならない。

4　本法人は，財産目録，貸借対照表及び損益計算書について，公認会計士又は監査法人（以下「公認会計士等」という。）の監査を受けなければならない。

5　本法人は，前２項の監査及び公認会計士等の監査を受けた事業報告書等について，理事会の承認を受けなければならない。

第47条　本法人の理事は，前条第５項の承認を受けた事業報告書等を社員総会に提出しなければならない。

2　本法人の理事は，前項の社員総会の招集の通知に際して，社員に対し，前条第５項の承認を受けた事業報告書等を提供しなければならない。

3　第１項の規定により提出された貸借対照表及び損益計算書は，社員総会の承認を受けなければならない。

4　本法人の理事は，第１項の規定により提出された事

・事業報告及び決算については定められた書類の作成，保存，監事及び公認会計士等の監査，理事会の承認が必要（医療法第70条の14において準用する同法第51条）

・医療連携推進認定を受けた初年度の事業報告書，損益計算書，純資産変動計算書及び附属明細表については，認定前の期間も含めた通期により作成すること。

・事業報告書等については，監事の監査が必要であり，そのうち，財産目録，貸借対照表及び損益計算書については，公認会計士等の監査も必要

・事業報告及び決算については，医療法第70条の14において準用する同法第51条の２の規定に基づき，定められた書類に関して社員総会における承認，報告が必要

業報告書等（貸借対照表及び損益計算書を除く。）の内容を社員総会に報告しなければならない。

第48条　本法人は，前条第3項の承認を受けた貸借対照表及び損益計算書を公告しなければならない。

・医療法第70条の14において準用する同法第51条の3（公告）

第49条　本法人は，次に掲げる書類を主たる事務所に備えて置き，請求があった場合には，正当な理由がある場合を除いて，これを閲覧に供しなければならない。
(1)　事業報告書等，監事の監査報告書及び定款
(2)　公認会計士等の監査報告書

・事業報告及び決算については，定められた書類に関して備え置き，閲覧に供することが必要（医療法第70条の14において準用する同法第51条の4）

2　本法人は，社員総会の日の1週間前の日から5年間，事業報告書等（財産目録を除く。），監事の監査報告書及び公認会計士等の監査報告書を主たる事務所に備え置かなければならない。

・主たる事務所においては原本を5年間，従たる事務所においては，その写しを3年間備え置く必要がある。

3　本法人は，第1項の書類の写しを従たる事務所に備えて置き，請求があった場合には，正当な理由がある場合を除いて，これを閲覧に供しなければならない。

4　本法人は，社員総会の日の1週間前の日から3年間，事業報告書等（財産目録を除く。）の写し，監事の監査報告書の写し及び公認会計士等の監査報告書の写しを従たる事務所に備え置かなければならない。

第50条　本法人は，毎会計年度終了後3月以内に，事業報告書等，監事の監査報告書及び公認会計士等の監査報告書を認定都道府県知事に届け出なければならない。

・医療法第70条の14において準用する同法第52条

第51条　決算の結果，剰余金を生じたとしても，配当してはならない。

・医療法第70条の14において準用する同法第54条

（医療連携推進目的取得財産残額の算定）
第52条　代表理事は，毎事業年度，当該事業年度の末日における医療連携推進目的取得財産残額を算定し，財産目録に記載するものとする。

第10章　定款の変更及び解散

（定款の変更）

第53条　この定款は，社員総会の決議によって変更することができる。	・必須記載事項 ・定款を変更する場合は特別決議が必要（法人法第49条第2項，第146条）
第54条　この定款の変更は，認定都道府県知事の認可をもって，その効力を生じる。	・医療法第70条の14において準用する同法第54条の9
第55条　本法人は，事務所の所在地又は公告の方法に係る定款の変更をしたときは，遅滞なく，その旨を認定都道府県知事に届け出なければならない。	・医療法第70条の18第1項において準用する同法第54条の9第5項

（解散）

第56条　本法人は，次の事由によって解散する。 　(1)　目的たる業務の成功の不能 　(2)　社員総会の決議 　(3)　社員の欠亡 　(4)　破産手続開始の決定 2　本法人は，総社員の4分の3以上の賛成がなければ，前項第2号の社員総会の決議をすることができない。 3　第1項第1号又は第2号の事由により解散する場合は，認定都道府県知事の認可を受けなければならない。	・必須記載事項

第57条　本法人が解散したときは，破産手続開始の決定
　　　による解散の場合を除き，理事がその清算人となる。
　　　ただし，社員総会の議決によって理事以外の者を選任
　　　することができる。
2　　清算人は，社員の欠亡による事由によって本法人が
　　　解散した場合には，認定都道府県知事にその旨を届け
　　　出なければならない。
3　　清算人は，次の各号に掲げる職務を行い，又，当該
　　　職務を行うために必要な一切の行為をすることができ
　　　る。
　(1)　現務の結了

⑵　債権の取立て及び債務の弁済
⑶　残余財産の引渡し

（医療連携推進認定の取消し等に伴う贈与）

第58条　本法人が医療連携推進認定の取消しの処分を受
　　けた場合には，社員総会の決議を経て，医療連携推進
　　目的取得財産残額に相当する額の財産を，当該医療連
　　携推進認定の取消しの日から1箇月以内に，国若しく
　　は地方公共団体，公的医療機関の開設者（医療法第31
　　条に定める公的医療機関の開設者をいう。以下同じ。），
　　財団たる医療法人又は社団たる医療法人であって持分
　　の定めのないものに贈与するものとする。

・必須記載事項
・本法人が，公益認定法第4条
　の公益認定を受けた者である
　場合，本条は適用しない。

（残余財産の帰属）

第59条　本法人が清算をする場合において有する残余財
　　産は，社員総会の決議を経て，国若しくは地方公共団体，
　　公的医療機関の開設者，財団たる医療法人又は社団た
　　る医療法人であって持分の定めのないものに贈与する
　　ものとする。

・必須記載事項
・本法人が，公益認定法第4条
　の公益認定を受けた者である
　場合，本条は適用しない。

第11章　公告の方法

（公告の方法）

第60条　本法人の公告は，
＜例1＞官報に掲載する方法
＜例2＞○○県において発行する○○新聞に掲載する方
　　法
＜例3＞電子公告
により行う。
＜例3の場合＞
2　事故その他やむを得ない事由によって前項の電子公
　　告をすることができない場合は，
＜例4＞官報
＜例5＞○○県において発行する○○新聞に掲載する方
　　法による。

・必須記載事項

第12章　雑則

第61条　この定款の施行細則は，理事会及び社員総会の
　議決を経て定める。

附則
1　本法人の設立時社員の名称又は氏名及び住所は，次　　・必須記載事項
　のとおりである。
　　　○県○市○町○丁目○番○号　　○法人○会
　　　○県○市○町○丁目○番○号　　○法人○会
　　　○県○市○町○丁目○番○号　　○○　○○

2　本法人の設立時役員の氏名及び住所は，次のとおり
　である。
　　代表理事　○県○市○町○丁目○番○号
　　　　　　　○法人○会　○○　○○
　　理事　　　○県○市○町○丁目○番○号
　　　　　　　○法人○会　○○　○○
　　　　　　　　　・
　　　　　　　　　・
　　　　　　　　　・
　　監事　　　○県○市○町○丁目○番○号
　　　　　　　○○　○○

Ⅱ　認定申請手続

医政発０２１７第１６号
平成２９年 ２ 月１７日

各都道府県知事殿

厚生労働省医政局長
（公印省略）

地域医療連携推進法人制度について

　平成27年９月28日に公布された「医療法の一部を改正する法律」（平成27年法律第74号）により医療法（昭和23年法律第205号。以下「法」という。）が改正され，地域医療連携推進法人制度について，本年４月２日（以下「施行日」という。）から施行されることとなった。

　これに伴い「医療法施行令の一部を改正する政令」（平成29年政令第14号）及び「医療法施行規則の一部を改正する省令」（平成29年厚生労働省令第４号）が公布されたところであるが，制度の内容及び運用については下記のとおりであるので，御了知の上，適正なる実施を期されたい。（前文の一部および１～３まで省略）

　４　その他
(1)　施行日について

　地域医療連携推進法人に関する各法令の規定は，平成29年４月２日から施行されること。

(2)　準備行為について（法第71条関係）

　都道府県知事は，施行の日（平成29年４月２日）前においても，医療連携推進認定に必要な準備行為をすることができること。具体的には，施行の日前においても，医療連携推進認定を受けようとする一般社団法人は都道府県知事に認定の申請をすることができ，都道府県知事は，都道府県医療審議会から，認定をするに当たっての意見を聴くこと等ができること。

(3)　医療連携推進認定の申請に係る添付書類等について
　①　認定申請書に添付する書類のうち，以下のものについては別添様式を用いること。
　別添１　医療連携推進方針
　別添２　理事及び監事の氏名，生年月日及び住所等を記載した書類
　別添３　医療法第70条の３第１項各号に掲げる基準に適合することを証する書類

別添4　医療法第70条の4第1号イからニまでのいずれにも該当しないこ
とを証する書類

医療法第70条の4第2号及び第3号のいずれにも該当しないこと
を証する書類

別添5　表明・確約書（法人社員用）

別添6　表明・確約書（個人社員・理事・監事用）

なお，認定申請書には上記の他，当該一般社団法人の定款及び登記事項
証明書を添付すること。

② 代表理事の選定認可申請書及び解職認可申請書については，別添様式を
用いること。

別添7　地域医療連携推進法人の代表理事の選定認可申請書

別添8　地域医療連携推進法人の代表理事の解職認可申請書

別添 1

医療連携推進方針

1．医療連携推進区域

2．参加法人

3．理念・運営方針

4．病院等相互間の機能の分担及び業務の連携に関する事項及びその目標

5．介護事業その他地域包括ケアの推進に資する事業に関する事項

（記載上の注意事項）
- ○ 「2」については，参加法人，参加病院等及び参加介護施設等の名称を記載すること。
- ○ 「4」については，地域医療構想の達成の観点から参加病院等が実施する機能分担及び業務連携について記載すること。
- ○ 「5」については，医療法第70条の2第4項に基づき，参加病院等及び参加介護施設等の相互間で業務連携を実施する場合に記載すること。

別添 2

理事及び監事の氏名，生年月日及び住所等を記載した書類

	氏名	生年月日	住所	所属・役職名	代表理事
理事					☐
					☐
					☐
監事					

（記載上の注意事項）

○　「所属・役職名」欄には，当該理事・監事が所属する法人名・団体名等を記載すること。

○　理事のうち少なくとも1人は，以下の者であること。（法第70条の3第1項第13号ハ）

　・診療に関する学識経験者の団体その他の関係団体の代表者

　・診療に関する学識経験を有する者

○　代表理事である者にチェックを入れること。（法第70条の3第1項第14号）

別添3

医療法第70条の3第1項各号に掲げる基準に適合することを証する書類

1　医療連携推進業務を主たる目的としていること（事業比率50％超）（第1号）

事業比率の見込み	％

（記載上の注意事項）

○　事業比率の算出式は以下のとおりであるが，本申請時には事業計画書や予算書等を用いて見込みとして算出したものを上記に記載すること。

純資産増減計算内訳表	
①	医療連携推進業務会計の経常費用計
②	その他業務会計の経常費用計
③	法人会計の経常費用計
事業比率＝①／（①＋②＋③）	

2　医療連携推進業務を行うのに必要な経理的基礎及び技術的能力を有していること（第2号）

（経理的基礎）
・財務基盤の明確化について
・経理処理・財産管理の適正性について
（技術的能力） ・業務実施のための技術，専門的人材や設備等の能力の確保について

（記載上の注意事項）

○　「財務基盤の明確化」については，財務状態や今後の財務の見通しについて記載すること。

○　「経理処理・財産管理の適正性」については，財産の管理・運用に関する役員の適切な関与状況や，開示情報や監督庁への提出資料の基礎として必要な会計帳簿の備え付けについて，記載すること。

3　社員等に対し特別の利益を与えないこと（第3号）

区　　分	社員等に対する利益供与の内容	特別の利益の有無
施設の利用		有・無
金銭の貸付け		有・無
資産の譲渡		有・無
給与の支給		有・無
その他財産の運用及び事業の運営		有・無

（記載上の注意事項）

○　「社員等に対する利益供与の内容」欄には，次表の「経理等に関する明細表」の記載内容に基づき，次のように記載すること。

①　「施設の利用」欄

　　社員等（医療法施行令第5条の15の2に規定する者をいう。以下同じ。）が当該一般社団法人の施設を利用している場合に，その利用状況の内容を記載すること。

②　「金銭の貸付け」欄

　　当該一般社団法人が社員等に金銭を貸し付けている場合に，その貸付けの内容を記載すること。

③　「資産の譲渡」欄

　　当該一般社団法人が社員等に資産を譲渡した場合に，その譲渡の内容を記載すること。

④　「給与の支給」欄

　　当該一般社団法人が社員等に対して支給している給与について，その支給内容を記載すること。

⑤　「その他財産の運用及び事業の運営」欄

　　当該一般社団法人について，社員等からの借用物件，借入金及び譲受資産等がある場合に，その取引の内容について記載すること。

（経理等に関する明細表）

①　社員等の施設の利用明細

区　分	社員等の氏名又は名称	特殊の関係	内　容	利用年月日	利用料金
施設の貸与					
その他					

②　社員等に対する貸付金の明細

貸付先の氏名又は名称	貸付金現在高	貸付当初の元本	貸付当初の年月日
利率	年間の受取利息額	担保の種類及び数量	特殊の関係

貸付先の氏名又は名称	貸付金現在高	貸付当初の元本	貸付当初の年月日
利率	年間の受取利息額	担保の種類及び数量	特殊の関係

③　**社員等に対する譲渡資産の明細**

譲渡先の氏名又は名称	譲渡資産の種類	地目，構造，規格等	面積数量
譲渡年月日	譲渡価額	特殊の関係	備考

譲渡先の氏名又は名称	譲渡資産の種類	地目，構造，規格等	面積数量
譲渡年月日	譲渡価額	特殊の関係	備考

④　**当該一般社団法人の業務に従事している従業員等の明細**

氏名	職務内容	就職年月日	常勤又は非常勤の別	当該一般社団法人との関係	給与の支給の有無
					有・無
					有・無
					有・無
					有・無
					有・無
					有・無
					有・無
					有・無
					有・無
					有・無

⑤　社員等からの借用物件の明細

貸主の氏名又は名称	物件名	地目，構造，規格等	面積数量	用途
借用年月日	借用期間	賃借料	特殊の関係	備考

貸主の氏名又は名称	物件名	地目，構造，規格等	面積数量	用途
借用年月日	借用期間	賃借料	特殊の関係	備考

⑥　社員等からの借入金の明細

債権者の氏名又は名称	借入金現在高	借入当初の元本	借入当初の年月日
利率	年間の支払利息額	担保の種類及び数量	特殊の関係

債権者の氏名又は名称	借入金現在高	借入当初の元本	借入当初の年月日
利率	年間の支払利息額	担保の種類及び数量	特殊の関係

⑦　社員等からの譲受資産の明細

譲受先の氏名又は名称	譲受資産の種類	地目，構造，規格等	面積数量
譲受年月日	譲受価額	特殊の関係	備考

譲受先の氏名又は名称	譲受資産の種類	地目，構造，規格等	面積数量
譲受年月日	譲受価額	特殊の関係	備考

⑧　その他財産の運用及び事業の運営

社員等の氏名又は名称	具体的な内容

（記載上の注意事項）

○　各欄共通

「社員など」とは，以下の者をいう。（医療法施行令第5条の15の2）

(1)　当該一般社団法人の理事，監事又は職員

(2)　当該一般社団法人の社員又は基金（一般社団法人及び一般財団法人に関する法律第131条に規定する基金をいう。）の拠出者

(3)　(1)又は(2)に掲げる者の配偶者又は三親等内の親族

(4)　(1)，(2)又は(3)に掲げる者と婚姻の届出をしていないが事実上婚姻関係と同様の事情にある者

(5)　(3)又は(4)に掲げる者のほか，(1)又は(2)に掲げる者から受ける金銭その他の財産によって生計を維持する者

(6)　(2)に掲げる者が法人である場合にあっては，その法人が事業活動を支配する法人又はその法人の事業活動を支配する者として厚生労働省令で定めるもの（医療法施行規則第39条の6）

○　「①社員等の施設の利用明細」

(1)　申請時における当該一般社団法人の社員等について，次の区分に応じて記載すること。

イ　当該一般社団法人の社員等に対して，当該一般社団法人の土地，建物等の物件を賃貸（無償で使用させている場合を含む。）している場合には，「施設の貸与」欄にその内容を記載すること。

ロ　当該一般社団法人の社員等に対して，上記以外に当該一般社団法人の施設を利用させている場合には，「その他」欄にその内容を記載すること。

(2)　「特殊の関係」欄には，使用者が参加法人であれば「参加法人」と，代表理

事であれば「代表理事」等と記載すること。

- (3) 「内容」欄には，その施設の利用状況（例えば，社宅として建物を貸与，他の法人の事務室等）を記載すること。
- (4) 「利用年月日」欄には，その施設の利用年月日（例えば，社宅の貸与の場合等には利用期間）を記載すること。

○ 「②社員等に対する貸付金の明細」

- (1) 社員等に対する貸付金がある場合に記載すること。
- (2) この表は，貸付先ごとに記載すること。
- (3) 貸付金現在高は，直近に終了した会計年度の末日現在の金額を記載すること。
- (4) 貸付当初の元本は，貸換えにより継続しているものについては当初の金額を記載すること。
- (5) 「特殊の関係」欄には，貸付の相手方が代表理事であれば「代表理事」と，職員であれば「職員」等と記載すること。

○ 「③社員等に対する譲渡資産の明細」

- (1) 直近に終了した3会計年度において，社員等（譲渡時に当該一般社団法人の社員等であった者を含む。）に対して，当該一般社団法人の土地，建物等の主要な資産の譲渡がある場合に記載すること。
- (2) 「特殊の関係」欄には，譲渡先が参加法人であれば「参加法人」と，代表理事であれば「代表理事」等と記載すること。

○ 「④当該一般社団法人の業務に従事している従業員等の明細」

- (1) 申請時の従業員等（当該一般社団法人の理事，監事又は職員をいう。）について記載すること。
- (2) 「職務内容」欄には，担当している現在の職務内容（例えば，事務長等）を記載すること。
- (3) 「当該一般社団法人との関係」欄には，例えば，その者が代表理事であれば「代表理事」と，職員であれば「職員」等と記載すること。

○ 「⑤社員等からの借用物件の明細」

- (1) 直近に終了した会計年度の末日現在において，社員等から土地，建物等の物件を賃借（無償で使用している場合を含む。）している場合に記載すること。
- (2) 「特殊の関係」欄には，貸主が参加法人であれば「参加法人」と，代表理事であれば「代表理事」等と記載すること。
- (3) 「備考」欄には，賃借に際し，権利金，敷金の支払の有無及びその支払金額を記載すること。

○　「⑥社員等からの借入金の明細」

(1)　社員等からの借入金がある場合に記載すること。

(2)　この表は，債権者ごとに記載すること。

(3)　借入金現在高は，直近に終了した会計年度の末日現在の金額を記載すること。

(4)　借入当初の元本は，借換えにより継続しているものについては，当初の金額を記載すること。

(5)　「特殊の関係」欄には，債権者が参加法人であれば「参加法人」と，代表理事であれば「代表理事」等と記載すること。

○　「⑦社員等からの譲受資産の明細」

(1)　直近に終了した3会計年度において，社員等（譲渡時に社員等であった者を含む。）から，当該一般社団法人に対して土地，建物等の主要な資産の譲受がある場合に記載すること。

(2)　「特殊の関係」欄には，譲受の相手方が参加法人であれば「参加法人」と，代表理事であれば「代表理事」等記載すること。

○　「⑧その他財産の運用及び事業の運営」

申請時において，上記以外に財産の運用及び事業の運営に関し，社員等が利益を受けている場合に，その内容を記載すること。

4　参加法人の構成等（第8号，第11号）

	法人名等	医療機関名等	議決権数
病院，診療所又は介護老人保健施設を開設する参加法人			①
			②
介護施設等を開設する参加法人			③
			④
その他の社員			⑤
その他の社員			⑥
総議決権数（①〜⑥の合計）			⑦
参加法人の議決権の構成割合（第8号）	（①＋②）＞（③＋④）		
参加法人の議決権の構成割合（第11号）	〔（①＋②＋③＋④）／⑦〕＞0.5		

5　各役員の親族等の割合が役員総数の3分の1を超えないこと（第13号ロ）

	総　数　①	最も人数の多い 親族等のグループの人数②	親族等の割合 ②／①
理　事	人	人	％
監　事	人		

（記載上の注意事項）

○　②の人数は，以下の者の合計とすること。

　(1)　当該役員，配偶者及び三親等以内の親族

　(2)　当該役員と婚姻の届出をしていないが事実上婚姻関係と同様の事情にある者

　(3)　当該役員の使用人及び使用人以外の者で当該役員から受ける金銭その他の財産によって生計を維持しているもの

　(4)　(2)又は(3)に掲げる者の親族でこれらの者と生計を一にしているもの

別添4

医療法第70条の4第1号イからニまでのいずれにも該当しないことを証する書類
医療法第70条の4第2号及び第3号のいずれにも該当しないことを証する書類

区　　分	事実の有無
① 理事及び監事のうち，次のいずれかに該当する者の有無	
イ 地域医療連携推進法人が医療連携推進認定を取り消された場合において，その取消しの原因となった事実があった日以前1年内に当該地域医療連携推進法人の業務を行う理事であった者でその取消しの日から5年を経過しないもの	有・無
ロ 医療法その他保健医療又は社会福祉に関する法律で政令で定めるものの規定により罰金以上の刑に処せられ，その執行を終わり，又は執行を受けることがなくなった日から起算して5年を経過しない者	有・無
ハ 禁錮以上の刑に処せられ，その刑の執行を終わり，又は刑の執行を受けることがなくなった日から5年を経過しない者	有・無
ニ 暴力団員による不当な行為の防止等に関する法律第2条第6号に規定する暴力団員又は暴力団員でなくなった日から5年を経過しない者（以下「暴力団員等」という。）	有・無
② 医療法第70条の21第1項又は第2項の規定により医療連携推進認定を取り消され，その取消しの日から5年を経過しないもの	有・無
③ 暴力団員等がその事業活動を支配するもの	有・無

（記載上の注意事項）

〇 「ロ」の「その他保健医療又は社会福祉に関する法律で政令で定めるもの」とは，医療法施行令第5条の15の3に掲げる法律及び同第5条の5の7に掲げる法律である。

〇 ①の「ニ」及び③の証明に当たっては，以下の者による表明・確約書（別添5又は6）を添付すること。
　　・当該一般社団法人の社員
　　・当該一般社団法人の理事及び監事

別添 5 - 1 (法人社員用)

表明・確約書

○○県知事　殿

（ふりがな）
法　人　名
代　表　者　名

　当法人は，現在及び将来にわたって，次に掲げる事項のいずれにも該当しないことを表明，確約します。

(1)　暴力団
(2)　暴力団又は暴力団員と社会的に非難されるべき関係を有する法人

平成　年　月　日
法 人 名
代表者名
自　　署_____

別添5-2（法人社員用）

表明・確約書

○○県知事　殿

（ふりがな）

法　人　名

代　表　者　名

　当法人の役員は，現在及び将来にわたって，次に掲げる事項のいずれにも該当しないことを，以下のとおり表明，確約します。

(1)　暴力団員

(2)　暴力団又は暴力団員と社会的に非難されるべき関係を有する者

職　名	氏名(ふりがな)及び印	自　署	生年月日	記入日
	印		年　月　日	年　月　日
	印		年　月　日	年　月　日
	印		年　月　日	年　月　日

別添6（個人社員用・理事・監事用）

表明・確約書

○○県知事　殿

所属・職名

（ふりがな）

氏　　　名

生 年 月 日

　当法人は，現在及び将来にわたって，次に掲げる事項のいずれにも該当しないことを表明，確約します。

(1)　暴力団員
(2)　暴力団員でなくなった日から5年を経過しない者

平成　年　月　日

氏　　　名　　　　　　㊞

自　　　署＿＿＿＿＿＿＿

別添7

平成　年　月　日

○○県知事　殿

法 人 名

代表理事　　　　　　　印

地域医療連携推進法人の代表理事の選定認可申請書

　標記について，医療法第70条の19及び医療法施行規則第39条の27の規定に基づき申請します。

記

1．代表理事となるべき者の住所，氏名
2．選定の理由

（注）　代表理事となるべき者の履歴書を添付すること。

別添8

平成　年　月　日

○○県知事　殿

法 人 名
代表理事　　　　　　　　印

地域医療連携推進法人の代表理事の解職認可申請書

　標記について，医療法第70条の19及び医療法施行規則第39条の27の規定
に基づき申請します。

記

1．代表理事の住所，氏名

2．解職の理由

Ⅲ　会計の運用指針

医政支発０３２１第５号
平成２９年３月２１日

各都道府県知事　殿

厚生労働省医政局長
（公印省略）

地域医療連携推進法人会計基準適用上の留意事項並びに
財産目録，純資産変動計算書及び附属明細表の作成方法に関する運用指針に

　平成27年9月28日に公布された医療法の一部を改正する法律（平成27年法律
第74号）により改正された医療法（昭和23年法律第205号。以下「法」という。）
第70条の14の規定により準用する第51条第2項の規定に基づき，地域医療連携推
進法人会計基準（平成29年厚生労働省令第19号。以下「会計基準」という。）が
本日公布され，平成29年4月2日から施行されることとなったところである。
　地域医療連携推進法人が貸借対照表等を作成する際の留意事項等について，下
記のとおり運用指針として定めることにしたので，ご了知の上，所管の地域医
療連携推進法人に対して周知されるようお願いする。

記

1　本運用指針について
　　　　　　：
26　純資産増減計算内訳表について

様式第一号　貸借対照表
様式第二号　損益計算書
　　　　　　重要な会計方針等の記載及び貸借対照表に関する注記
様式第三号　純資産変動計算書
様式第四号　財産目録
様式第五号　有形固定資産明細表
様式第六号　引当金明細表
様式第七号　純資産増減計算内訳表

1 本運用指針について

　本運用指針は，法第70条の5第1項に規定する地域医療連携推進法人が，第70条の14の規定により準用する第51条第1項の規定により作成する事業報告書等のうち，会計情報である財産目録，貸借対照表，損益計算書，純資産変動計算書及び附属明細表を作成する際の基準，様式等について定めるものである。

　ここに示した財産目録等を作成する際の科目は，一般的，標準的なものであり，事業の種類，規模等に応じて科目を追加することができる。また，科目及び金額の重要性が乏しい場合には省略することができる。なお，必要に応じて小科目を設定することが望ましい。

2 重要な会計方針に記載する事項について

　会計基準第3条第5号に規定する「その他貸借対照表等作成のための基本となる重要な事項」の例は，補助金等の会計処理方法，企業会計で導入されている会計処理等の基準を適用する場合の当該基準である。

3 貸借対照表等の様式について

　貸借対照表は会計基準第6条第2項で定める様式第一号により，損益計算書は会計基準第13条第2項で定める様式第二号による。

4 棚卸資産の評価方法等について

　棚卸資産の評価基準及び評価方法については重要な会計方針に該当し，棚卸資産の評価方法は，先入先出法，移動平均法，総平均法の中から選択適用することを原則とするが，最終仕入原価法も期間損益の計算上著しい弊害がない場合には用いることができる。また，時価がその取得価額よりも低くなった場合には，時価をもって貸借対照表価額とする。なお，棚卸資産のうち，重要性の乏しいものについては，重要性の原則の適用により，その買入時又は払出時に費用として処理する方法を採用することができる。

5　減価償却の方法等について

　　固定資産の減価償却方法は，重要な会計方針に係る事項に該当するため，減価償却方法を，例えば定率法から定額法へ変更した場合には，重要な会計方針の変更に該当することとなるが，固定資産の償却年数又は残存価額の変更については，重要な会計方針の変更には該当しない。しかし，この変更に重要性がある場合には，その影響額を会計基準第17条第 8 号の事項として注記する。

　　また，租税特別措置による特別償却額のうち一時償却は，重要性が乏しい場合には，重要性の原則の適用により，正規の減価償却とすることができる。

6　リース取引の会計処理について

　　ファイナンス・リース取引については，通常の売買取引に係る方法に準じて会計処理を行うことを原則とするが，取得したリース物件の価額に重要性が乏しい場合には，賃貸借処理を行うことができる。

7　引当金の取扱いについて

　　引当金は，将来の特定の費用又は損失であって，その発生が当期以前の事象に起因し，発生の可能性が高く，かつ，その金額を合理的に見積もることができる場合に計上する。その計上基準は，重要な会計方針として記載することとなるが，引当金のうち重要性の乏しいものについては，重要性の原則の適用により，これを計上しないことができる。

　　未収金，貸付金等の金銭債権のうち徴収不能と認められる額がある場合には，その金額を合理的に見積もって，貸倒引当金を計上する。なお，貸借対照表の表記において，債権について貸倒引当金を直接控除した残額のみを記載した場合には，当該債権の債権金額，貸倒引当金及び当該債権の当期末残高を，会計基準第17条第 8 号の事項として注記する。

　　退職給付引当金は，退職給付に係る見積債務額から年金資産額等を控除したものを計上する。当該計算は，退職給付に関する会計基準（平成24年 5 月17日企業会計基準委員会）に基づいて行うものであり，企業会計における実務上の取扱いと同様とする。

8　退職給付会計における退職給付債務の期末要支給額による算定について

　　退職給付会計の適用に当たり，退職給付の対象となる職員数が300人未満の地域医療連携推進法人のほか，職員数が300人以上であっても，年齢や勤務時間に偏りがあるなどにより数理計算結果に一定の高い水準の信頼性が得られない地域医療連携推進法人や，原則的な方法により算定した場合の額と期末要支給額との差異に重要性が乏しいと考えられる地域医療連携推進法人においては，退職一時金に係る債務について期末要支給額により算定することができる。

9　税効果会計の適用について

　　税効果会計は，原則的に適用することとするが，一時差異等の金額に重要性がない場合には，重要性の原則の適用により，繰延税金資産又は繰延税金負債を計上しないことができる。

　　なお，繰延税金資産及び繰延税金負債に重要性がある場合には，主な発生原因別内訳を会計基準第17条第8号の事項として注記する。

10　経過勘定項目について

　　前払費用，未収収益，未払費用及び前受収益のうち，重要性の乏しいものについては，重要性の原則の適用により，経過勘定項目として処理しないことができる。

11　子会社株式の評価について

　　時価を把握することが極めて困難と認められる子会社株式については，発行会社の財政状態の悪化により実質価額が著しく低下したときは，相当の減額をなし，評価差額は当期の損失として処理するとともに，当該実質価額を以降の取得価額とする。

12　基本財産の取扱いについて

　　定款において基本財産の規定を置いている場合であっても，貸借対照表及び財産目録には，基本財産としての表示区分は設ける必要はないが，当該基

本財産の前会計年度末残高，当該会計年度の増加額，当該会計年度の減少額
及び当該会計年度末残高について，貸借対照表の科目別に会計基準第17条第
8号の事項として注記する。

13　積立金の区分について

　　積立金は，各会計年度の当期純利益又は当期純損失の累計額から当該累計
額の直接減少額を差し引いたものとなるが，その性格により以下のとおり区
分する。

　　①　基金の拠出者への返還に伴い，返還額と同額を計上した代替基金
　　②　固定資産圧縮積立金，特別償却準備金のように法人税等の規定による
　　　　積立金経理により計上するもの
　　③　将来の特定目的の支出に備えるため，理事会の議決に基づき計上する
　　　　もの（以下「特定目的積立金」という）
　　　　なお，特定目的積立金を計上する場合には，特定目的積立金とする金
　　　　額について，当該特定目的を付した特定資産として，通常の資産とは明
　　　　確に区別しなければならない。
　　④　上記各積立金以外の繰越利益積立金

14　補助金等の会計処理について

　　地域医療連携推進法人が国又は地方公共団体等から補助金等を受け入れた
場合，固定資産の取得に係る補助金等については，特別利益に計上した上で
直接減額方式又は積立金経理により圧縮記帳し，運営費補助金のように補助
対象となる支出が経常費用に計上されるものついては，経常収益に計上する。
　　なお，補助金等の会計処理方法は，会計基準第3条第5号の事項として注
記するものとし，補助金等に重要性がある場合には，補助金等の内訳，交付
者及び貸借対照表等への影響額を会計基準第17条第8号の事項として注記す
る。
　　この場合の「補助金等」とは，補助金，負担金，利子補給金及びその他相
当の反対給付を受けない給付金等をいう。なお，補助金等には役務の対価と
しての委託費等については含まない。

15　特別損益の部における特別利益又は特別損失に属する項目について

　　特別損益の部における特別利益又は特別損失に属する項目には，臨時的項目及び過年度修正項目がある。

　　なお，特別利益又は特別損失に属する項目であっても，金額の僅少なもの又は毎期経常的に発生するものは，経常損益の部に記載することができる。

16　経常費用における事業費と管理費の区分について

　　事業費には「事業の目的のために直接要する費用」を計上する。

　　管理費には「事務局経費など，各種の事業の管理等をするため，法人全体に共通して発生する費用又は法人運営のために毎年度経常的に要する費用」を計上する。

17　継続事業の前提に関する注記について

　　継続事業の前提に関する注記は，当該地域医療連携推進法人の会計年度の末日において，財務指標の悪化の傾向，重要な債務の不履行等財政破綻の可能性その他将来にわたって事業を継続することの前提に重要な疑義を抱かせる事象又は状況が存在する場合におけるその内容を記載する。

18　重要な偶発債務に関する注記について

　　重要な偶発債務に関する注記は，債務の保証（債務の保証と同様の効果を有するものを含む。），重要な係争事件に係る賠償義務その他現実に発生していない事象で，将来において事業の負担となる可能性のあるものが発生した場合にその内容を記載する。

19　重要な後発事象に関する注記について

　　重要な後発事象に関する注記は，当該地域医療連携推進法人の会計年度の末日後，当該地域医療連携推進法人の翌会計年度以降の財政状態又は損益の状況に重要な影響を及ぼす事象が発生した場合にその内容を記載する。

20　関係事業者に関する注記について

　　法第70条の14の規定により準用する第51条第 1 項に定める関係事業者との取引（※）について，次に掲げる事項を関係事業者ごとに注記しなければならない。なお，参加法人との取引についても，対象外となるわけではない。

①　当該関係事業者が法人の場合には，その名称，所在地，直近の会計期末における総資産額及び事業の内容

②　当該関係事業者が個人の場合には，その氏名及び職業

③　当該地域医療連携推進法人と関係事業者との関係

④　取引の内容

⑤　取引の種類別の取引金額

⑥　取引条件及び取引条件の決定方針

⑦　取引により発生した債権債務に係る主な科目別の期末残高

⑧　取引条件の変更があった場合には，その旨，変更の内容及び当該変更が計算書類に与えている影響の内容

　　ただし，関係事業者との間の取引のうち，次に定める取引については，上記の注記を要しない。

イ　一般競争入札による取引及び預金利息その他取引の性格からみて取引条件が一般の取引と同様であることが明白な取引

ロ　役員に対する報酬，賞与及び退職慰労金の支払い

※関係事業者とは，当該地域医療連携推進法人と②に掲げる取引を行う場合における①に掲げる者をいうこと。

①　当該地域医療連携推進法人と②に掲げる取引を行う者

イ　当該地域医療連携推進法人の役員及び社員又はその近親者（配偶者又は二親等内の親族）

ロ　当該地域医療連携推進法人の役員及び社員又はその近親者が代表者である法人及び地域医療連携推進法人から出資を受けている事業者

ハ　当該地域医療連携推進法人の役員及び社員又はその近親者が，株主総会，社員総会，評議員会，取締役会，理事会の議決権の過半数を占めている法人

ニ　他の法人の役員が，当該地域医療連携推進法人の社員総会，理
　　事会の議決権の過半数を占めている場合の他の法人

ホ　ハの法人の役員が，他の法人（当該地域医療連携推進法人を除
　　く。）の株主総会，社員総会，評議員会，取締役会，理事会の議
　　決権の過半数を占めている場合の他の法人

②　当該地域医療連携推進法人と行う取引

イ　経常収益又は経常費用の額が，1千万円以上であり，かつ当該
　　地域医療連携推進法人の当該会計年度における経常収益の総額又
　　は経常費用の総額の10パーセント以上を占める取引

ロ　特別利益又は特別損失の額が，1千万円以上である取引

ハ　資産又は負債の総額が，当該地域医療連携推進法人の当該会計
　　年度の末日における総資産の1パーセント以上を占め，かつ1
　　千万円を超える残高になる取引

ニ　資金貸借及び有形固定資産の売買その他の取引の総額が，1
　　千万円以上であり，かつ当該地域医療連携推進法人の当該会計年
　　度の末日における総資産の1パーセント以上を占める取引

ホ　事業の譲受又は譲渡の場合にあっては，資産又は負債の総額の
　　いずれか大きい額が1千万円以上であり，かつ当該地域医療連携
　　推進法人の当該会計年度の末日における総資産の1パーセント以
　　上を占める取引

21　参加法人との取引に関する注記について

　　当該地域医療連携推進法人が参加法人と行う取引の内容について，経常収
　益，経常費用，特別利益，特別損失，金銭債権及び金銭債務の額を会計基準
　第17条第7号の事項として参加法人ごとに注記しなければならない。なお，
　注記する事項について，主要な勘定科目別の額を記載することができる。

22　貸借対照表等注記事項について

　　会計基準第17条第8号に規定する「その他地域医療連携推進法人の財務状
　態又は損益の状況を明らかにするために必要な事項」の例は，以下のような

ものがある。

① 　固定資産の償却年数又は残存価額の変更に重要性がある場合の影響額

② 　固定資産について減価償却累計額を直接控除した残額のみを記載した場合には，当該資産の取得価額，減価償却累計額及び期末残高

③ 　原則法を適用した場合の退職給付引当金の計算の前提とした退職給付債務等の内容

④ 　繰延税金資産及び繰延税金負債に重要性がある場合の主な発生原因別内訳

⑤ 　補助金等に重要性がある場合の内訳，交付者及び貸借対照表等への影響額

23　純資産変動計算書について

　　純資産変動計算書は，純資産の部の科目別に前期末残高，当期変動額及び当期末残高を記載する。なお，当期変動額は，当期純利益，拠出額，返還又は払戻額，振替額等原因別に表記する。

　　純資産変動計算書の様式は，様式第三号による。

24　財産目録について

　　財産目録は，当該会計年度末現在におけるすべての資産及び負債につき，価額及び必要な情報を表示する。

　　財産目録は，貸借対照表の区分に準じ，資産の部と負債の部に分かち，更に資産の部を流動資産及び固定資産に，負債の部を流動負債及び固定負債に区分して，純資産合計の額を表示する。「貸借対照表科目」には，「現金」「土地」等を，「場所・物量等」には「手持保管」「○○市○○町○○」等を，「使用目的等」には「運転資金として」「医療連携推進目的保有財産であり，○○事業に使用している」等を記載する。

　　財産目録の価額は，貸借対照表記載の価額と同一とする。

　　財産目録の医療連携推進目的取得財産残額の額は，純資産増減計算内訳表の医療連携推進業務会計の期末純資産残高と同額を記載すること。

　　財産目録の様式は，様式第四号による。

25 附属明細表について

　附属明細表の種類は，次に掲げるものとする。

① 有形固定資産等明細表

② 引当金明細表

③ 純資産増減計算内訳表

　附属明細表の様式は，様式第五号，様式第六号及び様式第七号による。

26 純資産増減計算内訳表について

　内訳表は，損益計算書の科目及び基金の増減並びに純資産の残高について，医療連携推進事業に関する会計（医療連携推進業務会計），その他の事業に関する会計（その他業務会計）及び管理業務のうち医療連携推進業務会計又はその他業務会計に計上するもの以外のものに関する会計（法人会計）の3つに区分して表示する。

　医療法第70条の9の規定に留意し，医療連携推進目的事業財産の増減は，医療連携推進業務会計の区分に計上すること。

【参考】

（医療法第70条の9において読み替えて準用する公益認定法第18条の規定）

　地域医療連携推進法人は，次に掲げる財産（以下「医療連携推進目的事業財産」という。）を医療法（昭和23年法律第205号）第70条第2項に規定する医療連携推進業務（以下この条において「医療連携推進業務」という。）を行うために使用し，又は処分しなければならない。ただし，厚生労働省令※1で定める正当な理由がある場合は，この限りでない。

　　※1：医療法施行規則第39条の17法第70条の9において読み替えて準用する公益社団法人及び公益財団法人の認定等に関する法律（平成18年法律第49号。以下「公益認定法」という。）第18条に規定する厚生労働省令で定める正当な理由がある場合は，次に掲げる場合とする。

　　一　善良な管理者の注意を払ったにもかかわらず，財産が滅失又は毀損した場合

　　二　財産が陳腐化，不適応化その他の理由によりその価値を減じ，当該財産を破棄することが相当な場合

　　三　当該地域医療連携推進法人が公益認定法第 4 条の規定による認定を
　　　受けた法人である場合
一　医療法第70条の 2 第 1 項に規定する医療連携推進認定（以下この条にお
　　いて「医療連携推進認定」という。）を受けた日以後に寄附を受けた財産
　　（寄附をした者が医療連携推進業務以外のために使用すべき旨を定めたも
　　のを除く。）
二　医療連携推進認定を受けた日以後に交付を受けた補助金その他の財産
　　（財産を交付した者が医療連携推進業務以外のために使用すべき旨を定め
　　たものを除く。）
三　医療連携推進認定を受けた日以後に行った医療連携推進業務に係る活動
　　の対価として得た財産
四　医療連携推進認定を受けた日以後に行った医療連携推進業務以外の業務
　　から生じた収益に厚生労働省令※ 2 で定める割合を乗じて得た額に相当す
　　る財産
※ 2 ：医療法施行規則第39条の18法第70条の 9 において読み替えて準用する
　　　公益認定法第18第 4 号に規定する厚生労働省令で定める割合は，100分の
　　　50とする。
五　前各号に掲げる財産を支出することにより取得した財産
六　第五条第十六号に規定する財産（前各号に掲げるものを除く。）
七　医療連携推進認定を受けた日の前に取得した財産であって同日以後に厚
　　生労働省令※ 3 で定める方法により医療連携推進業務の用に供するもので
　　ある旨を表示した財産
※ 3 ：医療法施行規則第39条の19法第70の 9 において読み替えて準用する公
　　　益認定法第18条第 7 号に規定する厚生労働省令で定める方法は，財産目録，
　　　貸借対照表又はその附属明細表において，財産の勘定科目をその他の財産
　　　の勘定科目と区分して表示する方法とする。
2　継続して医療連携推進業務の用に供するために保有している財産以外の
　　財産については，前項の方法による表示をすることができない。
八　前各号に掲げるもののほか，当該地域医療連携推進法人が医療連携推進
　　業務を行うことにより取得し，又は医療連携推進業務を行うために保有し

ていると認められるものとして厚生労働省令※4で定める財産

※4：医療法施行規則第39条の20法第70条の9において読み替えて準用する公益認定法第18条第8号に規定する厚生労働省令で定める財産は，次に掲げる財産とする。

一　医療連携推進認定を受けた日以後に徴収した経費（一般社団法人及び一般財団法人に関する法律第27条に規定する経費をいい，実質的に対価その他の事業に係る収入等と認められるものを除く。）のうち，その徴収に当たり使途が定められていないものの額に100分の50を乗じて得た額又はその徴収に当たり医療連携推進業務に使用すべき旨が定められているものの額に相当する財産

二　医療連携推進認定を受けた日以後に医療連携推進目的保有財産（第5号及び第6号並びに法第70条の9において読み替えて準用する公益認定法第18条第5号及び第6号並びに法第70条の9において読み替えて準用する公益認定法第18条第7号に掲げる財産をいう。以下同じ。）から生じた収益の額に相当する財産

三　医療連携推進目的保有財産を処分することにより得た額に相当する財産

四　医療連携推進目的保有財産以外の財産とした医療連携推進目的保有財産の額に相当する財産

五　前各号に掲げる財産を支出することにより取得した財産

六　医療連携推進認定を受けた日以後に第1号から第4号まで及び法第70条の9において読み替えて準用する公益認定法第18条第1号から第4号までに掲げる財産以外の財産を支出することにより取得した財産であって，同日以後に前条第1項の規定により表示したもの

七　法第70条の9において読み替えて準用する公益認定法第18条第1号から第4号まで，第7号及び第8号並びに法第70条の9において準用する公益認定法第18条第5号及び第6号並びに前各号に掲げるもののほか，当該地域医療連携推進法人の定款又は社員総会において，医療連携推進業務のために使用し，又は処分する旨を定めた額に相当する財産

医療連携推進業務会計の○○事業，□□事業は，第70条第2項第1号研修

に関する業務に係る事業を「研修事業」とする等各法人において実施しているものを記載して，それぞれの収益・費用等を計上すること。その他業務会計についても，同様に記載すること。

　事業区分について，管理費のうち，法人全体に共通して発生するものは適当な配賦基準を定めて各会計区分に配賦し，医療連携推進業務のうち，参加病院等又は施設の相互間の連絡調整に関する業務等に係る収益及び費用は医療連携推進業務会計の共通区分に計上すること。社員総会，理事会等の開催経費，法人登記に関する費用その他法人運営のための費用は法人会計に計上すること。

Ⅳ　監査報告書文例

公開草案　平成29年6月8日
（意見募集期限平成29年7月10日）

非営利法人委員会実務指針第　　号

地域医療連携推進法人の計算書類に関する監査上の取扱い 及び監査報告書の文例

平成　　年　月　日
日本公認会計士協会

目　次

項番号

（注）　この取扱い，および文例は公開草案であり（平成29年7月13日現在），実務指針の番号や発遣の年月日は示されていません。

≪Ⅰ　本実務指針の適用範囲≫

≪1．適用範囲≫

1．本実務指針は，地域医療連携推進法人における法定監査上の取扱いについてまとめたものである。

2．本実務指針の適用に際し関連する監査基準委員会報告書は，主に以下のとおりである。

- 監査基準委員会報告書210「監査業務の契約条件の合意」（以下「監基報 210」という。)
- 監査基準委員会報告書700「財務諸表に対する意見の形成と監査報告」
- 監査基準委員会報告書705「独立監査人の監査報告書における除外事項付意見」
- 監査基準委員会報告書706「独立監査人の監査報告書における強調事項区分とその他の事項区分」

　なお，適用に際しては，本実務指針に記載されている監査基準委員会報告書のみでなく，個々の監査業務に関連する全ての監査基準委員会報告書と併せて理解することが求められる（監査基準委員会報告書 200「財務諸表監査における総括的な目的」第21項)。

3．本実務指針は，監査基準委員会報告書に記載された要求事項を遵守するに当たり，当該要求事項及び適用指針と併せて適用するための指針を示すものであり，新たな要求事項は設けていない。

≪2．背景≫

4．平成27年9月の医療法の改正により，地域医療連携推進法人制度が新たに創設された。平成27年度から，各都道府県において，地域医療構想の策定を進め，医療提供体制の整備を図ることとされているが，その達成のための一つの選択肢として，地域の医療機関相互間の機能の分担・連携を推進し，質の高い医療を効率的に提供するための新しい制度として地域医療連携推進法人制度が創設されたものである。地域医療連携推進法人制度は，医療機関の

機能の分担及び業務の連携を推進するための方針を定め，当該方針に沿って，参加する法人の医療機関の機能の分担及び業務の連携を推進することを目的とする一般社団法人を，都道府県知事が地域医療連携推進法人として認定する仕組みであるとされている。（「地域医療連携推進法人制度について」（平成29年2月17日　医政発0217第16号厚生労働省医政局長通知））

5．地域医療連携推進法人は，その規模等に関わらず，認定を受けた会計年度より公認会計士又は監査法人による監査を受けなければならない。（医療法第70条の14において読み替えて準用する同法第51条第5項）

6．地域医療連携推進法人に対しては，医療法第70条の14第2項の規定により作成する貸借対照表及び損益計算書の作成のための会計処理の方法として平成29年3月21日に「地域医療連携推進法人会計基準」（平成29年厚生労働省令第19号）が公布され，併せてその内容を補足する通知として「地域医療連携推進法人会計基準適用上の留意事項並びに財産目録，純資産変動計算書及び附属明細表の作成方法に関する運用指針」（平成29年3月21日　医政発 0321第5号厚生労働省医政局長通知，以下「運用指針」という。）が発出された。

　地域医療連携推進法人は，前述の厚生労働省により制定された「地域医療連携推進法人会計基準」が適用されることになる。

7．本実務指針はこれらの制度の制定を踏まえ，厚生労働省令において定められた地域医療連携推進法人会計基準及びこれに関連する医政局通知等に準拠して作成された地域医療連携推進法人の計算書類の監査に対応するための一般的指針として作成したものである。

8．本実務指針の取りまとめに当たっては，IIにおいて，財務報告の枠組みについて言及し，IIIにおいて，監査報告書の文例を作成する前提として監査上の取扱いについて検討を行い，付録の文例を作成した。

≪Ⅱ　財務報告の枠組み及び監査の対象となる財務諸表≫

≪1. 財務報告の枠組み≫

≪(1) 一般目的の財務報告の枠組みと特別目的の財務報告の枠組み≫

9. 地域医療連携推進法人会計基準及び運用指針は，いずれも広範囲の利用者
 及び共通する財務情報に対するニーズに基づき厚生労働省により策定された
 ものであり，法令により規定されている財務報告の枠組みは，反証がない限
 り，一般目的の財務諸表のために受入可能であると推定されることから，一
 般目的の財務報告の枠組みとして受入可能であると推定される。(監基報210
 の A9項)

≪(2) 適正表示の枠組みと準拠性の枠組み≫

10. 医療法施行規則第39条の22により読み替えて準用する医療法施行規則第33
 条の2の5第1項第2号において，地域医療連携推進法人の計算書類に対す
 る公認会計士等の監査意見については「財産目録，貸借対照表及び損益計算
 書が法令に準拠して作成されているかどうかについての意見」が求められて
 おり，法令において準拠性の意見が求められている。

　　このように準拠性の意見が求められることとなった法令制定の趣旨として
 は，地域医療連携推進法人は一般社団法人が認定を受けた法人ではあるが，
 認定時からその後の業務運営に至るまで医療法の規制を広く受ける法人であ
 る。その具体的な制度内容においては同じく医療法の規制を受ける医療法人
 の制度内容を参考として制定されているところも多く，計算に関する規定も
 医療法人の規定を広く準用していることから，公認会計士等の監査意見につ
 いても医療法人と同様の意見を求めることとされたものである。

11. 地域医療連携推進法人が適用すべき地域医療連携推進法人会計基準及び運
 用指針は，会計基準において追加開示の明示的な規定を定めており，また，
 医療法人会計基準にあるような簡便的な会計処理の取扱いを設けておらず，
 その他の会計処理や表示においても，公益法人，社会福祉法人等の非営利法
 人における会計基準と大きく異なる緩やかな取扱いも存在しないことから，
 財務報告の枠組みとしては適正表示の要件を満たしているものと考えられる。

一方で，地域医療連携推進法人は同じ医療法の規制を受ける医療法人と同様の取扱いとする上述の法令制定に至る考え方も理解できるものと考えられる。したがって，財務報告の枠組みとしては適正表示の要件を満たしているものの，地域医療連携推進法人に関する法令制定の趣旨を踏まえ医療法施行規則において準拠性の意見が求められていることから，監査意見の表明においては準拠性の意見を表明することとする。

≪2．法令等に定める財務諸表及び監査対象≫

12. 地域医療連携推進法人は，財産目録，貸借対照表及び損益計算書について公認会計士又は監査法人の監査を受けなければならないこととされている（医療法第70条の14において読み替えて準用する同法第51条第5項）。

≪Ⅲ　監査上の取扱い≫

≪1．監査上の留意事項≫

13. 地域医療連携推進法人会計基準及び運用指針では，貸借対照表等に関する注記において医療連携推進目的取得財産残額を注記するものとされている。また，財産目録においても，法人全体の純資産の内訳として医療連携推進目的取得財産残額の記載が求められており，財産目録の医療連携推進目的取得財産残額の金額は，純資産増減計算内訳表の医療連携推進業務会計の期末純資産残高と同額を記載することとされている。

純資産増減計算内訳表は附属明細表の一つとして直接監査の対象とはなっていないが，純資産増減計算内訳表において算定・表示される医療連携推進目的取得財産残額が貸借対照表等に関する注記及び財産目録における表示金額となることから，純資産増減計算内訳表の収益・費用の配分方法の妥当性についても十分留意する必要がある。

≪2．地域医療連携推進法人の認定初年度の取扱い≫

14. 一般社団法人が，会計年度の途中において地域医療連携推進法人の認定を受けた場合には，当該認定を受けた会計年度の期首から地域医療連携推進法人会計基準を適用することになるとされており，加えて地域医療連携推進法

人へ移行を検討している一般社団法人については，あらかじめ地域医療連携推進法人会計基準の適用を想定して区分経理しておくことが望まれるとされている。また，一般社団法人が，会計年度の途中において地域医療連携推進法人の認定を受けた場合の公認会計士等による監査の対象期間については，認定を受けた年度の期首から期末までの期間を対象とすることとされている。（地域医療連携推進法人制度について（Q＆A）厚生労働省医政局医療経営支援課事務連絡　平成29年4月20日　別添2　地域医療連携推進法人会計基準等について（Q＆A）Q2及びQ4）

　これらの事務連絡に従って，一般社団法人が，会計年度の途中において地域医療連携推進法人の認定を受けた場合には，当該認定を受けた会計年度の期首から期末までの期間全体にわたり，地域医療連携推進法人会計基準に従って作成された計算書類に対して監査を実施し，監査意見を表明することに留意する。

≪3．監査報告書の宛先について≫

15. 医療法施行規則第39条の22により読み替えて準用する医療法施行規則第33条の2の6においては，理事及び監事に対し監査報告を行うこととなっている。

≪Ⅳ　適用≫

16. 本実務指針は，平成29年4月2日以降に一般社団法人が認定を受けて地域医療連携推進法人となった場合に，当該認定を受けた会計年度から行われる監査から適用される。

≪付録 独立監査人の監査報告書の文例≫

　以下において，地域医療連携推進法人において法定監査を実施する場合の監査報告書の文例を示し，実務の参考に供するものとする。

1．無限定意見
　　　文例1 ── 医療法第70条の14において読み替えて準用する同法第51条第5項に基づく計算書類に対する法定監査である場合の文例

2．除外事項付意見
　⑴　限定意見
　　　文例2 ── 重要な虚偽表示による限定意見の文例
　　　文例3 ── 監査範囲の制約による限定意見の文例
　⑵　否定的意見
　　　文例4 ── 否定的意見の文例
　⑶　意見不表明
　　　文例5 ── 意見不表明の文例

1　無限定意見
　　文例1 ── 医療法第70条の14において読み替えて準用する同法第51条第5項の規定に基づく計算書類に対する法定監査である場合の文例

独立監査人の監査報告書

平成×年×月×日

地域医療連携推進法人○○○○
　理事会御中（注1）

○○監査法人（注2）指定社員
指定社員
業務執行社員　公認会計士○○○○　印

指定社員

業務執行社員　公認会計士○○○○　印

　当監査法人（注3）は，医療法第70条の14において読み替えて準用する同法第51条第5項の規定に基づき，地域医療連携推進法人○○○○の平成×年×月×日から平成×年×月×日までの第×会計年度の貸借対照表，損益計算書，重要な会計方針及びその他の注記並びに財産目録（以下「計算書類」という。）について監査を行った。

計算書類に対する理事者の責任

　理事者の責任は，平成29年厚生労働省令第19号（平成29年3月21日）において定められた地域医療連携推進法人会計基準及びこれに関連する医政局通知等に準拠して計算書類を作成することにある。これには，不正又は誤謬による重要な虚偽表示のない計算書類を作成するために理事者が必要と判断した内部統制を整備及び運用することが含まれる。

監査人の責任

　当監査法人（注3）の責任は，当監査法人（注3）が実施した監査に基づいて，独立の立場から計算書類に対する意見を表明することにある。当監査法人（注3）は，我が国において一般に公正妥当と認められる監査の基準に準拠して監査を行った。監査の基準は，当監査法人（注3）に計算書類に重要な虚偽表示がないかどうかについて合理的な保証を得るために，監査計画を策定し，これに基づき監査を実施することを求めている。

　監査においては，計算書類の金額及び開示について監査証拠を入手するための手続が実施される。監査手続は，監査人の判断により，不正又は誤謬による計算書類の重要な虚偽表示のリスクの評価に基づいて選択及び適用される。監査の目的は，内部統制の有効性について意見表明するためのものではないが，当監査法人（注3）は，リスク評価の実施に際して，状況に応じた適切な監査手続を立案するために，計算書類の作成に関連する内部統制を検討する。また，監査には，理事者が採用した会計方針及びその適用方法並びに理事者によって行われた見積りの評価も含め計算書類の表示を検討することが含まれる。

　当監査法人（注3）は，意見表明の基礎となる十分かつ適切な監査証拠を入手したと判断している。

監査意見

　当監査法人（注3）は，上記の地域医療連携推進法人○○○○の計算書類が，

すべての重要な点において平成29年厚生労働省令第19号（平成29年3月21日）において定められた地域医療連携推進法人会計基準及びこれに関連する医政局通知等に準拠して作成されているものと認める。

利害関係

　地域医療連携推進法人〇〇〇〇と当監査法人（注3）又は業務執行社員との間には，公認会計士法の規定により記載すべき利害関係はない。

以　　　上

（注1）　監査報告書の宛先が監事の場合は，その宛先を「監事 〇〇〇〇殿」とする。
（注2）　①　独立監査人が無限責任監査法人の場合で，指定証明でないときには，以下とする。
　　　　　　　〇〇監査法人
　　　　　　　代表社員
　　　　　　　業務執行社員　公認会計士 〇〇〇〇 印
　　　　　　　業務執行社員　公認会計士 〇〇〇〇 印
　　　　　②　独立監査人が有限責任監査法人の場合は，以下とする。
　　　　　　　〇〇有限責任監査法人
　　　　　　　指定有限責任社員
　　　　　　　業務執行社員　公認会計士 〇〇〇〇 印
　　　　　　　指定有限責任社員
　　　　　　　業務執行社員　公認会計士 〇〇〇〇 印
　　　　　③　独立監査人が公認会計士の場合には，以下とする。
　　　　　　　〇〇〇〇公認会計士事務所
　　　　　　　公認会計士 〇〇〇〇 印
　　　　　　　〇〇〇〇公認会計士事務所
　　　　　　　公認会計士 〇〇〇〇 印
（注3）　独立監査人が公認会計士の場合には，「私」又は「私たち」とする。

2　除外事項付意見

(1)　限定意見

文例2──重要な虚偽表示による限定意見の文例

監査人の責任

　当監査法人の責任は，……（以下文例1に同じ）……監査を実施することを求めている。

　監査においては，……（以下文例1に同じ）……検討することが含まれる。

　当監査法人は，限定意見表明の基礎となる十分かつ適切な監査証拠を入手したと判断している。

限定意見の根拠

　地域医療連携推進法人○○○○は，……について，……ではなく，……により計上している。平成29年厚生労働省令第19号（平成29年3月21日）において定められた地域医療連携推進法人会計基準及びこれに関連する医政局通知等に準拠していれば……を計上することが必要である。この結果，……は○○百万円過大（過少）に表示されている。

限定意見

　当監査法人は，上記の地域医療連携推進法人○○○○の計算書類が，「限定意見の根拠」に記載した事項の計算書類に及ぼす影響を除き，すべての重要な点において平成29年厚生労働省令第19号（平成29年3月21日）において定められた地域医療連携推進法人会計基準及びこれに関連する医政局通知等に準拠して作成されているものと認める。

文例3——監査範囲の制約による限定意見の文例

監査人の責任

　当監査法人の責任は，……（以下文例1に同じ）……監査を実施することを求めている。

　監査においては，……（以下文例1に同じ）……検討することが含まれる。

　当監査法人は，限定意見表明の基礎となる十分かつ適切な監査証拠を入手したと判断している。

限定意見の根拠

　地域医療連携推進法人○○○○は，……している。当監査法人は，……できなかったため，……について，十分かつ適切な監査証拠を入手することができなかった。

　したがって，当監査法人は，これらの金額に修正が必要となるかどうかについて判断することができなかった。

限定意見

　当監査法人は，上記の地域医療連携推進法人○○○○の計算書類が，「限定意見の根拠」に記載した事項の計算書類に及ぼす可能性のある影響を除き，すべての重要な点において平成29年厚生労働省令第19号（平成29年3月21日）において定められた地域医療連携推進法人会計基準及びこれに関連する医政局通知等に準拠して作成されているものと認める。

(2)　否定的意見

文例4 ―― 否定的意見の文例

監査人の責任

　当監査法人の責任は，……（以下文例1に同じ）……監査を実施することを求めている。

　監査においては，……（以下文例1に同じ）……検討することが含まれる。

　当監査法人は，否定的意見表明の基礎となる十分かつ適切な監査証拠を入手したと判断している。

否定的意見の根拠

　地域医療連携推進法人〇〇〇〇は，……について，……ではなく，……により計上している。平成29年厚生労働省令第19号（平成29年3月21日）において定められた地域医療連携推進法人会計基準及びこれに関連する医政局通知等に準拠していれば……を計上することが必要である。この結果，……は〇〇百万円過大（過少）に表示されている。

否定的意見

　当監査法人は，上記の地域医療連携推進法人〇〇〇〇の計算書類が，「否定的意見の根拠」に記載した事項の計算書類に及ぼす影響の重要性に鑑み，平成29年厚生労働省令第19号（平成29年3月21日）において定められた地域医療連携推進法人会計基準及びこれに関連する医政局通知等に準拠して作成されていないものと認める。

---

(3) 意見不表明

文例5 —— 意見不表明の文例

監査人の責任

　当監査法人の責任は，当該監査法人が，我が国において一般に公正妥当と認められる監査の基準に準拠して実施した監査に基づいて，独立の立場から計算書類に対する意見を表明することにある。

　しかしながら，「意見不表明の根拠」に記載した事項により，当監査法人は，意見表明の基礎となる十分かつ適切な監査証拠を入手することができなかった。

意見不表明の根拠

　当監査法人は，……（意見表明の基礎となる十分かつ適切な監査証拠を入手できなかった理由を記載する。）……，他の監査手続によっても十分かつ適切な監査証拠を入手することができなかった。

　したがって，当監査法人は，……に関連する項目に関して，何らかの修正が必要かどうかについて判断することができなかった。

意見不表明

　当監査法人は，上記の地域医療連携推進法人○○○○の計算書類が，「意見不表明の根拠」に記載した事項の計算書類に及ぼす可能性のある影響の重要性に鑑み，監査意見の基礎を与える十分かつ適切な監査証拠を入手することができなかったため，計算書類に対して意見を表明しない。

V　事業報告書等

医政支発０２１７第３号
平成２９年 2 月１７日

各都道府県医政主管部（局）長殿

厚生労働省医政局医療経営支援課長
（公印省略）

地域医療連携推進法人の事業報告書等の様式について

　医療法（昭和23年法律第205号）第70条の14において準用する同法第51条第１項に規定する事業報告書等及び医療法施行規則（昭和23年厚生省令第50号）第33条の２の３に規定する監事の監査報告書の様式について下記のとおり定めたので，御了知の上，適正なる実施を期されたい。

記

別添１　事業報告書
別添２　関係事業者との取引の状況に関する報告書
別添３　法第70条第２項第３号に規定する支援の状況に関する年度報告書
別添４　法第78条の８第２項に規定する出資の状況に関する年度報告書
別添５　監事監査報告書

別添1

事 業 報 告 書

（自　平成○○年○○月○○日　　至　平成○○年○○月○○日）

1　地域医療連携推進法人の概要

(1)　地域医療連携推進法人の名称
　　　　地域医療連携推進法人○○○○

(2)　事務所の所在地
　　　　○○県○○市○○
　　　注）　複数の事務所を有する場合は，主たる事務所と従たる事務所を記載
　　　　すること

(3)　医療連携推進区域
　　　　○○○○

(4)　一般社団法人設立年月日
　　　　平成○○年○○月○○日

(5)-1　都道府県知事認定年月日
　　　　平成○○年○○月○○日
(5)-2　設立登記年月日
　　　　平成○○年○○月○○日

(6)　社員の構成

氏名又は名称	議決権数
合計	

(7)　役員の構成

職名	氏名	備考
代表理事		
理事		
同		
同		
同		
同		
同		
監事		
同		

注：備考欄には，役員の略歴を記載すること。

(8)　従業員等の人数

従業員数	人
受入出向者数	人

(9)　地域医療連携推進評議会の構成員

氏名	備考

注：評議員については，備考欄に評議員の選任理由を記載すること。（医療法
　　第70条の3第16号参照）

(10) 参加法人の概況

No.	法人の名称	施設又は事業所 (以下「施設等」 という。)の名称	施設等の所在地	実施事業の内容
1				
2				
3				
4				
5				

(11) 病院等の参加施設の概況

(単位：千円)

No.	施設の 名称	施設の種 類	許可 病床数	事業収益	事業費用	会計 年度	総資産
1			床				
2			床				
3			床				
4			床				
5			床				
6			床				

注1：介護老人保健施設の許可病床数の欄は，入所定員及び通所定員を記載
　　　すること。

注2：地方自治法第244条の2第3項に規定する指定管理者として管理する施
　　　設については，その旨を施設の名称の下に【　　】書で記載する。

注3：当該地域医療連携推進法人自身が施設を開設することがある場合には，
　　　当該施設についても記載すること。

注4：参加法人が，当該施設の総資産を把握していない場合には，法人全体
　　　の金額を掲記し，その旨を注記すること。

⑿　介護事業等地域包括ケアシステムに資する事業を行う施設等がある場合
　の概況

（単位：千円）

No.	施設等の 名称	施設等の 種類	定員	事業収益	事業費用	会計 年度	総資産
1			人				
2			人				
3			人				
4			人				

注1：当該地域医療連携推進法人自身が施設等を開設し，又は管理すること
　　　がある場合には，当該施設等についても記載すること。
注2：参加法人が，当該施設等の総資産を把握していない場合には，法人全
　　　体の金額を掲記し，その旨を注記すること。

2　事業の概要

(1)　医療連携推進に資する事業
　　　……………………………
　　　……………………………
　　　……………………………

(2)　介護事業その他地域包括ケアの推進に資する事業
　　　……………………………
　　　……………………………

(3)　その他の事業
　　　……………………………
　　　……………………………

(4)　地域医療連携推進評議会による業務の評価結果及び地域医療連携推進法
　　人の対応状況
　　　……………………………

(5)　当該会計年度内に社員総会，理事会で議決又は同意した事項
　　　　平成　　年　　月　　日　　平成○○年度決算の決定

　　　　平成　　　年　　　月　　　日　　　定款の変更

　　　　平成　　　年　　　月　　　日　　　社員の入社及び除名

　　　　平成　　　年　　　月　　　日　　　理事，監事の選任，辞任の承認

(6)　当該会計年度内に他の法律，通知等において指定された内容

　　　　平成　　　年　　　月　　　日

　　　　平成　　　年　　　月　　　日

　　　　平成　　　年　　　月　　　日

(7)　その他

　　　…………………………………

　　※本事業報告書には，以下の書類を添付すること。添付書類には，当該地域医療連携推進法人の最終会計年度の末日時点の内容を記載すること。

　　(1)　医療連携推進方針

　　(2)　医療法第70条の３第１項各号に掲げる基準に適合することを証する書類

　　(3)　医療法第70条の４第１号イからニまでのいずれにも該当しないことを証する書類医療法第70条の４第２号及び第３号のいずれにも該当しないことを証する書類

　　(4)　表明・確約書（新たに入社した者に限る。）

別添2

法人名 _____

所在地 _____

関係事業者との取引の状況に関する報告書

(1)　法人である関係事業者

種類	名称	所在地	総資産額（千円）	事業内容	関係事業者との関係	取引の内容	取引金額（千円）	科目	期末残高（千円）

（取引条件及び取引条件の決定方針等）

　　注：「関係事業者との関係」欄について，社員との取引である場合には，社員
　　　　である旨及び当該社員の有する地域医療連携推進法人の議決権割合を記
　　　　載すること。

(2)　個人である関係事業者

種類	氏名	職業	関係事業者との関係	取引の内容	取引金額（千円）	科目	期末残高（千円）

（取引条件及び取引条件の決定方針等）

　　注：「関係事業者との関係」欄について，社員との取引である場合には，社員
　　　　である旨及び当該社員の有する地域医療連携推進法人の議決権割合を記
　　　　載すること。

別添3

法第70条第2項第3号に規定する支援の状況に関する年度報告書
（平成　　年　　月　　日から平成　　年　　月　　日まで）

1．法人の概要

名　　称	
代表者氏名	
所 在 地	
設立年月日	
資本金（基本金）	千円
事業概要	

2．支援の種類
　　□資金の貸付　　□債務の保証　　□基金を引受ける者の募集

3．支援の年月日
　　平成　　年　　月　　日

4．支援の目的
　　…………

5．支援の金額
　　○○○円

6．貸付利率
　　○％

※支援に関する契約書を添付すること。

別添4

法第70条の8第2項に規定する出資の状況に関する年度報告書
（平成　　年　　月　　日から平成　　年　　月　　日まで）

1．出資を受ける事業者の概要

名　　称	
代表者氏名	
所 在 地	
設立年月日	
資本金（基本金)	千円
設立目的	

2．組織人員

役員	理事又は取締役	監事・監査役	計
常勤	名	名	名
非常勤	名	名	名
計	名	名	名

職員	計
正規職員	名
臨時職員	名
パート職員等	名
計	名

3．主な事業

医療連携推進区域：○○○
(1)
(2)
(3)
(4)
(5)
(6)

4．事業実績（概要）

①‥‥‥‥

②‥‥‥‥

③‥‥‥‥

5．配当の時期

※出資を受ける事業者の貸借対照表及び損益計算書を添付すること。

別添 5

監事監査報告書

地域医療連携推進法人○○
　　代表理事　　○○　　○○　　殿

　私（注 1 ）は，地域医療連携推進法人○○の平成○○会計年度（平成○○年 4 月 1 日から平成○○年 3 月31日まで）の業務及び財産の状況等について監査を行いました。その結果につき，以下のとおり報告いたします。

監査の方法の概要
　　　私（注 1 ）は，理事会その他重要な会議に出席するほか，理事等からその職務の執行状況を聴取し，重要な決裁書類等を閲覧し，本部及び主要な施設において業務及び財産の状況を調査し，事業報告を求めました。また，事業報告書並びに会計帳簿等の調査を行い，計算書類，すなわち財産目録，貸借対照表，損益計算書，純資産変動計算書及び附属明細表（注 2 ）の監査を実施しました。

記

監査結果
⑴　事業報告書は，法令及び定款に従い，法人の状況を正しく示しているものと認めます。
⑵　会計帳簿は，記載すべき事項を正しく記載し，上記の計算書類の記載と合致しているものと認めます。
⑶　計算書類は，法令及び定款に従い，損益及び財産の状況を正しく示しているものと認めます。
⑷　理事の職務執行に関する不正の行為又は法令若しくは定款に違反する重大な事実は認められません。

　　　　　　　　　　　　　　　　　　　　　平成○○年○○月○○日
　　　　　　　　　　　　　　　　　　　　　地域医療連携推進法人○○○○
　　　　　　　　　　　　　　　　　　　　　監事　○○　　○○　　印

注 1 ：監事が複数の場合には，「私たち」とする。
注 2 ：関係事業者との取引がある地域医療連携推進法人については，「関係事業者との取引の状況に関する報告書」，参加法人に対する資金の貸付けを行う地域医療連携推進法人については，「法第70条第 2 項第 3 号に規定する支援の状況に関する年度報告書」，出資を行う地域医療連携推進法人は，「法第70条の 8 第 2 項に規定する出資の状況に関する年度報告書」をそれぞれ含めるものとする。

《編者紹介》

一般社団法人　日本中小企業経営支援専門家協会（JPBM）

(Japan General Incorporated Association of Professionals for Medium and Small Sized Business Management Ltd)

　一般社団法人日本中小企業経営支援専門家協会（JPBM）は，日本と地域の経済・雇用・文化を支える中小企業を支援する9士業の専門家の全国組織です。今般の AI やクラウド，グローバル化が加速度的に発達する現代社会において，また未だ経験したことがない我が国の少子高齢化にどう対処していくか。新たな専門家像および経営支援や事業支援の在り方が問われております。JPBM では会員専門家の実務に直結する情報提供や研鑽の場を提供しつつ，会員と共に中小企業やオーナー支援を展開しております。また，地域医療法人への経営支援を，会員および専門企業と連携しながらノウハウの蓄積および具体的医業経営支援を展開しています。これからの地域経済を担う中小企業を多角的に支援しながら，地域活性化および専門家力の開発と，官・民・均・専の新たな地域間連携の具体的アプローチを進めています。

■協会概要■
名　称：一般社団法人日本中小企業経営支援専門家協会（JPBM）
設立日：平成21年7月9日（創設昭和61年9月4日）
基　金：20,150万円（平成29年4月現在）
代表者：代表理事　鈴木孝男（独立行政法人中小企業基盤整備機構 元理事長）
本　部：〒101-0041東京都千代田区神田須田町1-2-1カルフール神田ビル9階
　　　　電話03-3253-4711　FAX03-3526-3051
　　　　http://www.jpbm.or.jp　Email:info@jpbm.or.jp

■ JPBM 医業経営部会

　特に地域医療機関に向けた支援を展開する「医業経営部会（部会長・松田紘一郎）」は，主に医業承継に強みを発揮しコンサルティングノウハウの開発・実務支援を推進します。地域医療構想の推進や，持ち分なし医療法人への移行，そして今回の第7次医療法改正に伴って大きく変わろうとしている地域医療機関の経営課題に，会員専門家（公認会計士，税理士，弁護士，社会保険労務士等）はもとより，金融機関や大手建設会社，医療機関関係者等のもつ高度な知価の提供をノウハウとして融合しながら，地域医療の継続や承継，連携等に貢献しています。

担　当：業務開発グループ　若松　靖
連絡先：同上

《執筆代表者紹介》

松田 紘一郎 （まつだ　こういちろう）

1941年（昭和16年）9月1日生（熊本県出身）

（連絡先）

〒104-0031 東京都中央区京橋3-6-8　茅ヶ紡ビル3F

松田税理士公認会計士事務所　Tel　03-5159-3377

E-メール　Matsuda@mmg-net.com　Fax　03-5159-3741

ホームページ　http://www.mmg-net.com

（資　格）　　　　　　　　　　　　　　　　　　　（平成29年5月1日現在）

公認会計士（第4769号）税理士（第30021号）医業経営コンサルタント（第01-0004号）

（学　歴）

昭和42年　専修大学　法学部卒業

（主な現職）

- 松田紘一郎　税理士・公認会計士事務所　　　　　　　　　　所長
- ㈱グロスネット（認定登録「医業経営コンサルタント法人001号」）代表取締役会長
- 公益財団法人　アイザワ記念育英財団　　　　　　　　　　理事長（代表理事）
- 公益社団法人　日本医業経営コンサルタント協会（JAHMC）認定審査会　委員，相談役
- 公益財団法人　日本健康栄養食品協会　　　　　　　　　　監事
- 一般社団法人　日本中小企業経営支援専門家協会（JPBM）医業経営部会　理事・医業経営部会長

（主な団体等の委員）

- 厚生労働省・厚生労働科学特別研究事業「病院会計準則見直し等に係る研究」専門家会議委員（平成14年7月～15年3月）
- ㈳日本医療法人協会　医療法人資金調達研究委員会　委員長　（平成14年4月～15年10月）
- 四病院団体協議会　医療法人会計基準検討委員会　委員　（平成15年10月～18年3月）
- JAHMC「医療費財源に関する検討会」　座長　（平成21年11月～23年3月）
- JAHMC「組織改革特別委員会」　委員長　（平成22年7月～23年3月）
- JAHMC「医療機関等における税制改正提言検討会」座長　（平成26年8月～26年9月）

（主な著書）

- 『早わかり医療法人制度改革・地域医療連携推進法人』（2017.1.10　中央経済社）
- 『持分あり医療法人から非課税移行の実務』（2012.4.26　じほう）
- 『新しい医療法人制度の理解と実務のすべて』（2008.7.23　日本医療企画）
- 『繁栄する診療所の開設と運営Q&A』（2006.5.17　じほう）
- 『病院・医院運営の手続と文例書式』（2005.2.28　新日本法規出版）
- 『病医院経営「3S実践」成功実例集』（2003.10.13　PHP研究所）
- 『病医院経営チェックマニュアル70』（2003.1.30　日本医療企画）
- 『ISO9001の導入による医療事故防止』（2002.11.10　じほう）
- 『医療介護サービスのためのISO9000シリーズ』（日経ビデオ・3巻監修）ほか

（論文）多数

《執筆者紹介》（Q＆A（コラム含む）執筆数多い順）

株式会社　グロスネット（G-Net）　　　　　　　（Q&A　71項目）

- 本社所在地　　　　　〒104-0031 東京都中央区京橋 3 - 6 - 8　茅ヶ紡ビル 3 F
  TeL03-5159-3377　FAX03-5159-3741

- 熊本テクノセンター　〒862-0915 熊本県熊本市東区山ノ神 1 - 8 -77
  TeL096-367-7111　FAX096-367-7831

- 主な役員　代表取締役 会長 松田 紘一郎　代表取締役 社長 井上 輝生
  取締役 事業部長 原子 修司

- 公益社団法人　日本医業経営コンサルタント協会（JAHMC）
  認定登録（第001号）「医業経営コンサルタント法人」

- 主な業務　イ　医業経営に係わるコンサルティング業務
  ロ　医業承継に係るコンサルティング業務
  ハ　その他，医業経営支援業務

- 本書の執筆に係わった者
  （※1・2）　松田　紘一郎　Q&A 53項目（公認会計士・税理士）
  （※1・3・6）原子　修司　Q&A 10項目（特定社会保険労務士，MBA）
  （※1・4・6）今村　　顕　Q&A 3項目（学術・博士）
  （※1・5）　井上　輝生　Q&A 2項目
  （※1・6）　岡田　雅子　Q&A 2項目
  　　　　　　中村　泰三　Q&A 1項目

> （注）　※1 認定登録 医業経営コンサルタント
> 　　　　※2 JAHMC 相談役，認定審査会　委員
> 　　　　※3 JAHMC 学会・学術委員会　委員
> 　　　　※4 JAHMC 総務委員会　委員
> 　　　　※5 JAHMC 教育研修委員会　委員，熊本県支部　理事
> 　　　　※6 東京都医療勤務環境改善支援センター　医業経営アドバイザー

鹿島建設（株）営業本部医療福祉推進部　　　　　　　　　　　（Q&A　8項目）

- 本社所在地　〒107-8388 東京都港区元赤坂 1 - 3 - 1
  　　　　　　　TeL03-6438-2364　　FAX03-6438-2738
- 主な役員　代表取締役会長 中村 満義　　代表取締役社長 押味 至一
- 事業内容　建設事業，開発事業，設計・エンジニアリング事業ほか
- 医療福祉分野の取り組み　http://www.kajima.co.jp/tech/healthcare
- 本書の執筆に係わった者

（※1）	**伊 藤　　正**	（一級建築士・技術士）
（※1）	**三重野 裕路**	（宅地建物取引主任者）
（※1）	**小 林　　揚**	（一級建築士，宅地建物取引主任者）
（※1）	**尹　　世遠**	（工学博士）

> （注）　※1 認定登録 医業経営コンサルタント

斉藤　孝（さいとう　たかし）　　　　　　　　　　　　　　　（Q&A　8項目）

　　昭和53年 3 月　早稲田大学商学部　卒業
　　大手監査法人に勤務後，独立・開業
　　現在　清陽監査法人　理事長　代表社員

（主な職歴）
- 上場会社等の監査業務及び非営利法人のコンサルティング業務に多数従事
- 社会福祉法人の監事，地方自治体の各種審議員歴任
- 元 日本公認会計士協会東京会 監査委員会委員

■清陽監査法人

　ミッドサイズファームとして東京都港区新橋をベースに全国各地に活動しております。監査や各種証明業務をはじめ，営利・非営利法人の会計コンサルティング業務，株式上場支援業務，財務関連アドバイザリーサービスを提供しております。

（事務所）　東京都港区西新橋 1 丁目22番10号　西新橋アネックスビル 2 階
（沿革）　　平成23年 2 月　設立
（概要）　　人員構成
- 社員　　代表社員：　14名　社員：7名　　計　21名
- 職員　　公認会計士：42名　その他：4名　　計　46名
　　合計　　　　　　　　　　　　　　　　67名
（関与会社数）
　　金融商品取引法・会社法監査対象会社：15社，会社法監査対象会社：21社，その他監査対象会社：48社

三井住友信託銀行株式会社 (Q&A 5項目)

- 本社所在地　〒100-8233 東京都千代田区丸の内一丁目4番1号
　　　　　　TEL03-3286-8425　FAX03-3286-8783
- 本書の執筆に係わった者
　　個人企画部　企画チーム　調査役　**田村　直史**
　　　プライベートバンキング部　業務開発課　調査役　**立石　国彦**

弁護士法人照国総合事務所・税理士法人照国総合事務所
　（照国総合事務所グループ） (Q&A 5項目)

執筆者
　弁護士　**折田　健市郎**（弁護士法人照国総合事務所所属）
　　　　東京大学法学部卒　平成17年弁護士登録
　税理士　**内野　絵里子**（税理士法人照国総合事務所所属）
　　　　早稲田大学商学部卒　平成18年税理士登録

■照国総合事務所グループ

　代表者　弁護士　池田洹
　設　立　昭和47年（池田法律事務所として設立）
　所在地　鹿児島市（本部事務所・荒田事務所）及び福岡市（福岡事務所）
　　　　　本部所在地　　〒892-0841
　　　　　　　　　　　鹿児島県鹿児島市照国町13-41
　　　　　　　　　　　TEL099-226-0100　FAX099-226-0010
　概　要　弁護士（7名）・税理士（2名）・司法書士（1名）・社労士（1名）の各士業によるワンストップサービスを提供し、現在は鹿児島・福岡の2拠点体制で主に各種会社・医療法人の事業再編・事業承継業務に注力しております。
　顧問先　各種企業・地方公共団体・金融機関・学校法人・医療法人・マスコミなど約240社余

ケルビム法律事務所 (Q&A　4項目)

＊弁護士　**高須　和之**（たかす　かずゆき）
中央大学卒　平成18年第一東京弁護士会登録（34746）
平成25年東京税理士会登録（125368）
著作　『社会福祉法人の法務財務はこう変わる！』（共著，清文社）
『監査役の覚悟』（共著，同文館出版）
『相続のここだけが知りたい』（幻冬舎ルネッサンス）

＊弁護士　**尾﨑　順**（おざき　じゅん）
中央大学卒・日本大学ロースクール卒
平成25年第一東京弁護士会登録（48694）

現在，弁護士7名，税理士1名，行政書士1名で，医療（経営者サイド），企業法務，労務，知財，相続，親族関係等，クライアントの大切なものを知識の限りを尽くして守り抜くことを事務所の使命としています。

東　健一郎（ひがし　けんいちろう） (Q&A　4項目)

（連絡先）　〒860-0846　熊本市中央区城東町2-1　ライオンパーキングビル3階
弁護士法人 東法律事務所
TEL 096-227-6677　FAX 096-227-6688
HP：http://www.higashi-law.jp
（経　歴）　平成11年3月　熊本大学法学部法律学科卒業
平成14年11月　司法試験合格
平成16年10月　弁護士登録
（現　職）　弁護士法人 東法律事務所 所長弁護士
（資格等）　1.　日弁連中小企業法律支援センター運営委員会・事務局次長
2.　経営法曹会議・会員
3.　公益社団法人日本医業経営コンサルタント協会・認定医業経営コンサルタント（登録番号　第7011号）
4.　一般社団法人日本中小企業経営支援専門家協会・会員
（主な業務内容）　事業承継・M&A，コンプライアンス，労務管理，事業再生
（執筆等）　1.　『中小企業事業再生の手引き』（日本弁護士連合会日弁連中小企業法律支援センター編，商事法務）
2.　『中小企業のための金融円滑化法出口対応の手引き』（日本弁護士連合会日弁連中小企業法律支援センター編，商事法務）
3.　『早わかり医療法人制度改革・地域医療連携推進法人』（一部共同執筆，中央経済社）

森　浩志（もり　ひろし）　　　　　　　　　　　　　　　　　（Q&A　2項目）
弁護士，西村あさひ法律事務所パートナー
　東京大学法学部卒
　平成元年〜平成17年　　日本政策投資銀行
　平成18年〜　　　　　　西村あさひ法律事務所
　平成28年〜　　　　　　カゴメ株式会社　社外取締役
　　　　　　　　　　　　三菱 UFJ 証券ホールディングス株式会社　社外取締役
　TEL：03-6250-6470　FAX：03-6250-7200
　E-mail: h_mori@jurists.co.jp

Q&A
地域医療連携推進法人の実務

2017年10月10日　第1版第1刷発行

執筆代表　松　田　紘一郎
編　者　JPBM医業経営部会
発行者　山　本　　　継
発行所　㈱中　央　経　済　社
発売元　㈱中央経済グループ
　　　　パブリッシング

〒101-0051　東京都千代田区神田神保町1-31-2
電　話　03(3293)3371(編集代表)
03(3293)3381(営業代表)
http://www.chuokeizai.co.jp/
印刷／東光整版印刷㈱
製本／誠　製　本　㈱

ⓒ 2017
Printed in Japan

早わかり
医療法人制度改革・
地域医療連携推進法人

松田 紘一郎[著]
株式会社グロスネット／
JPBM 医業経営部会[編]

　平成27年9月の医療法改正によって創設された地域医療連携推進法人のつくり方をやさしく解説。
　同改正によるガバナンス面の変更点についても、新しい定款例とともに詳述。

A 5判/250 頁
ISBN：978-4-502-21571-1

◆本書の内容

<u>第1部「医療法人制度」</u>
第1章「医療法人制度の概要」―①医療法人の機関、②役員の損害賠償責任等、③その他の改正事項、④定款等の変更等
第2章「医療法人のガバナンス、定款と細則」
　◆持分あり医療法人の定款例と細則
　　①定款（新定款例、新旧比較表）／②3細則（定款施行細則、理事会議事細則、社員総会議事細則）／③責任細則（役員の損害賠償責任に係る細則）

<u>第2部「地域医療連携推進法人」</u>
第3章「連携推進法人制度の概要」―①連携推進法人の理念・方針、②連携推進法人の認定、③連携推進法人の適合基準、④連携推進法人の業務等、⑤連携推進評議会、⑥連携推進法人のガバナンス、⑦連携推進法人・制度上のメリット・デメリット
第4章「連携推進法人制度の認定・創設と課題」―①制度創設の趣旨、②C・A・P・Dサイクル、③組織化の一般的な手順、④一般社団法人の認可手続、⑤制度・システム上の課題、⑥経営・運営、診療報酬上の課題